종합 시사

중국어

종합 시사 중국어

1판 1쇄 인쇄_2012년 08월 25일
1판 2쇄 발행_2014년 10월 30일

지은이_李祥耀·구문규
펴낸이_홍정표

펴낸곳_글로벌콘텐츠
등　록_제25100-2008-24호

공급처_(주)글로벌콘텐츠출판그룹
이　사_양정섭
디자인_김미미
편집부_노경민 김현열 김다솜
기획·마케팅_이용기
경영지원_안선영
주　소_서울특별시 강동구 천중로 196 정일빌딩 401호
전　화_02-488-3280
팩　스_02-488-3281
홈페이지_www.gcbook.co.kr
이메일_edit@gcbook.co.kr

값 15,000원
ISBN 978-89-93908-43-5 03720

종합 시사
중국어

글로벌콘텐츠

올해로 한중수교 20주년을 맞는다. 그동안 양국 간의 교류도 양적 팽창뿐 아니라, 거대한 질적 변화를 이룩했고, 이젠 우리 일상에 없어선 안 될 나라가 됐다. 매일같이 각종 미디어와 인터넷을 통해 다양하게 전해지는 중국 소식은 우리의 주요 관심사로서 중국 전문가가 되길 희망하는 중국어 학습자들에게 시사 문장은 그만큼 반드시 익혀야 할 분야이다. 뿐만 아니라 일상 회화나 의사 표현이 어느 정도 가능한 중급 수준의 학습자들에게 시사 문장은 더욱 수준 높은 중국어를 이해하고 구사하는데 꼭 필요한 관건이라 할 수 있다.

중국어는 글자마다 고유의 의미를 지닌 한 음절이 또 다른 음절과 쉽게 결합하는 특징 때문에 다른 외국어에 비해 어휘가 상당히 발달되고 표현력이 풍부한 언어이다. 중국어는 또한 낱말들이 모여 문장을 이룰 때 흔히 나타나는 형태 변화, 즉 격(格)의 변화라든지 어미(語尾) 변형, 토씨의 변형 등이 없이 문장 속에 배열된 위치에 따라 문법 관계가 달라지는 특징 때문에 다른 외국어에 비해 어순이 무척 중요한 언어이다. 그리고 중국어는 표현구조 상 구어(口語)와 서면어(書面語)로 나뉘는데, 서면어의 경우 한자 자체가 지니는 간결성과 함축성, 관용적인 표현까지 더해져 각종 서적이나 서신을 비롯해 신문과 뉴스 방송 등에 광범위하게 쓰인다. 그러므로 중국어 학습에 있어 고급 실력으로 도약하기 위해서는 무엇보다 어휘 표현을 풍부하게 활용할 줄 알아야 하고, 문장이 구사되는 여러 가지 패턴을 장악하는 것이 관건이라 하겠다.

시사 중국어는 앞서 언급했듯 일상에서 쓰이는 구어와는 달리 간결한 문체를 위주로 시사를 반영하는 용어와 짧은 단어로도 많은 뜻을 나타낼 수 있는 관용구가 빈번하게 쓰이기 때문에 그만의 문장 패턴에 익숙해진 바탕 위에서 단어 표현에 대한 풍부한 이해가 있어야 한다. 이 책은 중국의 시사 문제와 관련된 정치, 사회, 경제, 국제, 문화, 스포츠, 과학기술, 인물 등 각 분야별 기사들을 선별해 독해 능력을 전반적으로 향상시키고 보다 수준 높은 표현 능력을 키우는 데 주요 목표를 두고 편찬됐다. 이를 위해 이 책에서는 '본문-본문 단어 익히기-본문 단어 자세히 익히기-본문 문장구조 익히기-종합연습'의 5단계 내용으로 구성했다.

또한 이 책은 학습자들이 중국의 여러 시사 분야에 걸친 이슈들을 이해하는 것과 함께 중국어 학습과정에서 비교적 사용 빈도가 높은 단어와 관용구들을 선별해 해설과 용례를 예시함으로써 일상생활 표현에 활용함은 물론, 작문 능력도 체계적으로 키울 수 있도록 했다.

아울러 이 책의 부록에서는 중국의 유명 문화역사 도시들을 소개하고 그곳의 풍물 기행을 담은 글들도 실었는데, 이 글들은 필자가 2007년 월간 『아름다운 사람』의 문화기행 코너에 1년 동안 연재했던 것들로, 워낙 역사적인 무게와 문화적인 두께를 자랑하고 있는 중국을 일정 정도나마 이해를 돕고자 하는 취지에서 실었다.

모쪼록 이 책을 통해 학습자 여러분이 중국의 뉴스와 잡지, 신문을 읽는데 종합적인 시사 안목을 키우고, 고급 중국어 실력으로 도약하는데 도움이 될 수 있기를 바란다. 끝으로 이 원고에 관심을 갖고 정성껏 책을 만들어 준 글로벌콘텐츠 편집부 관계자들에게 감사드린다.

2012년 5월 30일

저자 구문규 삼가 씀

차례

| 일러두기 |

1. 인명(人名)·지명(地名) 등의 고유명사는 외래어 표기법에 따라 표기하는 것을 원칙으로 하되, 지명을 표기하는 데 있어 산(山), 강(江), 성(省), 현(縣), 진(鎭), 촌(村) 등은 우리말 독음으로 읽었다.
2. 우리말 설명이나 본문의 우리말 해석에서 한자를 병기할 경우에는 번체자(繁體字)를 썼고, 중국어 단어나 문장을 설명할 경우에는 간체자(簡體字)를 그대로 썼다.
3. 단어 설명에 '[ ]'로 표시한 품사는 각각 다음의 품사를 가리킨다.

[名] 명사. 사물의 이름을 나타내는 품사.

[动] 동사. 사물의 동작이나 작용을 나타내는 품사.

[形] 형용사. 사물의 성질이나 상태를 나타내는 품사.

[副] 부사. 용언이나 다른 말 앞에 놓여 그 말의 뜻을 제한해주는 품사.

[连] 접속사. 단어와 단어, 성분과 성분, 문장과 문장을 이어 주는 역할을 하는 품사.

[助] 조사. 체언의 뒤에 붙어, 그 말과 다른 말과의 문법적인 관계를 나타내거나 특별한 뜻을 더해 주는 품사.

[介] 전치사. 명사나 대명사 또는 명사구 앞에 놓여 다른 품사와의 문법적 관계를 나타내는 품사.

[代] 대명사. 사람, 사물, 처소 따위에 이름을 붙이지 않고 다만 가리키기만 하는 품사.

[数] 수사. 사물의 수량이나 차례를 나타내는 품사.

[量] 양사. 사람이나 사물 또는 동작의 단위를 나타내는 품사.

[疑] 의문사. 의문의 대상이 되는 사물이나 사태를 나타내는 품사.

[成语] 성어. 관용적으로 둘 이상의 단어가 결합하여 특정한 뜻을 나타내는 품사.

[专名] 고유명사. 같은 종류에 속하는 사람이나 사물 가운데 어느 특정한 사람이나 사물을 다른 것과 구별하기 위하여 고유의 기호를 붙인 이름.

01

일면기사 封面故事

阿根廷百人死于甲型流感　아르헨티나, 신종 플루로 일백 명 사망

杭州湾跨海大桥全线贯通　항저우, 해상(海上)대교 전 노선 개통

阿根廷百人死于甲型流感

아르헨티나, 신종 플루로 일백 명 사망

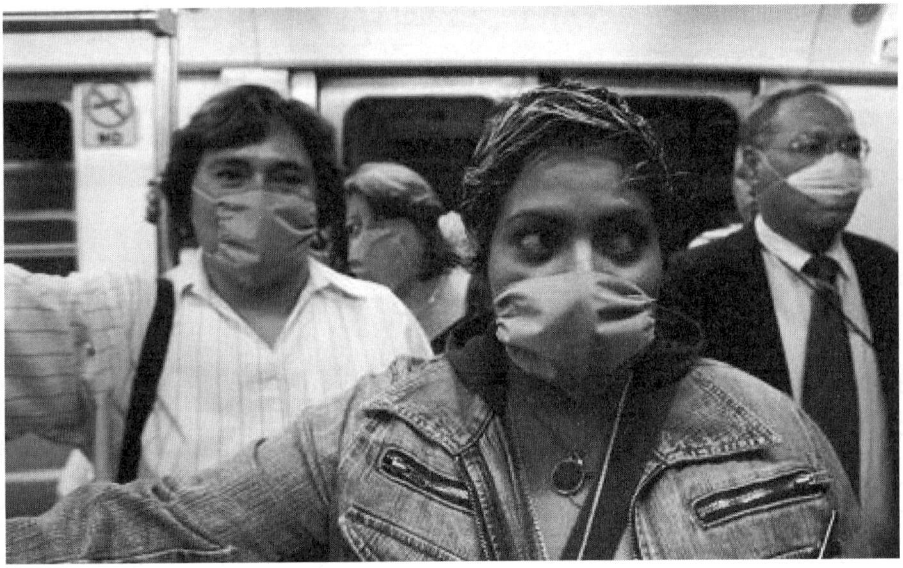

阿根廷卫生部门11日发布报告说，该国甲型H1N1流感死亡病例已经达到100例。专家预计，阿根廷很可能超过美国和墨西哥，成为全球报告甲型流感死亡病例最多的国家。

阿卫生部门说，目前该国还有99例疑似甲型流感死亡病例在等待检测，预计阿根廷甲型流感死亡病例数量还将上升。根据世界卫生组织公布的数据，目前阿根廷甲型流感死亡病例数量在全球范围内仅次于美国和墨西哥。有关专家认为，由于后两个国家甲型流感疫情已经趋于缓解，而阿根廷却正处于甲型流感暴发高峰期，所以阿根廷甲型流感患者死亡人数最终将超过美国和墨西哥。阿根廷是南美地区遭受甲型流感袭击的“重灾区”。阿首都布宜诺斯艾利斯和全国部分省份已于今年6月底进入卫生紧急状态。

钱江晚报2009年7月13日

본문 단어 익히기

部门* [名] bù mén (전체를 구성하는 부분 또는 단위로서) 부문(部門). 부서(部署).

发布* [动] fā bù (명령, 지시, 뉴스 등을) 선포하다. 발표하다.

病例 [名] bìng lì 병례.

专家 [名] zhuān jiā 전문가.

预计 [动] yù jì 예상하다. 전망하다. 예측하다. 짐작하다.

全球 [名] quán qiú 전 세계.

报告* [动] bào gào (일이나 의견 등을 상급기관, 상급자 또는 군중에게 정식으로) 보고하다.
[名] 보고. 보고서. 리포트(report).

目前 [名] mù qián 지금. 현재.

疑似 [形] yí sì 애매모호하다. ~으로 의심되다.

等待 [动] děng dài (행동을 취하지 않고 사람이나 사물, 상황 등을) 기다리다.

检测 [动] jiǎn cè 검사 측정하다. 검사 테스트하다.

数据 [名] shù jù 데이터(data). 수치. 통계.

范围 [名] fàn wéi 범위.

次于 [动] cì yú ~의 다음가다. ~보다 못하다.

疫情 [名] yì qíng 전염병 발생 상황.

趋于 [动] qū yú ~으로 기울어지다. ~으로 향하다.

缓解 [动] huǎn jiě (급박하고 긴박한 정도가) 풀어지다. 느슨해지다. 누그러들다. 완화되다.

暴发* [动] bào fā (어떤 일이) 갑자기 일어나다. 갑자기 나타나다.

高峰* [名] gāo fēng qī ① 고봉(高峯). ② 절정. 절정기. 한창. 피크(peak).
③ 〔비유〕 (지도층 중의) 최고층.

遭受 [动] zāo shòu (불행한 일이나 손해를) 입다. 당하다. 받다.

袭击* xí jī ① [动] (적 또는 어떤 물체 등이) 갑작스럽게 들이치다. 갑자기 공격하다. 기습하다. 습격하다. ② 〔名〕 습격. 기습.

重灾区［名］zhòng zāi qū 심각한 재해지역.

紧急［形］jǐn jí (일이나 사정이) 다급하다. 촉박하다. 절박하다. 긴급하다.

状态［名］zhuàng tài (사람이나 사물이 드러내 보이는) 상태.

甲型H1N1流感［专名］jiǎ xíng liú gǎn 신종플루.

世界卫生组织［专名］shì jiè wèi shēng zǔ zhī 세계보건기구. W.H.O(World Health Organization)

布宜诺斯艾利斯［专名］bù yí nuò sī ài lì sī (아르헨티나의 수도) 부에노스아이레스.

본문 단어 자세히 익히기

•部门

전체를 구성하는 부분 또는 단위로서 부문(部門), 부서(部署)를 가리키는 말로, 주로 "위생부(卫生部门)", "문화부(文化部门)", "정부부서(政府部门)", "공상부서(工商部)", "직능부서(职能部门)" 등과 같은 관련 명칭과 배합되어 쓰인다.

[예문1] 杭州市工商部门将在下个月开始严厉打击各种网络犯罪现象。 항저우시 공상부는 다음 달부터 각종 인터넷 범죄 현상에 대한 집중단속을 시작할 것이다.

[예문2] 政府相关部门决定帮助这个村子修建一条新路。 정부 관련 부서에서는 이 마을에 신작로를 건설하는데 도움을 주기로 결정했다.

•发布

명령, 지시, 뉴스 등을 선포 또는 발표한다는 뜻으로, 비교적 정식적인 서면어(書面語)에 쓰인다. 여기서 발표자는 주로 관련 부서에 종사하는 사람을 가리킨다.

[예문1] 北京市气象台今天下午6点发布大风警报。 베이징 기상청에서는 오늘 오후6시에 강풍주의보를 발령했다.

[예문2] 中央军委发布命令, 要求38军迅速赶到二号大街。 중앙군사위원회는 38군에게 2번 대로로 신속히 올 것을 명령했다.

•报告

1. 일이나 의견 등을 상급기관, 상급자 또는 군중에게 정식으로 보고하는 것을 나타내며,

주로 "~에게 ~을 보고하다(向……报告……)", "~을 보고하다(报告……)", "~을 ~에게 보고하다(把……报告给……)" 등과 같은 문장으로 표현된다.

[예문1] 金哲洙已经向部长报告了这个好消息。 김철수 씨는 이미 부장에게 이 기쁜 소식을 보고했다.

[예문2] 金哲洙报告了这次会议的主要内容。 김철수 씨는 이번 회의의 주요 내용을 보고했다.

[예문3] 金哲洙把已经把这个好消息报告给了部长。 김철수 씨는 이미 이 기쁜 소식을 부장에게 보고했다.

2. 구두 혹은 서면의 형식으로 상급기관, 상급자 또는 군중에게 업무보고, 학습보고, 총결보고 등 형식으로 보고하는 것을 가리킨다.

[예문1] 柳政思的学习报告写的非常生动。 류정쓰의 학습보고서는 매우 생동감 있게 쓰여졌다.

[예문2] 老板要求柳政恩在明天的会议上做工作报告。 사장님은 류정쓰에게 내일 회의에서 업무보고를 하라고 요구했다.

•暴发

어떤 사물이나 사건을 대상으로 할 때에는 갑작스럽게 생긴 일을 나타내지만, 사람을 대상으로 할 때에는 갑작스럽게 큰돈을 벌거나 득세한 사람을 가리키는 말로, 흔히 '벼락부자'를 '暴发户'란 말로 표현한다.

[예문1] 徐民投资股市, 一夜暴发, 成为亿万富翁。 쉬민은 주식시장에 투자했는데 주식이 하룻밤 사이에 폭등해 억만장자가 됐다.

[예문2] 昨天晚上, 釜山部分地区暴发洪水, 情况十分危急。 어제 저녁 부산 일부 지역에 갑작스레 홍수가 져서 상황이 무척 위급하다.

•高峰

1. 높은 산봉우리. 고봉(高峰).

[예문1] 1960年5月25日, 中国登山队登上了世界第一高峰——珠穆朗玛峰。 1960년 5월 25일, 중국등산팀은 세계 최고봉인 에베레스트봉에 올랐다.

2. 절정. 절정기. 한창. 피크(peak).

[예문1] 下班高峰期的时候, 路上的车非常多。 퇴근 절정시간 때에는 도로에 차량들이 무척 많다.

[예문2] 每年的6~9月是中国居民的用电高峰时期。 매년 6월에서 9월은 중국 주민들의 전기 사용이 한창인 때이다.

3. (지도층 중의) 최고층.

[예문1] 第七届中国民营企业高峰论坛将于今年9月8日在北京举行。 제7회 중국 민영 기업 고위층 포럼이 올해 9월 8일에 베이징에서 거행될 예정이다.

•袭击

적 또는 어떤 물체 등이 갑작스럽게 또는 불시에 공격 또는 기습한다는 뜻으로 쓰인다.

[예문1] 昨天晚上, 一群歹徒袭击了那家商店。 어제 저녁 폭도들이 그 상점을 습격했다.

[예문2] 趁敌人没有防备, 我军突然袭击了他们的军火库。 적들이 무방비인 틈을 타서 아군은 그들의 화약고를 갑작스럽게 기습했다.

[예문3] 上个月,台风袭击了台湾南部地区。 지난 달 태풍이 타이완 남부 지역을 불시에 강타했다.

●주의: 이 단어는 형용사 혹은 대명사 뒤에 놓여 '습격', 또는 '기습'이란 명사로도 쓰일 수 있다.

[예문1] 敌人没有任何防备, 我们的突然袭击让他们损失惨重。 적들이 아무런 방비도 없을 때 우리의 갑작스런 습격은 그들에게 막대한 손실을 입혔다.

본문 문장구조 익히기

1. **根据……数据** ~의 수치(통계)에 따르면.

根据世界卫生组织公布的数据, 目前阿根廷甲型流感死亡病例数量在全球范围内仅次于美国和墨西哥。 세계보건기구가 공포한 수치에 따르면, 지금 아르헨티나 신종 플루 사망 병례수는 전 세계 범위 내에서 겨우 미국과 멕시코 다음이다.

● 이 문장구조에서 앞의 "근거(根据)"는 뒤의 "수치 또는 통계(数据)"의 출처를 나타내며, 뒤의 문장은 앞의 수치 또는 통계에 따라 얻은 결론을 나타낸다.

[예문1] 根据大田市政府提供的数据, 我们得知大田市的人口为1476386人。 대전시가 제공한 통계에 따라 우리는 대전시의 인구가 1,476,386명임을 알았다.

[예문2] 根据中央情报局提供的数据, 美国政府推测伊朗正在研制核武器。 중앙정보국에서 제공한 통계에 따라 미국정부는 이란이 핵무기를 연구제작하고 있음을 추정했다.

2. **由于……所以** ~로 인해서 ~하다. ~때문에 ~하다.

由于后两个国家甲型流感疫情已经趋于缓解, 而阿根廷却正处于甲型流感暴发高峰期, 所以阿根廷甲型流感患者死亡人数最终将超过美国和墨西哥。 뒤의 두 개 국가의 신종 플루 전염병 발생 상황은 이미 완화되는 추세인 반면 아르헨티나는 신종 플루가 마침 폭발적으로 증가하는 절정기에 놓여 있기 때문에 아르헨티나 신종 플루 환자 사망자 수가 결국에는 미국과 멕시코를 앞지를 것이다.

- 앞의 "由于"는 일의 원인을 나타내며, 뒤의 "所以"는 일의 결과를 나타낸다.

[예문1] 由于情况十分紧急, 所以他没来得及和妻子告别就出发了。 상황이 무척 긴박했기 때문에 그는 아내에게 작별 인사하지도 못하고 출발했다.

[예문2] 由于我是个近视眼, 所以我每天都得戴着一个可恶的眼镜。 나는 근시이기 때문에 매일같이 이 밉살스런 안경을 써야한다.

- 이 문장구조는 때때로 앞의 "由于"나 뒤의 "所以"가 생략되어 위의 문장을 다음과 같이 생략해서 쓸 수 있다.

[예문1] 由于情况十分紧急, 他没来得及和妻子告别就出发了。

<或>

情况十分紧急, 所以他没来得及和妻子告别就出发了。

[예문2]由于我是个近视眼, 我每天都得戴着一副可恶的眼镜。

<或>

我是个近视眼, 所以我每天都得戴着一副可恶的眼镜。

杭州湾跨海大桥全线贯通

항저우, 해상(海上)대교 전 노선 개통

6月26日，杭州湾跨海大桥全线贯通。这座世界上最长的跨海大桥北起浙江嘉兴海盐县，南至浙江宁波慈溪市，全长36公里，横跨整个杭州湾，工程总投资约118亿元。该跨海大桥按双向六车道高速公路设计，设计时速100公里，设计使用寿命100年以上，建成后将缩短宁波至上海间的陆路距离120公里。

（齐鲁晚报2007年6月27日）

본문 단어 익히기

全线 [名] quán xiàn 모든 노선. 전체 구간.

贯通 [动] guàn tōng 잇다. 연결하다. 관통하다. 개통하다.

全长 [名] quán cháng 전체 길이.

横跨 [动] héng kuà ① 강, 하천 등을 건너다. ② 가로로 걸쳐 있다.

投资 [名] tóu zī 투자. 투자금. [动] 투자하다.

该* gāi [代] (앞에서 말한 사람이나 사물을 가리키는 말로서) 이.[动] ① 빚지다. ② 마땅히 ~해야 하다. ~의 차례다.

双向 [形] shuāng xiàng 쌍방향(雙方向)의. 양방향(兩方向)의.

时速 [名] shísù (한 시간을 단위로 하여 재는 평균 속도) 시속.

将* [副] jiāng 막. 머지않아. 곧. 장차. [动] (말로) 자극하다. [介] ('把'와 같이 목적어를 동사 앞에 두어 동작의 처리를 강하게 표시하는 작용으로) ~을. ~를.

陆路 [名] lù lù 육로(陸路).

跨海大桥 [专名] kuà hǎi dà qiáo 해상도로.

六车道 [专名] liù chē dào 6차선 도로.

본문 단어 자세히 익히기

该

1. (앞에서 말한 사람이나 사물을 가리키는 말로서) 이.

   [예문1] 三星公司是韩国的一家著名企业, 该公司成立于是1969年。 삼성은 한국의 저명한 기업으로서 이 회사는 1969년에 창립됐다.

2. 빚지다.

   [예문1] 小李该我1万块钱还没有还呢! 리군은 나한테 빚진 1000원도 아직 안 갚았어!

3. 마땅히 ~해야 하다. 마땅히 ~가 해야 하다. ~의 차례다. (사리나 경험에 비추어 필연적이거나 있을 수 있는 결과를 추측하는 것을 나타내는 의미로) 틀림없이 ~할 것이다.

   [예문1] 工作了一天, 该休息一会儿了。 하루종일 일했으니 좀 쉬어야 한다.

   [예문2] 今天是星期三, 晚上该金守正值班了。 오늘은 수요일로 저녁에 김수정씨가 당직할 차례다.

   [예문3] 再不下雨的话, 花都该枯死了。 비가 더 이상 내리지 않는다면 꽃이 다 말라죽을 거야.

4. ('该+有+多…' 형식의 감탄문에 쓰여 어기(語氣)를 강하게 하는 작용의 의미로서) 얼마나 ~할까.

   [예문1] 好累啊! 要是能休息一下, 那该多好啊! 참 피곤하다! 쉴 수만 있다면 얼마나 좋겠어!

将

1. 막. 머지않아. 곧. 장차.

[예문1] 韩国总统李明博将于下周三访问中国。 한국의 이명박 대통령은 다음 주 수요일에 중국을 방문할 것이다.

2. (말로) 자극하다.

[예문1] 洪代表成熟稳重, 你将他是没有用的。 홍 대표는 성숙되고 침착한 사람이라 그를 자극해봐야 소용없다.

3. ('把'와 같이 목적어를 동사 앞에 두어 동작의 처리를 강하게 표시하는 작용으로) ~을. ~를.

[예문1] 我们应该将这项工程持续开展下去。 우리는 마땅히 이 공사를 지속적으로 전개해 나가야 한다.

본문 문장구조 익히기

1. 北起……南至 북쪽의 ~로부터 남쪽의 ~까지.

这座世界上最长的跨海大桥北起浙江嘉兴海盐县, 南至浙江宁波慈溪市, 全长36公里。 세계에서 가장 긴 이 해상대교는 북으로 쩌장(浙江) 쟈싱하이엔(嘉興海鹽) 현(縣)에서 남으로 쩌장 닝뽀츠시(寧波慈溪) 시(市)까지 전체 길이 36㎞의 항저우 만 전체를 가로지르며, 공사 총투자액이 약 118억 위안이 들었다.

- "北起……南至 북쪽의 ~로부터 남쪽의 ~까지" 문장구조는 주로 도로나 철로 혹은 기타 노선의 방향을 나타낼 때 쓰이는데, "起"의 뒤에는 노선의 기점을 나타내며, "至"의 뒤에는 노선의 종점을 나타낸다. 물론 방향을 나타내는 다른 말로 응용도 가능하다.

[예문1] 京釜高速公路北起首尔, 南至釜山。 경부고속도로는 북쪽의 서울에서부터 남쪽으로 부산까지이다.

[예문2] 市政府二号道路拓建工程南起中华大街, 北至长安路口。 시정부의 2차선 도로 건설공사는 남쪽의 중화대로에서 북쪽으로 장안길목까지이다.

종합연습 [练习]

Ⅰ. 다음 빈칸에 들어갈 알맞은 단어를 고르시오.

1.国务院刚刚_____紧急通知，要求各食品加工企业做好食品安全生产工作。

A.发达　B.下放　C.播放　D.发布

2.晚_____时期，马路上的汽车排成了一条长成。

A.高峰　B.下班　C.运输　D.拥挤

3. _____严重感冒，他没有去参加考试。

A.然而　B.由于　C.虽然　D.即使

4.这条公路_____上海，西至南昌。

A.东起　B.西起　C.南起　D.北起

5.马上10点了，老王_____到了。

A.已经　B.还没　C.该　D.也许

Ⅱ. 다음 질문에 간단하게 답하시오.

1.到2009年7月11日，哪些国家因甲型流感而死亡的人数最多?

2.从课文来看，阿根廷国内甲型流感的基本情况如何?

3.杭州湾跨海大桥最少能使用多少年?

Ⅲ. 다음 주제에 대하여 중국어로 토론하시오.

1.如何预防甲型流感?

2.谈谈您对中国道路建设方面的认识。

【중국의 역사문화 도시 기행】

거대한 중국 역사의 심장부 베이징 천안문(天安門)

천안문 정중앙

인천공항에서 비행기로 두어 시간 남짓. 베이징(北京)은 오늘날 중국의 수도이자 천년에 걸친 제국의 도읍지로서 살아있는 역사·문화의 도시이다. 베이징 수도(首都)공항에서 공항고속도로를 타고 40여 분을 달려 중국 관광의 제1코스이자 중국 전체를 움직이는 정치, 행정의 첫 관문인 천안문(天安門)에 도착했다. 옛날 우리 시골사람들이 서울 구경 왔던 것처럼 신기한 눈으로 천안문을 구경하는 중국 각지의 사람들에서부터 날렵하게 생긴 디카와 캠코더를 들고 곳곳마다 사진을 찍어대는 외국인들과 관광가이

드의 깃발을 따라 브리핑을 들으며 여기저기 이동하는 관광객들까지, 천안문은 이렇게 만리장성과 함께 중국을 대표하는 상징물로서 늘 인산인해를 이루고 있다.

천안문은 명청조(明淸朝)의 황궁인 자금성(紫禁城) 남쪽을 지키던 문으로, 중국인은 1912년 마지막 황제 푸이(溥儀)가 신해혁명으로 물러날 때까지 황제의 권능이 바로 이 문에서 나온다고 믿었다. 이후 1949년 10월 1일 마오쩌둥(毛澤東)이 천안문 성루(城樓)에 올라 중화인민공화국의 수립을 선포하면서부터, 1978년 불굴의 의지로 권좌에 복귀해 개혁개방을 선포하면서 새로운 도약을 약속한 덩샤오핑(鄧小平)에서, 제4세대 지도부 후진타오(胡錦濤)에 이르기까지 이제 천안문은 국가 최고 권력의 상징으로서 주목을 받고 있다.

그러나 한편 지난 20세기 천안문은 중국인의 삶을 지배하기 시작한 온갖 격동과 모순의 파노라마를 묵묵히 지켜봐야 했고, 천안문 앞은 중국 현대사의 전환점이 있을 때마다 학생, 민중들의 집회와 시위의 거점이 되어 오늘날까지도 기념일이나 주요 행사가 있을 때면 당국을 긴장시키고 있다.

천안문 앞 지하도를 건너 천안문 광장 정중앙에 위치한 인민영웅기념비로 갔다. 중국 공산혁명을 위해 희생된 유명, 무명의 전사들을 기리기 위해 세워졌다는 40여 미터 높이의 이 기념비는 천안문 사건 당시 학생들이 이곳에 올라 꽃을 바치며 항의시위를 한 곳으로도 유명한데, 당국의 유혈진압 이후 지금은 일반인의 출입을 금지하는 성역이 되었다. 이 기념비에 서서 전후좌우를 조망해보면, 동쪽으로 중국역사박물관과 중국혁명박물관이 있고, 서쪽으로 인민대회당, 남쪽으로 마오쩌둥 기념관과 정양문, 북쪽으로 천안문이 자리 잡고 있어, 이 광장과 함께 실로 장엄한 화폭을 이룬다. 천안문은 이처럼 굵직한 역사의 현장이자 권력 중심지로서의 위상을 실감케 한다.

천안문 정중앙에 걸린 마오쩌둥의 초상 아래로 난 문을 따라 고궁(故宮)으로 향했다. 이 길은 옛날 황제만이 지나다닌 길인데, 지금은 고궁을 관람하러 가는 입구로 많은 인파가 붐비는 통로가 되었다. 그 입구를 지나 양 옆으로 문물전시관과 보위대(保衛隊)가 훈련하는 모습이 보이고, 얼마 지나지 않아 고궁 관람의 첫 관문이자 세계에서 가장 큰 궁궐의 정문인 오문(午門)이 나왔다. 하늘의 천제(天帝)가 거주한다는 '자미단

(紫薇壇)'에서 '자(紫)'를 따고, 역대 제왕의 궁성은 일반인들은 드나들 수 없다는 '금지(禁地)'에서 '금(禁)'을 가져와 '자금성(紫禁城)'이라고도 불리는 고궁은 이름에서부터 이미 황제의 위엄이 묻어난다. 명나라 영락제(永樂帝)가 난징(南京)에서 베이징으로 천도하기 시작할 때부터 건립하여 1420년에 완공된 이곳은, 당시 전국의 장인과 인부, 병사 등 30여 만 명이 동원되어 15년간의 공사 끝에 완성되었다. 전체 규모가 남북 1000m, 동서 750m의 장방형 건물 군(群)으로 면적이 72만㎡로 건물 800채 총9999칸의 방이 있는 고궁은 건조된 이래로 560년이라는 긴 세월 동안 15명의 명나라 황제와 9명의 청나라 황제가 이곳에서 일생을 보냈고, 현재 소장하고 있는 문물만도 105만여 점이 있다. 방대한 국토 넓이에 걸맞게 엄청난 규모를 자랑하지만, 무엇보다 건축물이나 문물마다 규모의 크기와 화려함, 정교함으로 인해 볼 때마다 놀라움과 감탄을 자아낸다.

그런 고궁도 오랜 세월만큼이나 시련도 많았다. 역대 황제들이 거쳐가는 동안 몇 번이나 번개를 맞으며 건물이 소실되어 다시 짓기를 반복했고, 특히 문화대혁명(文化大革命) 시기에는 홍위병(紅衛兵)들이 봉건주의 잔재의 상징물이라며 철거할 뻔한 위기를 맞기도 했다.

오문을 지나면 너비 5m정도의 금수하(金水河)에 대리석 난간이 있는 내금수교(內金水橋)가 나오는데, 옥허리띠 모양으로 굽어진 것이 앞의 드넓은 태화문(太和門) 마당과 멋지게 어울리는 그림이 된다. 내금수교에 다섯 개의 다리는 각각 인(仁), 의(義), 예(禮), 지(智), 신(信)을 상징하며, 그 아래의 물은 황실의 권력과 천운이 밖으로 새나가지 말라고 고궁 내에서만 흐르게끔 설계되어 있다. 그리고 내금수교 아래 하천을 파서 나온 흙을 쌓아 만든 것이 바로 고궁 뒤의 인공산인 경산(景山)으로, 이곳에 오르면 고궁의 전체광경은 물론 베이징 시 전체를 조망할 수 있다. 내금수교를 건너 계단을 올라서니 태화문이 나오는데, 이 문은 고궁에서 가장 크고 화려한 문으로 문 양쪽에 청동으로 만든 암수 사자 한 쌍이 서 있다. 수컷은 앞발에 여의주를, 암컷은 사자 새끼를 뒤집은 채 움켜쥐고 있는 형상인데, 여기서 숫사자는 권력과 천하통일을 상징하고, 암사자는 자손들의 번성을 상징한다. 태화문 안으로 있는 태화전(太和殿)은 고궁 최고의 건축군을 이루는 궁궐로서 황제의 즉위식이나 원단(元旦) 같은 축제일의 제전(祭典), 조서 반포, 황태

북경고궁 내금수교 태화전

천안문의 인민영웅기념비

자의 탄생 축하, 황제의 생일 축하 등 중요한 국가행사를 거행하던 곳이다. '공(工)'자 모양의 한백옥(漢白玉)의 3기단 위에 지어져 마치 구름 위에 떠있는 신선의 집처럼 설계된 태화전은 중국 최대의 목조건축물이면서 최고 통치자의 위엄과 권력을 상징적으로 보여주고 있다. 태화전이 올라앉은 3층 기단에는 정교한 조각이 세워진 1488개의 돌기둥이 둘러 서 있고, 단 아래에는 1142개의 용머리 모양의 배수구가 있는데 비라도 올라치면 천여 마리나 되는 용의 입에서 일제히 물을 토해내는 광경이 그야말로 일품이다. 또 의식이 있을 때마다 향을 피워 푸른 연기와 하얀 기단 위에 선 황제는 그야말로 하늘의 명을 받은 천자(天子)처럼 보여지도록 하였다. 하지만 고궁에도 취약점이 있었으니 건축물이 거의 목재로 지어졌기 때문에 늘 화재의 위험이 있었다는 사실이다. 그래서 고궁에는 방화수 역할을 하던 물 항아리들이 곳곳마다 있는데 겨울에는 물이 얼지 않도록 항아리 아래에 불을 지피고 있었다. 그런데 그 항아리가 역으로 번개를 끌어들여 더 많은 화재가 났다고 한다.

태화전 뒤로 황제가 의식을 거행하기 전 휴식하던 중화전(中和殿)을 지나 외조(外朝

*고궁은 크게 외조와 내정(內庭)으로 구분되는데, 외조는 태화전, 중화전, 보화전 등 황제가 정사

를 집무하던 곳이고, 내정은 건청궁, 교태전, 곤녕궁 등의 생활공간이다. 이 건물들은 궁전 내 주요건물로서 남북 일직선으로 나열되어 있다)의 마지막 대전(大殿)인 보화전(保和殿)으로 갔다. 보화전은 본래 황제가 연회를 베풀거나 태자나 황후를 책봉할 때 하례를 받던 곳인데, 그 보다도 당시 과거시험의 최고과정인 전시(殿試)가 열린 장소로 더욱 유명하다. 이 때 최종으로 선발된 3명의 합격자는 황제만이 사용할 수 있는 오문의 중앙 통로를 통해 궁밖으로 나가게 되는데, 당시 출세를 꿈꾸던 선비로서는 최고의 영광이었다. 보화전 후문을 돌아 그곳 돌층계 가운데 있는 운룡대석조(雲龍大石彫)를 보았다. 운룡대석조는 전체가 한 덩어리로 된 대리석으로 길이 16여 미터, 무게가 250여 톤에 달하는 돌 위에 아홉 마리의 용이 구름 속에 노니는 모습을 매우 정교하게 조각하였다. 기록에 의하면 이 돌은 베이징에서 50㎞ 떨어진 팡산(房山)에서 채취한 것으로, 이 돌을 운반하기 위해 겨울에 깊은 도랑을 파고 물을 부어 빙판을 만든 다음 2만 여명이 한 달 동안 끌어왔다고 하는데, 이 또한 중국의 스케일과 황실의 권위를 체감케 한다.

궁전 내 주요 건축물만 주마간산으로 지나치는데 꼬박 두 시간이 걸렸다. 모든 여행이 다 그렇다지만 인문성이 강한 중국에서의 여행은 특히 발품을 많이 팔고 봐야 한다는 것이다. 얼마 전 온갖 논란 끝에 고궁 내 생긴 스타벅스 커피전문점에서 커피 한 잔을 마시며 노곤해진 두 다리를 쭉 뻗고 쉬었다. 관람객의 대다수가 외국인인 점을 고려해 생겼다지만 차 마시는데 익숙해 있는 중국인 중에서도 이미 적지 않게 커피를 즐기는 광경을 보며 중국인의 달라진 입맛을 느낄 수 있었다. 여기서 중국 당국이 2008년 베이징 올림픽을 앞두고 대대적인 개보수 공사를 진행하면서 보여준 중국인의 가치관 한 가지. 중국 당국은 고궁 개보수 사업의 총책임을 미국 회사에 맡겼는데, 우리 건축물은 우리한테 맡겨야 한다고 명분을 따지는 우리의 생각과는 달리, 최선의 기술로 실리를 챙기겠다는 중국인들의 상술과 가치관을 느낄 수 있는 대목이다.

02

시사정치 时事政治

胡锦涛出席八国集团同发展中国家对话会议并讲话

후진타오, G8국가 및 개발도상국 정상들과 회담 및 연설

全国政协十一届二次会议在京开幕

중국인민정치협상회의 제11회 2차 회의 베이징에서 개막

胡锦涛出席八国集团同发展中国家对话会议并讲话

후진타오, G8국가 및 개발도상국 정상들과 회담 및 연설

八国集团同中国、印度、巴西、南非和墨西哥5个发展中国家领导人对话会议9日在日本北海道举行。国家主席胡锦涛出席了会议。

关于当前世界经济形势、胡锦涛指出，近来世界经济增长中的不确定、不稳定因素增多，金融市场持续动荡，能源、资源价格上涨，粮食安全问题突出，全球通胀压力增大。我们有责任携手合作，共同应对挑战。胡锦涛就促进世界经济均衡、协调、可持续发展等问题提出若干点建议。关于世界粮食安全问题，胡锦涛指出，近来，粮食价格上涨已成为国际社会普遍关注的问题。粮食问题不仅事关各国经济和民生，也事关全球发展和安全。目前，全球仍有8亿多人面临饥饿威胁，粮价上涨将使这个数字大幅增加，这不利于实现世界持久和平、共同繁荣。

胡锦涛指出，当前粮价上涨是多种因素综合作用的结果。把全球粮食需求增加归咎于发展中国家的发展，既不符合事实，也不是解决问题的建设性态度。在人类社会农业生产力空前提高的今天，我们并不缺乏解决粮食问题的手段，关键是要本着共同发展的理念，共同维护世界粮食安全。

胡锦涛最后表示，欢迎各国体育健儿来北京参加奥运会，欢迎各国朋友届时来北京观看奥运会比赛。

新华日报2008年7月9日

본문 단어 익히기

出席* [动] chū xí (발언권과 표결권이 있는 구성원이) 회의에 참가하다. 출석하다.

集团 [名] jí tuán 집단(集團). 단체(團體). 그룹(group).

对话 [动] duì huà 대화하다.

领导人 [名] lǐng dǎo rén 지도자. 리더(leader). 우두머리.

举行 [动] jǔ xíng (어떤 행사나 활동 등을) 열다. 개최하다. 거행하다. 진행하다. 실시하다.

形势* [名] xíng shì ① (주로 군사적인 각도에서의) 지세(地勢). 지형(地形). ② (어떤 사물의) 발전 상황. 형세. 형편.

确定* què dìng ① 〔形〕 분명하다. 확실하다. 명확하다. 확정적이다. 확고하다.
② [动] (변동이 없도록) 확정하다. 확실하게 정하다.

稳定* wěn dìng ① 〔形〕 안정되다. 변동이 없다. 확고하다. 흔들리지 않다.
② [动] 안정(安定)되게 하다. 변동(變動)이 없게 하다. 확고(確固)히 하다. 가라앉게 하다.

因素 [名] yīn sù ① (사물의 본질을 구성하는 성분으로서) 구성 요소.
② (사물의 성립을 결정하는) 원인(原因). 조건(條件). 요소(要素).

金融 [名] jīn róng (화폐의 발행, 유통과 회수, 대부금의 방출과 회수, 예금의 예입과 인출, 환어음의 거래 및 증권 거래 등의 경제 활동으로서) 금융.

持续 [动] chí xù 지속하다. 이어지다.

动荡 [动] dòng dàng ① (파도가) 일다. 출렁이다. ② (비유) (형세, 상황 등이) 불안정하다.

能源 [名] néng yuán 에너지원 (energy source).

资源 [名] zī yuán 자원(資源).

上涨 [动] shàng zhǎng (수위 또는 물가가) 오르다.

突出* tū chū [形] 두드러지다. 뚜렷하다. 뛰어나다. 대두하다. [动] ① 뚫고 나가다. 돌파하다.
② 돌출(突出)하다. 튀어나오다. ③ 두드러지게 하다. 돋보이게 하다.

通胀 [名] tōng zhàng 통화팽창(通貨膨脹). 인플레이션(Inflation).

压力* [名] yā lì ① (어떤 물체가 다른 물체를 누르는 힘으로서) 압력.
② (추상적인 의미로 쓰여, 다른 사람이나 단체의 힘을 굴복시키는) 압력.
③ (감당해야 하는) 정신적 부담. 스트레스(stress). 문제.

责任 [名] zé rèn ① (마땅히 해야 할) 책임.
② (어떤 일과 관련해 그 결과에 대해 지는 의무나 부담으로서) 책임.

携手 [动] xié shǒu ① 서로 손을 잡다. ② (비유) 협력하다.

合作* [动] hé zuò (공동의 목적을 위해 함께 일하거나 어떤 임무를 완성시키는 동작을 가리키는 말로서) 협력하다. 협조하다. 합작하다.

应对 [动] yìng duì ① (질문, 요구 등에) 대답하다. 응답하다. 응대하다. ② 대응하다. 대처하다.

挑战 [动] tiǎo zhàn 도전하다

均衡 [形] jūn héng 균형이 맞다. 평형(平衡)하다.

协调 [形] xié tiáo 잘 어울리다. 적당하다. 적절하다. 알맞다.

若干 [疑] ruò gān 약간. 조금. 얼마.

普遍 [形] pǔ biàn 보편적이다. 일반적이다. 널리 알려져 있다. 널리 퍼져 있다.

关注 [动] guān zhù 관심을 갖다.

民生 [名] mín shēng 민생. 국민의 생계.

面临 [动] miàn lín (문제나 상황 등에) 직면하다.

饥饿 jī è ① [名] 굶주림. 기아. ② [形] 배고프다.

威胁 [动] wēi xié ① (어떤 무력이나 권세로) 협박하다. 위협하다.
② 위협하다. 위험에 빠뜨리다. 위태롭게 하다.

大幅 [副] dà fú 대폭. 많이. 크게. 넓게.

持久 [形] chí jiǔ 영구적이다. 영원불멸하다.

繁荣 [动] fán róng 번영시키다. 번창시키다.

综合 [动] zōng hé 종합하다.

需求 [名] xū qiú 수요. 필요. 요구.

归咎 [动] guī jiù (잘못이나 허물을) ~에게 돌리다. ~에게 전가(轉嫁)하다. ~의 탓으로 돌리다.

符合［动］fú hé (수량, 형상, 내용 등이) 부합하다. 일치하다.

生产力［名］shēng chǎn lì 생산력.

空前［形］kōng qián 전에 없던. 공전의. 전대미문(前代未聞)의. 미증유(未曾有)의.

缺乏［动］quē fá (필요하거나 원하거나 응당 있어야 하는 것이) 부족하다. 모자라다. 결핍(缺乏)되다.

手段［名］shǒu duàn ① 수단. 수법. 방법. ② 잔재주. 잔꾀. ③ 수완. 솜씨.

关键* guān jiàn ① 〔名〕 관건(關鍵). 키 포인트(key point). ② 〔形〕 가장 중요한. 가장 긴요한.

理念［名］lǐ niàn 사상. 관념. 의식.

维护*［动］wéi hù 지키다. 보호하다. 수호하다.

健儿［名］jiàn ér (신체와 정신이 강건하고 활력이 넘치는 사람으로 주로 용감하게 잘 싸우거나 운동에 뛰어난 소질을 보이는 청장년을 가리키는 말로서) 건아(健兒).

届时［副］jiè shí 그때가 돼서. 그때가 되면. 그때에.

八国集团［专名］bā guó jí tuán G8(미국, 일본, 영국, 프랑스, 독일, 이탈리아, 캐나다 등 서방 선진 7개국(G7)과 러시아를 지칭함.)

北海道［专名］běi hǎi dào 홋카이도(일본열도의 최북부에 위치한 섬).

본문 단어 자세히 익히기

出席

발언권 혹은 표결권이 있는 구성원이 회의에 참가, 참석한다는 뜻으로, “회의에 참가하다(出席会议)”, “대회에 참석하다(出席大会)”란 말과 어울려 많이 쓰인다.

[예문1] 昨天, 有170名代表出席了这次会议。 어제 170 명의 대표들이 이번 회의에 참석했다.

[예문2]这次会议的出席人数多达170人。 이번 회의의 참여 인원은 170 명에 달한다.

形势

주로 군사적인 각도에서의 지세(地勢)나 지형(地形), 또는 어떤 사물의 발전 상황이나 형세, 형편 등을 가리키는 두 가지 의미로 쓰인다.

[예문1] 这座山形势险要, 敌人是攻不进来的。 이 산의 지형이 험준해 적이 공격해 들어올 수 없다.

[예문2] 王先生感慨地说:"大家注意了, 形势不妙啊!" 왕 선생은 감개해하며, "여러분 주의하세요, 상황이 심상치 않습니다!"하고 말했다.

[예문3]目前, 国际形势对韩国十分有利。 지금 국제 형세가 한국에 매우 유리하다.

确定

1. 분명하다. 확실하다. 명확하다. 확정적이다. 확고하다.

[예문1] 工人们冲进会议室, 要求金老板给他们一个确定的答复。 근로자들은 회의실로 돌진해 김 사장에게 명확한 답변을 해달라고 요구했다.

2. 어떤 대상에게 변동이 없도록 확실하게 정한다는 의미로, 뒤의 목적어에는 시간, 지점, 방향, 목표 등이 나올 수 있다.

[예문1] 何老板, 请您确定一下下次见面的时间和地点吧。 하 사장님, 다음번에 만날 시간과 지점을 확정해주시지요.

[예문2] 他拿出指南针, 想确定一下现在的方向。 그는 나침반을 꺼내 지금의 방향을 확정지으려 했다.

[예문3] 确定了钱包被偷之后, 洪世熙拿出手机报了警。 홍세희는 지갑 도둑맞은 것을 확인한 뒤 휴대폰을 꺼내 경찰에 신고했다.

稳定

1. 주로 물가(物價), 정서(情緖), 수위(水位) 등이 변동 없이 안정됨을 나타낸다.

[예문1] 见到妈妈以后, 他的情绪稳定了下来, 不再哭闹了。 엄마를 보고 나서 그는 정서가 안정되어 더 이상 울지 않았다.

[예문2] 士兵高兴地说:"目前形势稳定, 请首长放心!" 병사들은 기뻐해하며 "지금 형세가 안정됐으니 지휘관님 안심하십시오!"하고 말했다.

2. 어떤 대상에게 안정되게 하거나 가라앉게 한다는 의미로, 뒤의 목적어에는 물가, 정서, 형세 등이 나올 수 있다.

[예문1] 政府想了很多方法来稳定物价, 结果却没有效果。 정부에서는 물가를 안정시킬 여러 방법을 생각해냈지만, 결국 아무런 효과도 없었다.

[예문2] 政府派出了军队, 试图稳定当地的局势。 정부는 군대를 파병해 현지의 정세를 안정시키려 했다.

• 이 단어는 형용사 혹은 동사의 뒤에 놓여 명사의 성격을 띨 수도 있다.

[예문1] 胡锦涛主席对他说 : 维护稳定是目前最重要的任务。 후진타오 주석은 그에게 안정을 지키는 것이 지금 가장 중요한 임무라고 말했다.

[예문2] 稳定是一种状态, 是一种幸福。 안정은 하나의 상태로서 일종의 행복이다.

突出

1. 어떤 능력, 성적, 목표 등이 현저하게 두드러지거나 뛰어남을 나타낸다.

[예문1] 洪大辰成绩突出, 受到很多老师的表扬。 홍대진은 성적이 무척 뛰어나 많은 선생님들로부터 칭찬을 받았다.

[예문2] 这家的公司的发展目标太突出了, 又是开拓国际市场, 又是研发新产品, 真是厉害啊! 이 회사는 발전목표가 너무도 두드러져 국제시장을 개척하고, 신 생산품도 연구개발해 내다니 정말 대단해!

2. 동사로서 어떤 물체가 돌출(突出)되어 튀어나오거나, 어떤 대상으로 하여금 일반 수준보다 돋보이게 한다거나, 군사적인 영역에서 돌파해 나오는 것 등을 의미한다.

[예문1] 他的头上突出来一个大包, 非常吓人! 그의 머리에 큰 뾰루지가 생겨 무척 놀라게 했다!.

[예문2] 上课的时候, 一定要突出重点。 수업할 때 반드시 중점 인재로 돋보여야 한다.

[예문3] 38军突出敌人的包围后, 在一个小村子休息了一天。 38군대는 적의 포위를 돌파한 뒤 한 마을에서 하루 쉬었다.

压力

이 단어는 의미가 비교적 풍부한데, 주로 어떤 물체가 다른 물체를 누르는 힘으로서 압력이나, 비유의 의미로서 다른 사람이나 단체의 힘을 굴복시키는 압력, 정신적으로 감당해야 하는 부담과 스트레스를 비유하는 의미 등으로 쓰인다.

[예문1] 你太胖了, 不要坐那个小凳子上, 它承受不了你的压力。 너는 너무 뚱뚱해서 그 작은 걸상이 네 무게 압력을 견디지 못할 테니 앉지 말아라.

[예문2] 反对党正在不断向政府施加舆论压力。 반대당에서는 정부한테 여론 압력을 계속 가하고 있다.

[예문3] 朴永镐的爸爸下岗了, 家里的经济压力很大。 박영호의 아버지가 퇴직해서 집안 경제 부담이 크다.

合作

1. 공동의 목적을 위해 함께 일하거나 어떤 임무를 완성시키는 동작을 가리키는 말로서 협력, 협조, 합작하는 것을 나타낸다.

[예문1] 三星公司决定和苹果公司合作, 共同开发新产品。 삼성기업은 애플기업과 합작해 공동으로 신상품을 개발하기로 결정했다.

[예문2] 卫星发射成功是众多小组努力合作的结果。 인공위성의 발사 성공은 많은 여러 팀들이 노력하고 협조한 결과이다.

2. 이 단어는 때에 따라 대명사나 형용사 뒤에 놓여 명사의 성격을 띠기도 한다.

[예문1] 金团长高兴地举起酒杯说:"祝愿我们的合作早日成功。" 김 단장은 기쁘게 술잔을 들면서, "우리의 합작이 빠른 시일에 성공하길 기원합시다."하고 말했다.

[예문2] 上一次的成功合作让我们有理由相信:下一次我们会做得更好! 지난번 성공적인 합작은 다음번에도 더욱 잘해낼 수 있을 거라 믿는 이유가 되게 했다.

• 명사의 성격을 갖게 되면, "합작 파트너(合作伙伴)", "협력 사항(合作项目)", "합작 센터(合作中心)" 등과 같이 다른 명사와도 조합해서 쓸 수 있다.

[예문1] 为了尽快开发出新的产品, 现代公司决定去美国寻找新的合作伙伴。 새로운 생산품을 조속히 개발해내기 위해 현대기업은 미국에 새로운 합작 파트너를 찾아 가도록 결정했다.

[예문2] 这座核电站是中美两国今年最大的合作项目。 이 핵 발전소는 중국과 미국 양국의 금년에 가장 큰 협력 사항이다.

关键

1. 가장 중요하거나 가장 긴요한 것을 나타내는 말로 "가장 중요한 시각(关键时刻)", "가장 중요한 인물(关键人物)", "가장 중요한 문제(关键问题)", "가장 긴요한 역할(关键作用)" 등

과 같이 다른 명사와도 조합해서 쓸 수 있다.

[예문1] 金老板说:"我希望在关键时刻能够有人起到关键作用, 把公司的事情办好。" 김 사장은 "가장 중요한 시각에 가장 중요한 역할을 해낼 수 있는 사람이 있어 회사의 일을 잘 해내길 바랍니다."하고 말했다.

[예문2] 田敏镐的建议得到了公司内部一位关键人物的支持。 전경호 씨의 건의는 회사 내부의 가장 중요한 인물의 지지를 얻었다.

2. 사물의 가장 중요한 부분 혹은 어떤 상황에 결정적인 역할을 하는 요소를 가리키는 명사로서 관건 또는 키 포인트(key point)의 의미로 쓰인다.

[예문1] 处理这个问题的关键在于我们能否得到金主任的支持。 이 문제를 처리하는 관건은 우리가 김 주임의 지지를 받을 수 있는 지에 달렸다.

[예문2] 先弄清楚情况是解决这个问题的关键。 먼저 상황을 분명하게 하는 것이 이 문제를 해결할 관건이다.

维护

어떤 위험으로부터 지키고 보호하는 것을 나타내는 동사로 쓰이며, "이익 보호(维护利益)", "권리 보호(维护权利)", "존엄 수호(维护尊严)", "평화 수호(维护和平)" 등과 같이 여러 명사들과 배합되어 쓰일 수 있다.

[예문1] 我们一定要想方设法维护我们自己的利益。 우리는 우리 자신의 이익을 지키기 위해 방법을 꼭 강구해내야 한다.

[예문2] 每个人都应该为维护民族团结作出自己的贡献。 사람마다 민족 단결을 수호하기 위해 스스로의 공헌을 해야 한다.

본문 문장구조 익히기

1. 就……问题提出……建议 ~문제에 대해 ~한 건의를 제시하다.

胡锦涛就促进世界经济均衡、协调、可持续发展等问题提出若干点建议。 후진타오는 글로벌 경제의 균형, 협조, 지속적인 발전 등의 문제에 대해 몇몇 건의를 제시했다.

- 이 문장구조에서 "就"는 동작의 대상 또는 화제(話題)의 범위를 나타내는 "~에 대한" 뜻의 전치사로서 "对" 혹은 "针对"의 의미를 지닌다.

[예문1] 崔老师就如何培养学生学习汉语的积极性等问题提出许多建议。 최 선생님은 학생들이 어떻게 중국어를 공부하는데 적극성을 키울 것인지 등의 문제에 대해 많은 건의를 제시했다.

[예문2] 金研究员就如何开发新产品这一问题提出了自己的建议。 김 연구원은 신 생산품을 어떻게 개발할 것인지의 이 문제에 대해 자신의 건의를 제시했다.

- 이 문장구조는 "~한 의견을 제시하다(提出……意见)", "~한 견해/생각을 말하다/얘기하다/발표하다(说/谈/发表……看法/想法)" 등의 말로 변환해 쓸 수도 있다.

[예문1] 王总经理就如何提高公司服务质量这一问题提出很多宝贵意见。 왕 사장은 회사의 서비스 품질을 어떻게 향상시킬 것인지 문제에 대해 많은 귀중한 의견을 제시했다.

[예문2] 李教授就环保、气候等问题发表了自己的看法。 이 교수는 환경보호, 기후 등의 문제에 대해 자신의 견해를 발표했다.

[예문3] 王教授就气候变暖这一问题说了很多自己的想法。 왕 교수는 기후 온난화의 이 문제에 대해 수많은 자신의 생각을 말했다.

- 이 문장구조는 "~한 토론/의론을 진행/전개하다(进行/展开……讨论/商讨)" 등의 말로 변환해 쓸 수도 있다.

[예문1] 董事会就如何提高公司服务质量这一问题进行了商讨。 이사회에서는 회사의 서비스 품질을 어떻게 향상시킬 것인지 이 문제에 대해 의논했다.

[예문2] 代表们就医疗、卫生、体育等问题展开了热烈的讨论。 대표들은 의료, 위생, 스포츠 등 문제에 대해 열렬한 토론을 전개했다.

2. **不仅……也……** ~뿐만 아니라 또한 ~하기도 하다.

粮食问题不仅事关各国经济和民生, 也事关全球发展和安全。 곡물문제는 각 나라의 경제와 민생과도 관련됐을 뿐만 아니라, 전세계의 발전과 안전에도 관련된 것이다.

- 이 문장구조는 "不但……而且……"와 마찬가지로 뒤의 구절이 앞의 구절보다 정도, 범위, 경중(輕重)에 있어 한결 더 중요함을 나타낸다.

[예문1] 你这个愿望不仅不可能实现, 也说明你很愚蠢。 너의 이 바램은 실현이 불가능하다는 것 뿐만 아니라 네가 어리석다는 것을 설명해주는 것이다.

[예문2] 这种中药不仅对病人很有帮助, 对健康人也很有好处。 이러한 한약은 환자에게 도움이 될 뿐만 아니라, 건강한 사람한테도 매우 좋은 점이 있다.

3. **既……也……** ~뿐만 아니라 또한 ~하기도 하다.

把全球粮食需求增加归咎于发展中国家的发展, 既不符合事实, 也不是解决问题的建设性态度。 전세계 곡물수요의 증가를 개발도상국 발전의 탓으로 돌리는 것은 사실과 부합되지도 않을뿐더러 문제 해결의 건설적인 태도도 아니다.

- 이 문장구조는 사실의 병렬관계를 나타내는 것으로 앞의 구절과 뒤의 구절 모두 정도, 범위, 경중이 비슷하다.

[예문1] 他做的菜既不好看, 也不好吃。 그가 만든 요리는 보기에도 안 좋고, 맛도 없다.

[예문2] 洪代表心情不好, 既不想说话, 也不想吃饭。 홍 대표는 기분이 안 좋아서 말도 하기 싫고 밥도 먹고 싶지 않았다.

全国政协十一届二次会议在京开幕

중국인민정치협상회의 제11회 2차 회의 베이징에서 개막

3月3日15时，中国人民政治协商会议第十一届全国委员会第二次会议在北京人民大会堂开幕。

人民大会堂红旗招展，万人大礼堂内灯火辉煌。象征全国各族人民大团结的政协会徽悬挂在主席台正中，两侧分列十面鲜艳的红旗。

全国政协主席贾庆林等人在主席台前排就座。党和国家领导人胡锦涛、吴邦国、温家宝、李长春、习近平、李克强、贺国强、周永康等在主席台就座，祝贺大会召开。

贾庆林代表政协第十一届全国委员会常务委员会向大会报告工作。贾庆林从6个方面总结了过去一年人民政协的工作。他指出，2008年是党和国家事业发展进程中很不寻常、很不平凡的一年，也是十一届全国政协的开局之年。人民政协高举爱国主义、社会主义旗帜，牢牢把握团结和民主两大主题，坚持中国特色社会主义政治发展道路，充分发挥协调关系、汇聚力量、服务大局的重要作用，与祖国和人民同呼吸、共命运，经受了一场又一场重大考验，为全面建设小康社会、加快推进社会主义现代化、促进祖国和平统一大业作出了重要贡献，实现了本届政协的良好开局。

贾庆林指出，新的一年，人民政协要着力用科学发展观指导、推动工作，着力推动经济平稳、较快发展，着力促进民生改善与社会和谐、稳定，着力加强同港澳台侨同、胞的大团结、大联合，着力拓展人民政协的对外友好交往，着力加强人民政协的自身建设，在中国特色社会主义政治发展道路上，把人民政协事业不断推向前进。

中共中央、国务院有关部门负责人应邀列席开幕大会。各国驻华使节应邀旁听了开幕大会。

본문 단어 익히기

协商 [动] xiéshāng (어떤 목적에 부합되는 결정을 하기 위해) 여럿이 모여 의논하다. 협상하다. 협의하다.

委员会 [名] wěi yuán huì 위원회.

会堂 [名] huì táng 회당(會堂). 강당(講堂, auditorium). 홀(hall).

开幕 [动] kāi mù (회의나 전시회, 연극 등이) 열리다. 시작하다. 개막하다.

招展 [动] zhāo zhǎn 펄럭이다. 나부끼다. 흔들리다.

礼堂 [名] lǐ táng 강당. 홀. 예식장(禮式場). (주로 회의나 예식, 의식 등을 거행할 때 쓰이는 큰 장소.)

灯火辉煌 [形] dēng huǒ huī huáng 밤에 불빛이 휘황찬란한 광경.

象征 [动] xiàng zhēng ① (구체적인 사물로) 어떤 특수한 의미를 나타내다. 상징(象徵)하다.

② [名] 상징.

团结* tuán jié ① [动] 단결하다. 결속하다. ② [形] 화목하다. 사이가 좋다. 뜻이 맞다. 우호적이다.

会徽 [名] huì huī 대회 휘장.

悬挂 [动] xuán guà 매달다. 걸다.

主席台 [名] zhǔxítái 주석 테이블. 의장 대(臺). (연설을 하기 위해서 지면(地面)보다 조금 높게 마련한 자리.)

正中 [名] zhèng zhōng 한가운데. 정중앙.

两侧 [名] liǎng cè 양측. 두 측면.

鲜艳 [形] xiān yàn (색이) 선명하고 아름답다. 밝고 곱다. 산뜻하고 아름답다.

前排 [名] qián pái 앞줄.

就座 [动] jiù zuò 자리에 앉다. 착석하다.

祝贺 [动] zhù hè 축하하다. 경하(慶賀)하다.

召开 [动] zhào kāi (사람들을 소집하여 회의 등을) 열다.

寻常 [形] xún cháng 보통이다. 일반적이다. 평범하다. 예사롭다.

平凡 [形] píng fán 보통이다. 평범하다.

开局* kāi jú ① [动] (장기, 바둑이나 구기 종목의 시합 등을) 시작하다(일반적으로 업무, 활동 등의 시작을 가리킴). ② [名] (장기, 바둑이나 구기 종목의 시합 등의) 시작 단계. 초반(일반적으로 업무나 활동 등의 시작 단계를 가리킴).

爱国主义 [名] ài guó zhǔ yì 애국주의.

社会主义 [名] shè huì zhǔ yì 사회주의

旗帜 qí zhì ① [名] 기. 깃발. ② [비유] 본보기. 귀감. 모범. ③ [비유] 기치(旗幟)(어떤 일에 대해 대표적이거나 호소력이 있는 분명한 태도, 주장, 학술, 정치 역량).

把握* bǎ wò ① [动] (손으로 꽉 움켜) 잡다. 쥐다. (추상적인 것을) 붙잡다. 움켜잡다.
② [名] (성공의) 가능성. 확신.

民主 [名] mín zhǔ 민주(민주주의의 줄임말)

主题 [名] zhǔ tí 주제.

坚持* [动] jiān chí (어떤 태도나 주장 등을) 굳게 지키다. 견지하다. 고수하다.

特色 [名] tè sè 특색. 특징.

充分 [形] chōng fèn 충분하다.

发挥* [动] fā huī ① (내재된 성질이나 능력을) 발휘하다.
② (뜻이나 도리 등을 충분히) 밝히다. 드러내다. 말하다. 부연하다.

协调 [动] xié tiáo (의견, 관계 등을) 조정하다. 조화시키다. 협조하게 하다. 협조하다.

汇聚 [动] huì jù (사람이나 사물 등을) 모으다. 집합(集合)하다. 모이다.

大局 [名] dà jú 대세(大勢). 형국. 전체 국면. 전체적인 형세.

呼吸 hū xī ① [名] 호흡. ② [动] 숨쉬다. 호흡하다.

命运 [名] mìng yùn 운명.

考验* kǎo yàn ① [动] 시험하다. 검증하다. 시련을 주다. ② [名] 시험. 검증. 시련.

加快 [动] jiā kuài (속도를) 빠르게 하다. 가속하다.

推进 [动] tuī jìn 밀고 나가다. 추진하다.

统一* tǒng yī ① [动] 통일하다. ② [形] 일치된. 전체적인. 단일한. 통일적인.

大业 [名] dà yè 대업(大業). 위대한 사업.

贡献 [名] gòng xiàn 공헌. 이바지.

着力 [动] zhuó lì 애쓰다. 힘을 쓰다. 힘을 들이다. 진력(盡力)하다.

指导 [动] zhǐ dǎo (어떤 방향이나 목적에 따라) 지도하다. 가르치다. 지시하다.

推动 [动] tuī dòng 밀고 나아가다. 추진하다. 촉진하다.

平稳 [形] píng wěn (어떤 동요나 위험이 없이) 안정되다. 조용하다. 평온하다

促进 [动] cù jìn 촉진하다. 촉진시키다. 발전시키다.

民生 [名] mín shēng 민생. 국민의 생계.

改善 [动] gǎi shàn 개선하다(원래 나쁘거나 그리 좋지 못한 상황을 고쳐 좋게 만드는 것을 가리키며, 주로 사람이 생활하는 환경, 조건 등을 말할 때 쓰인다)

和谐 [形] hé xié 어울리다. 조화롭다. 화목하다.

侨胞 [名] qiáo bāo 교포. 해외에 거주하는 동포.

同胞 [名] tóng bāo 동포.

联合 [名] lián hé 연합. 단결.

拓展 [动] tuò zhǎn 개척하여 발전시키다.

交往* jiāo wǎng ① [名] 왕래. 교제. ② [动] 왕래하다. 사귀다.

自身 [名] zì shēn 자기. 자신.

建设 [动] jiàn shè 건설하다.

事业* [名] shì yè ① 영업. 사업. ② 공훈과 업적. ③ (생산이나 수입은 없이 국가의 경비 지출로 운영되는 비영리적인) 사회활동. ④ 가업(家業) 또는 산업(産業).

不断 [副] bù duàn 부단히. 끊임없이. 늘.

前进 [动] qián jìn (앞을 향해) 나아가다. 전진(前進)하다.

应邀 [动] yìng yāo (초청이나 초대 등에) 응하다.

列席 [动] liè xí 회의에 참가하다. 열석(列席)하다(발언권은 가지나 표결권은 가지고 있지 않는 경우에 쓰임.)

旁听 [动] páng tīng ① (회의 등을) 방청하다(회의 등에 참석은 하지만 발언권과 표결권이 없는 것을 가리킴). ② 청강하다(비정식적으로 반을 따라 수업을 듣는 것을 가리킴).

人民大会堂 [专名] rén mín dà huì táng 인민대회당(전국인민대표대회가 열리는 곳으로 당, 국가와 각 인민단체의 정치활동이 이곳에서 거행된다).

国务院 [专名] guó wù yuàn 국무원(중국의 최고 국가권력기관이자 최고 국가행정기관으로서 총리, 부총리, 국무위원, 각 부서의 부장, 각 위원회의 주임, 회계감사장, 비서장 등으로 구성되어 총리책임

제를 시행하고 있다).

小康社会［专名］xiǎo kāng shè huì 소강사회(중국공산당이 제시한 발전목표로서 경제발전, 민주정치, 문화번영, 조화로운 사회, 아름다운 환경, 넉넉한 생활, 국민들이 편안하게 살고 즐겁게 일하며, 경제, 정치, 문화 모든 면에서 조화롭게 발전해 종합적인 국력이 강성한 사회를 가리킨다).

港澳台［专名］gǎng ào tái 홍콩, 마카오, 타이완 세 지역을 줄인 말.

驻华使节［专名］zhù huá shǐ jié 주중사절(중국에 주재하는 외교대표를 가리킨 말).

본문 단어 자세히 익히기

团结

1. 동사로는 주로 공동의 이상을 실현하거나 공동의 임무를 완성하기 위해 힘을 모으고 결집한다는 의미로 쓰인다.

   [예문1] 他的口号是：团结每一个人，共同度过难关。 그의 구호는 "사람마다 단결해 함께 난관을 극복하자."는 것이다.

   [예문2] 现在是困难时刻，我们需要团结在一起，共同对付敌人。 지금은 어려운 시각으로 우리는 함께 단결해 공동으로 적에 맞서야 한다.

2. 형용사로는 ~와 뜻이 맞아 사이가 좋거나 화목하다는 의미로 주로 "A와 B는 무척 사이가 좋다.(A和B很/非常团结)", 혹은 "A는 ~에 참 우호적이다(A很团结)"란 문장으로 쓰이는데, 여기서 A는 다수의 사람 혹은 단체를 가리킨다.

   [예문1] 田真硕和邻居们的关系非常团结。 전진석 씨는 이웃들과 사이가 무척 좋다.

   [예문2]关键时刻，他们总是很团结。 결정적인 때면 그들은 항상 단결한다.

开局

1. 동사로는 장기, 바둑이나 구기 종목의 시합 등을 시작하거나, 또는 업무, 활동 등의 시작을 가리키는 말로 쓰인다.

   [예문1] 朴永镐进来的时候，我们这盘棋才刚开局呢。 박영호 씨가 들어왔을 때 우리의 이 바둑 시합이 갓 시작됐었다.

[예문2] 今年的工业生产开局就很顺利。 올해의 공업생산 시작은 참 순조롭다.

2. 명사로는 장기, 바둑이나 구기 종목의 시합 등이 시작 단계, 초반임을 나타내거나 업무나 활동 등이 시작 단계임을 나타내는 말로 쓰인다.

[예문1] 每一场比赛的开局阶段都非常重要。 매 시합마다 시작 단계가 무척 중요하다.

[예문2] 今年的图书市场开局良好。 올해의 도서시장 시작은 양호했다.

把握

1. 동사로는 실질적이고 눈에 보이는 사물을 잡거나 쥔다는 의미와 함께, "기회를 붙잡다(把握机会/机遇/时机)", "본질을 붙잡다(把握本质)", "요점을 붙잡다(把握要点)" 등의 예처럼 추상적인 것을 붙잡거나 움켜쥔다는 뜻으로 쓰인다.

[예문1] 司机紧紧把握着方向盘。 운전수는 핸들을 꼭 붙잡았다.

[예문2] 你现在还年轻, 应该好好把握自己的青春, 努力学习知识。 너는 지금 아직 젊으니 자신의 청춘을 잘 붙잡고서 지식을 공부하는데 노력해야 한다.

[예문3] 亚洲金融危机的时候, 金老板把握机遇, 赚了一大笔钱。 아시아 금융위기 때 김 사장은 기회를 잘 잡아 큰돈을 벌었다.

2. 명사로는 성공의 가능성과 확신을 나타낸다.

[예문1] 朴永镐表示他很有把握赢得这场比赛。 박영호 씨는 이 시합에서 꼭 이길 수 있다는 확신을 나타냈다.

[예문2] 朴永镐表示他对赢得这场比赛很有把握。 박영호 씨는 이 시합의 승리에 대해 매우 자신이 있음을 나타냈다.

坚持

어떤 태도나 주장 등을 굳게 지켜나가거나 고수한다는 의미로, "관점/생각/의견을 견지하다(坚持观点/想法/看法")", "원칙을 고수하다(坚持原则)" 등의 말로 표현하며, "해이해지지 않고 견지하다(坚持不懈)", "자신의 생각을 굽히지 않다(坚持己见)" 등의 성어로도 표현한다.

[예문1] 班长说 : 同学们, 我们一定要坚持到底! 我们会胜利的。 반장은 "학우 여러분, 우리가 끝까지 지켜나간다면 반드시 승리할 수 있습니다."하고 말했다.

[예문2] 十年来, 老刘一直坚持在沙漠地区植树。 십 년 동안 류 형은 줄곧 사막 지역에서 나무를 심어왔다.

[예문3] 虽然他得了癌症, 但他坚持治疗, 最后竟然康复了! 비록 그는 암에 걸렸지만 꾸준히 치료를 계속해서 마침내 회복했다!

[예문4] 昨天晚上, 朴教授坚持工作到十二点钟。 어제 저녁 박 교수는 12시까지 근무를 지속해 나갔다.

发挥

1. 내재된 성질이나 능력을 발휘한다는 의미로, "능력을 발휘하다(发挥能力)", "수준을 발휘하다(发挥水平)", "역할을 발휘하다(发挥作用)", "위력을 발휘하다(发挥威力)" 등의 말과 어울려 표현된다.

[예문1] 这次考试, 他没有发挥出应有的水平, 只得了第五名。 이번 시험에서 그는 해야 할 수준을 발휘하지 못해서 겨우 5등에 그쳤다.

[예문2] 坦克在第一次世界大战中发挥了巨大的威力。 탱크는 제1차 세계대전에서 거대한 위력을 발휘했다.

2. 뜻이나 도리 등을 충분히 밝히거나 드러낸다는 의미로, "자유롭게 밝히다(自由发挥)", "마음대로 드러내다(任意发挥)" 등의 말과 어울려 표현된다.

[예문1] 王老师说 : 这个话题我就讲到这里了, 希望各位同学任意发挥, 都说说自己的想法。 왕 선생님은 "이 화제는 여기까지 말할 테니 여러분이 마음대로 드러내어 자신의 생각을 얘기해 보세요."하고 말했다.

• 이 단어는 대명사 혹은 형용사의 뒤에 놓여 명사의 성격을 띨 수도 있다.

[예문1] 这次考试, 他的发挥很差, 只得了第五名。 이번 시험에 그의 능력 발휘는 뒤떨어져 겨우 5등에 그쳤다.

[예문2] 他能否取得好成绩, 还得看他在球场上的发挥。 그가 좋은 성적을 거둘 수 있을 지는 구장에서 그의 능력 발휘를 봐야 한다.

考验

구체적인 사건, 행동 또는 어려움을 통해 시험하거나 시련을 주는 것을 의미한다.

[예문1] 突发事件往往能够考验政府的应变能力。 갑작스런 사건은 때때로 정부의 응변능력을 시험할 수 있다.

[예문2] 恶劣天气考验着战士们的体力。 열악한 날씨가 전사들의 체력에 시련을 주고 있다.

- 이 단어는 동사 혹은 형용사의 뒤에 놓여 명사의 성격을 띨 수도 있다. 흔히 "시련을 겪다/받다(经历/受考验)"는 말로 잘 표현된다.

[예문1] 恶劣天气下, 战士们经受了巨大的考验。 열악한 날씨 아래 전사들은 커다란 시련을 겪었다.

[예문2] 有关专家认为, 未来的南北韩关系还会经受很多考验。 관련 전문가들은 미래의 남북한 관계는 아직도 많은 시련을 거쳐야한다고 여기고 있다.

统一

1. 동사로는 부분적인 것들은 전체로서 합친다는 의미로, 흔히 "조국을 통일하다(统一祖国)", "의견을 통일하다(统一意见)", "보조를 맞추다(统一步伐)", "가격을 통일하다(统一价格)" 등과 같은 말과 어울려 표현된다.

[예문1] 厂长站起来大声说: "大家不要争了, 现在, 我们需要统一意见, 共同处理我们面对的困难。" 공장장은 일어나서 큰소리로 "여러분 싸우지 말고, 지금 우리에게는 우리 앞에 맞선 어려움을 함께 처리해야 할 통일된 의견이 필요합니다."하고 말했다.

[예문2] 每位韩国国民都希望祖国能够早日统一。 한국 국민들은 누구나 하루라도 빨리 조국이 통일될 수 있기를 바란다.

2. 형용사로는 일치된, 전체적인, 단일한, 통일적인 것을 나타내는 의미로서 흔히 "통일된 의견/가격(统一的意见/价格)" 등과 같은 말과 어울려 표현된다.

[예문1] 董事长不在的时候, 公司的所有事情由田代表统一领导。 회장님이 부재중이실 때는 회사의 모든 일은 전 대표가 전체적으로 이끈다.

[예문2] 经过激烈的讨论后, 他们还是没有能够形成统一的意见。 격렬한 토론을 거친 후에도 그들은 여전히 통일된 의견을 형성하지 못했다.

• 이 단어는 형용사의 뒤에 놓여 명사의 성격을 띨 수도 있다.

[예문1] 经过几十年的对立之后, 东、西德两国终于迎来了盼望已久的统一。 몇 십 년 동안의 대립을 거쳐 동, 서독 양국은 마침내 오래도록 염원해왔던 통일을 맞이했다.

交往

개인 혹은 조직, 단체 사이에 서로 왕래하는 것을 나타내며, 또는 남녀 사이에 연애 혹은 결혼을 목적으로 서로 교제하는 것을 나타낸다.

[예문1] 徐民性格内向, 不太和别人交往。 쉬민은 성격이 내성적이라 남들과 그다지 왕래하지 않는다.

[예문2] 徐民和田大惠交往了两年多, 没想到他们最近分手了。 쉬민과 톈따후이는 2년여 동안을 사귀어왔는데, 최근 헤어지게 될 줄은 몰랐다.

• 이 단어는 대명사 혹은 형용사의 뒤에 놓여 명사의 성격을 띨 수도 있다.

[예문1] 由于父母的反对, 他们的交往被迫停止了。 부모의 반대로 인해 그들의 교제는 중단됐다.

[예문2] 我和王经理没有什么交往, 不知他为什么要请我吃饭。 나와 왕 사장과는 별다른 왕래가 없었는데, 그가 웬일로 나한테 식사를 대접했는지 모르겠다.

事业

일정한 목표, 규모, 체계를 갖추어 사회 발전에 영향을 주는 활동을 가리키는 말로, 보통 "문화사업(文化事业)", "교육사업(教育事业)", "스포츠사업(体育事业)", "사업에 대한 성취심(事业心)" 등과 같은 말과 어울려 표현된다.

[예문1] 这几年, 杭州市的教育事业发展得很快。 요 몇 년 동안 항저우 시의 교육사업의 발전은 매우 빠르다.

[예문2] 他的事业心太强, 整天想着工作, 却忽略了自己的家人。 그는 사업 성취욕이 너무 강해 하루종일 일에만 골몰해 자기 가족에게는 소홀했다.

• 중국에서 이 "事业"이란 말은 생산이나 수입이 없이 국가의 경비 지출로 운영되는 비영리적인 사회활동을 뜻하는 말로도 쓰인다.

본문 문장구조 익히기

1. ……**代表**……**向**…… ~를 대표해 ~에게 ~를 하다.

贾庆林代表政协第十一届全国委员会常务委员会向大会报告工作。 쟈칭린은 정협 제11회 전국위원회 상무위원회를 대표해 대회에 업무보고를 했다.

- 이 문장구조는 "A가 B를 대표해 C에게 D를 한다"는 것을 나타내며, 여기서 A, B, C는 개인 혹은 단체가 될 수 있다.

[예문1] 金社长代表三星公司向苹果公司发去贺电。 김 사장은 삼성기업을 대표해 애플기업에게 축전을 보냈다.

[예문2] 洪成熙代表全体学生向金校长献上鲜花。 홍성희는 전체 학생을 대표해 김 교장선생님에게 헌화했다.

[예문3] 工会组织代表全体工人向政府表示了强烈抗议。 노동조합은 전체 근로자를 대표해 정부에게 강렬한 항의를 나타냈다.

2. **为**……**作出**……**贡献** ~을 하는데 ~한 공헌을 하다.

为全面建设小康社会、加快推进社会主义现代化、促进祖国和平统一大业作出了重要贡献。 소강(小康)사회를 전면적으로 건설하고 사회주의 현대화 추진을 가속화하며, 조국 평화통일의 대(大)사업을 추진해나가는데 중요한 공헌을 했다.

- 이 문장구조는 "A가 B를 하는데 ~한 공헌을 한다"는 것을 나타내며, 여기서 A는 개인, 또는 어떤 일을 나타낼 수 있으며, B는 어떤 단체 혹은 어떤 일을 나타낼 수 있다.

[예문1] 李四光为中国的地震工作作出了杰出的贡献。 리쓰광은 중국의 지진 업무에 걸출한 공헌을 했다.

[예문2] 中国制造的小商品为世界各国的经济发展作出了巨大贡献。 중국이 제조한 소(小)상품은 세계 각국의 경제발전에 거대한 공헌을 했다.

[예문3] 三星公司为韩国电子产业的发展做出了惊人的贡献。 삼성기업은 한국 전자산업이 발전하는데 놀랄 만한 공헌을 했다.

종합연습 [练习]

Ⅰ. 다음 빈칸에 들어갈 알맞은 단어를 고르시오.

1.我对他太了解了，我＿＿＿是这事就是他做的。

A.怀疑　　B.确定　　C.想　　D.猜

2.洪大辰为公司的发展做出了＿＿＿贡献，社长决定给他升职。

A.突出　　B.少许　　C.不错　　D.优秀

3.问题的＿＿＿是：我根本就不认识这个人。

A.本质　　B.压力　　C.关键　　D.明显

4.＿＿＿这个问题，王教授向我们提出了很多宝贵的意见。

A.用　　B.既然　　C.就　　D.由于

5.这个小孩从小就吃得不好，长得＿＿＿不高，也不胖。

A.也　　B.不但　　C.又　　D.既

6.金融危机的时候，洪大辰＿＿＿机会，赚了很多钱。

A.把握　　B.握住　　C.没有　　D.掌握

Ⅱ. 다음 질문에 간단하게 답하시오.

1.有几个国家的领导人出席了八国集团会议?

2.从胡锦涛的话可以看出，有些国家把粮食价格的上涨归罪于什么原因?

3.中华人民共和国第十一届政治协商会议于哪一年开始启动?

Ⅲ. 다음 주제에 대하여 중국어로 토론하시오.

1.谈谈您对最近几年粮食价格不断上涨现象的看法。

2.谈谈您对中国政治协商制度的看法。

제국의 통합과 문화강국의 자부심 만리장성

만리장성 쓰마타이

지금은 예전만큼 주목받진 못하지만 박찬호가 한국인으로는 처음 메이저리그로 진출했을 당시 그의 활동은 온 국민의 관심사였다. '코리안 특급'이란 명칭은 그에 대한 찬사이자 우리 국민이 그에게 거는 자존심이었는데, 중국에서도 중국인 최고의 브랜드로서 많은 언론들로부터 머릿기사를 장식한 인물이 있으니, 이른바 '걸어다니는 만리장성' 야오밍(姚明)이 바로 그다. 226cm의 엄청난 키에 134kg의 건장한 체구로 발군의 센터 역할을 톡톡히 해내는 데서 붙여진 닉네임이기도 하지만, 만리장성은 우리가 '중국'하면 으레히 떠올리는 상징물이기도 하기에 이 역시 중국인을 대표하는 자부심의 반영이라고 봐야 할 것이다. 우리 애국가가 "동해물과 백두산이 마르고 닳도록"으로 시작하듯, 중국은 "우리의 피와 살로 새로운 장성을 쌓아가자"라고 부를 만큼 만리장성은 중국인 마음 속의 긍지이자 자랑이다.

고속도로로 빨리 닿을 수 있고 사진을 찍어도 운치 있게 나와서 관광객 대부분이 찾는 빠다링(八達嶺) 장성 대신에, 거리도 갑절 이상 멀고 교통편도 불편한데다 지세 또한 험준해서 사람들이 잘 찾지 않는다는 쓰마타이(司馬臺) 장성으로 가기로 했다. 만리장성의 본래 모습을 제일 잘 간직한 곳이라는 이유도 컸지만, 많은 인파가 열을 지어 거진 떠밀리다시피 올라야하고 관광객 편의에 맞춰 개축되어서 곳곳마다 어수선한 시장 분위기가 판치는 데서는 약간의 사색도 힘들 것 같아서였다. 자가 영업 운전기사와 흥정 끝에 약간의 웃돈을 주기로 하고 아침 일찍부터 출발했다. 한적한 시골길을 한참 달려 쓰마타이 장성 입구에 도착했다. "중국 장성은 세계 최고요, 쓰마타이 장성은 중국 장성의 최고이다"란 글이 새겨진 큰 돌이 눈에 먼저 들어왔다. 그 뒤로 험준하게 굽이굽이 이어진 산정(山頂)들 위에 끝없이 쌓여진 장성이 오르는 길이 결코 간단치 않음을 예고하는 듯 했다.

보하이만(渤海灣)의 산하이관(山海關)에서 시작하여 중국 대륙 북쪽을 가로지르는 산봉우리를 따라 실크로드의 동쪽 끝 타클라마칸 사막 쟈위관(嘉峪關)에 이르기까지

만리장성 입구 돌

마오쩌둥 만리장성 기념비

시간적 길이로 2,400년, 공간적 넓이로 10만 리에 달하는 장성은, 자타가 공인하는 인류 건축사의 기적이자 시련을 두려워하지 않으며 대를 이어 거대한 역작을 만들어내는 중국의 정신을 웅변해주고 있다. 기원전 220년 중국을 최초로 통일한 진시황제가 군사 30만을 이끌고 진(秦)·초(楚)·연(燕)나라 제후국이 쌓았던 방위벽을 증축하여 쌓은 장성의 길이가 만 리여서 만리장성이라 불리는 장성은, 이후 흉노나 몽골, 거란, 여진 등 북방민족과 국경을 맞대었던 역대 한족 왕조들이 그들의 침입을 막기 위해 증축, 보수를 계속하면서 그 엄청난 길이로 연장된 것이다. 시베리아의 혹한에 시달려야 했던 북방의 유목민족들은 기후가 온화하고 물자도 풍부한 농경지대로의 진출을 항상 꿈꿔왔지만, 그러기 위해선 먼저 만리장성이라는 관문을 통과해야 했다. 그러나 날새들도 넘기 힘든 험준한 산맥의 능선 위에 다시 끝없이 성벽을 쌓아올린 그 엄청난 역사(役事) 앞에 체념할 수밖에 없었다. 만리장성은 이렇게 침략을 단념케 하는 거대한 축조물임과 동시에 유목민족과 농경민족의 문화를 구분하는 경계선이었다. 때문에 많은 사람들은 이러한 만리장성을 두고 화이(華夷)를 구분하는 폐쇄의 성(城)이요, 중화사상(中華思想)이 내장하고 있는 독선(獨善)의 징표(徵標)라 일컫기도 한다.

해발 1,000m에 달하는 가파른 산길을 쳐다보는 것만으로도 숨이 턱에 차오르는 듯했다. 하지만 등산도 그렇듯 한 걸음 한 걸음 발을 뗄 때마다 달리 보이는 풍경을 쉬엄쉬엄 감상하자는 마음으로 등정길에 올랐다. 한참 동안 가다쉬다를 반복한 끝에 올랐을 때 장성은 내게 수고했다는 듯 시원한 바람으로 맞아주었다. 평일 오전 탓인지 장성 보수 공사에 동원된 작업인부들과 몇몇 관광객들만 눈에 띌 뿐 한산한 모습에 마음이 한결 여유로워지는 느낌이었다. 장성을 지나는 각 구간마다 장군루, 선녀루, 망경루 등의 누대가 있었다. 예전 당대(唐代) 시인 왕지환(王之渙)이 관작루(鸛雀樓)에서 서산에 지는 해와 바다로 내닫는 황하의 물을 바라보다 "천리 밖까지 다 바라보고 싶은 욕심에 다시 한 층 누각에 오르노라"고 읊었듯 장성의 풍광(風光)을 더 멀리 내다보고 싶은 마음이 언뜻 동해 계단 없는 누대를 벽돌이 드문드문 빠져있는 사이를 딛고 올라갔다. 과연 구불구불 기복이 심한 산세를 따라 멀리까지 뻗어 있는 성벽이 산 아래 갖가지 기암괴석들과 어우러져 실로 장관이었다. 게다가 근처에 댐이 있어 구름과 안개가 자주 끼는 곳으로도 유명한 스마타이 장성의 풍경은 자못 신비롭기까지 하였다.

하지만 이런 감탄도 잠시, 이 장대한 축조물을 세우기 위해 얼마나 많은 인명들이 희생되었을까 생각하니 이내 끔찍해진다. 능선을 따라 깎아지른 듯한 벼랑의 바위 위에 축조된 장성은 바라보는 것만으로도 아찔할 지경인데, 그 일에 직접 참여했던 이들의 고통은 어떠했겠는가. 이렇게 산정과 절벽을 잇는 험난한 장성 공사에 동원된 수많은 민초들은 가혹한 노역에 시달리며 피땀으로 거대한 장성을 2,400여 년 동안이나 쌓아 올렸다. 혹독한 노동을 못 이겨 달아나는 이는 산 채로 장성 아래 쌓이고, 계속 무너지는 공사구역에서는 점을 쳐서 길일(吉日)을 택한 후 그 날 태어난 수백 명 아이들을 돌 대신 쌓기도 했다는 전설까지 전해져 오니 장성에 서려있는 절대 권력의 횡포와 민초들의 수난은 이루 상상하기조차 힘들다. 강대한 제국을 만들고, 수많은 사람을 부리며 매진해 온 부국강병의 꿈은 이렇게 세계에서 가장 거대한 공동묘지로 남겨진 것이다. 오늘날 문화강국으로서의 자존심이요, 중국이 자랑하는 문화유적은 이렇게 "이 위대하고 저주스런 장성이여!"라 한탄한 중국의 문호 루쉰(魯迅)의 목소리까지 애써 덮어둔 채 중국 관광의 필수코스로 각광받고 있다.

그래도 오늘날 장성은 우리에게 인간의 측량할 수 없는 도전정신과 "장성에 오르지 않으면 대장부가 아니다"란 마오쩌둥(毛澤東)의 단언처럼 호연지기를 불어넣어 주는 긍정적 의미도 있지 않는가. 또 오늘처럼 등산 못지않은 자연경관과 함께 시원한 바람도 선사해주지 않았는가. 이런 생각을 하니 한결 가벼워진 마음으로 내려갈 수 있었다. 여기서 만리장성에 관한 웃지 못할 에피소드 한 가지. 2003년 10월 중국은 아시아 최초로 유인우주선 선저우(神舟) 5호 발사에 성공해 과학기술의 발전을 대외적으로 과시하며 한창 고무되어 있었다. '달에서도 보이는 유일한 인공 건축물' 만리장성을 봤냐고 우주비행사에게 물어보는 건 당연지사. 그런데 정작 우주비행사 양리웨이(楊利偉)는 보이지 않았다고 대답해 좌중을 무안하게 만들었고, 이때부터 이 '사랑거리'는 쏙 들어갔다. 워낙 방대한 스케일을 자랑하는 중국이라지만 역시 백문(百聞)이 불여일견(不如一見)이란 진리 앞에서는 어쩔 수 없나보다.

03

사회민생 社会民生

餐厅竟取名“贼难吃”

“참 맛없는 집”이란 뜻밖의 이름을 지은 식당

妹妹你坐船头 哥哥我吃“苦头”

누이동생은 뱃머리에 앉으시고, 형님, 전 ‘고생’ 좀 하겠습니다.

餐厅竟取名“贼难吃”

“참 맛없는 집”이란 뜻밖의 이름을 지은 식당

昨天，扬州市区一家西式便餐店一开业，便引来众多过路市民驻足看“稀奇”。原来吸引眼球的并不是店里的美食，而是它的店名——“贼难吃”。

该餐厅位于扬州闹市区扬子江北路，宽大的玻璃门头上，“贼难吃”三个红色大字十分抢眼。据店主介绍，这家西式便餐店以奶茶、冰激凌、西式点心等为主。店主称，当时为了取个好店名花了好多心思，最后才决定用现在这个看起来很雷人的名字。他表示，“贼”是东北方言，有“很”的意思，现在网络上很流行。好吃的东西却说它“难吃”，这叫反其道而行之，符合年轻人的叛逆心理。他表示，现在像他这样的便餐店越来越多，如何在竞争中取胜，关键在于创新，而店名是给人的第一印象。很多人都会被这个“雷人”店名吸引，这就是他要的效果。一个好的店名能多赚人气，但这个“雷人”店名是否合法呢？店主告诉记者，他早就在工商部门登记注册了。“工商局的工作人员当时也说这个名字蛮好玩的，没有人注册过，并不违法。”

（《扬子晚报》2009年9月14日）

본문 단어 익히기

餐厅 [名] cān tīng 음식점. 식당.

取名* [动] qǔ míng ① 명성을 얻다. 명성을 떨치다. ② 이름을 짓다.

贼* [副] zéi (방언) 매우. 아주.

难吃 [形] nán chī 먹기 어렵다. 맛이 없다.

市区 [名] shì qū 시내 지역.

西式 [形] xī shì 서양식의. 양식의.

便餐店 [名] biàn cān diàn 간이음식점.

开业 [动] kāi yè 개업하다.

引来 [动] yǐn lái 이끌다. 인도하다.

过路 [动] guò lù 길을 지나다. 통행하다.

驻足 [动] zhù zú 발걸음을 멈추다.

稀奇 [形] xī qí 드물다. 희귀하다. 진기하다.

吸引* [动] xī yǐn (다른 물체, 힘, 다른 사람의 주의나 흥미 등을 자신의 쪽으로) 끌어당기다. 유인하다. 흡인하다. 끌어들이다. 빠지게 하다. 매료시키다. 사로잡다.

眼球 [名] yǎn qiú 눈알. 안구.

美食 [名] měi shí (맛이) 좋은 음식. 미식(美食).

店名 [名] diàn míng 가게 이름.

宽大 [形] kuān dà (면적이나 용적 등이) 크다. 넓다. 널찍하다. 훤히 트이다.

抢眼* [形] qiǎng yǎn (뚜렷하여) 눈에 띄다. 두드러지다. 이목을 끌다.

店主 [名] diàn zhǔ 상점 또는 가게 주인.

奶茶 [名] nǎi chá 밀크티(milk tea).

冰激凌 [名] bīng jī ling 아이스크림(ice cream).

点心 [名] diǎn xīn (과자류의) 간식(때로는 정식 이외에 먹는 소량의 음식을 일컫기도 함).

心思* [名] xīn si ① 염두. 생각. 마음. ② 두뇌. 슬기. 지혜. 애. ③ (어떤 것을 하고 싶은) 마음. 기분. 심정(心情).

雷人* [形] léi rén (뭐라 평가해야 좋을지 모를 정도로) 놀랍다.

方言 [名] fāng yán 방언. 사투리.

流行* [动] liú xíng 유행하다. 성행하다.

年轻人 [名] nián qīng rén 젊은이.

叛逆* [形] pàn nì 반역적인. 배반적인.

心理［名］xīn lǐ 심리.

如何*［疑］rú hé 어떻다. 어떠하다.

竞争［动］jìng zhēng 경쟁하다.

取胜［动］qǔ shèng 이기다. 승리하다.

创新［名］chuàng xīn 창신. 창의.

印象［名］yìn xiàng 인상.

效果［名］xiào guǒ 효과.

人气［名］rén qì 인기.

是否*［副］shì fǒu ~인지 아닌지.

合法［形］shì fǒu 합법적이다.

工商［名］gōng shāng 상공업.

登记*［动］dēng jì 등기하다. 체크인(check-in)하다. 기장(記帳)하다. 서명하다(관련 사항을 특별히 준비한 책자에 적는 동작을 가리킴).

注册*［动］zhù cè ① (관련 기관, 단체, 학교 등에) 등록하다. 등기하다.
② 로그인(log in)하다. 접속하다(컴퓨터 사용자가 아이디(ID)와 패스워드(password)를 입력하여 컴퓨터 네트워크 시스템의 사용 인가를 얻는 행위를 말함).

工商局［名］gōng shāng jú 공상국.

蛮*［副］mán (방언) 매우. 아주. 무척.

好玩［形］hǎo wán 재미있다.

反其道而行之*［成］fǎn qí dào ér xíng zhī 상대편과 반대되는 방법을 취하다.
상대편과 정반대의 방법을 쓰다.

扬州市［专名］yáng zhōu shì 양저우시(장수성(江苏省) 중부에 위치한 도시로 중국의 역사문화 고도(古都)이다).

东北［专名］dōng běi 중국의 동북3성(东北三省) 랴오닝성(辽宁省), 지린성(吉林省), 헤이룽장성(黑龙江省)을 가리키는 말이다.

扬子江北路［专名］yáng zǐ jiāng běi lù 양쯔강 베이루.

取名

이름을 짓는다는 의미로, "~에게 이름을 짓다(给……取名)" 혹은 "~에게 ~라는 이름을 지어주다(给……取名(为/叫))" 등의 문장으로 표현된다.

[예문1] 王叔叔让我给他的小女儿取名。 왕씨 아저씨는 내게 그의 작은 딸의 이름을 지어달라고 했다.

[예문2] 我给王叔叔的小女儿取名"丽丽"。 나는 왕씨 아저씨의 작은 딸에게 '리리'라는 이름을 지어줬다.

[예문3] 我给王叔叔的小女儿取名叫"丽丽"。 나는 왕씨 아저씨의 작은 딸에게 '리리'라는 이름을 지어줬다.

贼

이 말은 본래 도적, 도둑을 가리키는 명사지만, 동베이(東北)지역 방언으로 "매우", "아주", "참"의 의미를 지닌 형용사로도 쓰인다.

[예문1] 果园的苹果贼大、贼好吃。 과수원의 사과가 아주 크고, 참 맛있다.

[예문2] 哇，这个女孩子长得贼漂亮啊！ 와, 이 여자애 참 예쁘게 생겼구나!

吸引

(다른 물체, 힘, 다른 사람의 주의나 흥미 등을 자신의 쪽으로) 끌어당기다. 유인하다. 흡인하다. 끌어들이다. 빠지게 하다. 매료시키다. 사로잡다.

[예문1] 老王非常幽默，是个很有吸引力的人。 왕 형은 무척 유머러스하고 매우 흡인력이 있는 사람이다.

[예문2] 我们被老王讲的故事深深地吸引住了。 우리는 왕 형이 말하는 이야기에 깊이 빠져 들었다.

抢眼

뚜렷하여 눈에 띄다, 이목을 끈다는 의미로, "引人注目"와 같은 뜻이다. 흔히 "무척 눈에 띈다(十分抢眼)", "매우 눈에 띤다(非常抢眼)", "각별히 눈에 띤다(格外抢眼)" 등의 말과 어울려 표현된다.

[예문1] 她的打扮在人群中格外抢眼。 그녀의 치장은 사람들 무리 중에서 각별히 눈에 띄었다.

[예문2] 这场比赛, 罗纳尔多的表现十分抢眼。 이 시합에서 호나우두의 활약이 무척 돋보였다.

心思

1. 염두. 생각. 마음.

[예문1] 这个家伙一肚子的坏心思。这次, 不知又在想什么呢。 이 녀석은 뱃속에 나쁜 생각만 있다. 이번에 또 무슨 생각하는지 몰라.

2. 슬기. 지혜. 애. "온갖 생각을 다하다(费尽心思)", "온갖 궁리를 다하다(挖空心思)" 등의 말과 어울려 표현된다.

[예문1] 我坐在家里想了一天, 挖空心思, 也没有找到什么好办法。 나는 집에 앉아 하루 종일 생각하면서 온갖 궁리를 다해도 무슨 좋은 수를 찾지 못했다.

[예문2] 洪大辰费尽心思想要知道这个秘密, 可我就是没告诉他。 홍대진은 온갖 생각을 다해 이 비밀을 알려 했지만, 나는 그한테 알려주지 않았다.

3. (어떤 것을 하고 싶은) 마음. 기분. 심정.

[예문1] 洪大辰考试不及格, 没有心思下棋了。 홍대진은 시험에 불합격해서 바둑 둘 기분이 아니다.

雷人

이 말은 근래 인터넷 상에서 쓰이는 용어로, '뭐라 평가해야 좋을지 어쩔 수 없이 그저 놀랍기만 하다'는 의미로 통한다.

[예문1] 洪大辰今天剃了一个雷人的发型, 他竟然让理发师在他的头上剃出一个三角形! 홍대진은 오늘 놀랍기만 한 헤어스타일로 깎았는데, 뜻밖에 헤어디자이너한테 머리를 삼각형으로 깎아달라고 한 것이다!

[예문2] 现在, 雷人的事情越来越多了, 这个社会是怎么了? 현재 놀랍기만 한 일이 갈수록 많은데, 이 사회는 어떻게 된 것이란 말이야?

[예문3] 洪大辰的行为总是很雷人, 今天他竟然只穿了一条三角裤在操场上跑步！ 홍대진의 행위는 늘 놀랍기만 한데, 오늘 그는 또 뜻밖에 삼각 바지만 입고 운동장을 뛴 것이다!

流行

유행하다. 성행하다.

[예문1] 最近, 街舞很流行, 很多年轻人都开始学习跳街舞了。 요즘엔 길거리 댄스가 유행해 많은 젊은이들이 길거리 댄스 추는 것을 배우기 시작했다.

[예문2] 最近, 年轻人当中很流行AA制。 최근 젊은이들 사이에 AA제가 무척 유행한다.

• 이 단어는 "유행하는 음악(流行音乐)", "유행하는 패션(流行服饰)" 등과 같은 말처럼 명사 앞에 놓여 형용사의 성격을 띨 수도 있다.

叛逆

1. 반역적인. 반항적인. 배반적인.

[예문1] 青春期少年行为十分叛逆, 应该加强引导和教育才对。 사춘기 청소년의 행위는 무척 반항적이라 인도와 교육을 강화해야 옳은 것이다.

[예문2] 对很多人来说, 洪大辰绝对是个叛逆人物。 많은 이들에게 홍대진은 절대적으로 반역적인 인물이다.

2. 반역자. 배반자.

[예문1] 万恶的旧社会造就了一大批像鲁迅这样的叛逆。 극악무도했던 구(舊)사회는 루쉰(魯迅) 같은 반역자들을 많이 만들어냈다.

[예문2] 在当时的政府眼里, 鲁迅就是一个叛逆。 당시 정부의 시각으로 루쉰은 반역자였다.

如何

어떻다. 어떠하다. 이 말은 서면어로서 구어의 "怎么；怎么样"과 같은 뜻이다.

[예문1] 老王, 好久不见, 最近身体如何？ 왕 형, 오랜만입니다, 요즘 몸은 좀 어때요?

[예문2] 坏了！我的钥匙丢了, 如何开门呢？ 큰일 났다! 열쇠를 잃어버렸는데 어떻게 문을 연담?

[예문3] 我不知道应该如何处理这件事情。 난 어떻게 이 일을 처리해야 할이지 모르겠다.

[예문4] 洪大辰最近一直在抱怨公司如何如何不好。 홍대진은 요즘 회사가 어떻게 어떻게 안 좋다느니 내내 불평이다.

是否

~인지 아닌지. 구어로 "是不是"와 같은 뜻으로 주로 서면어에 사용되며, 주어의 앞뒤에 모두 쓸 수 있다.)

[예문1] 他明天是否会来, 我也不知道。 그가 내일 올지 안 올지는 나도 모르겠다.

[예문2] 她的这件新衣服是否好看, 我还真的说不清楚。 그녀의 이 새 옷이 예쁜지 아닌지 난 진짜 확실히 말할 수 없다.

登记

(관련 사항을 특별히 준비한 책자에 적는 동작을 가리키는 것으로) 등기하다. 체크인(check-in)하다. 기장(記帳)하다. 서명하다. 흔히 "호적등기(户口登记)", "재산등록(财产登记)", "혼인신고(登记结婚)" 등과 같은 말과 어울려 표현된다.

[예문1] 谈了8年恋爱之后, 昨天他们登记结婚了。 8년 동안 연애한 뒤에 어제 그들은 혼인신고를 했다.

[예문2] 小姐, 请问我要到几楼办理登记手续? 아가씨, 몇 층에서 등기수속을 해야 하는지요?

注册

1. (관련 기관, 단체, 학교 등에) 등록하다. 등기하다. 흔히 "상표 등록(注册商标)", "지역명 등록(注册域名)" 등과 같은 말과 어울려 표현된다.

[예문1] 新生报到注册从3月1日开始。 신입생 등록이 3월 1일부터 시작된다.

[예문2] 昨天, 他们给新公司注册了一个奇怪的名字叫"贼难吃"。 어제 그들은 새로운 회사에 "참 맛없는 집"이라는 이상한 이름을 등록했다.

2. (컴퓨터 사용자가 아이디(ID)와 패스워드(password)를 입력하여 컴퓨터 네트워크 시스템의 사용 인가를 얻는 행위로서) 로그인(log in)하다. 접속하다.

[예문1] 今天, 我在"淘宝网"上注册了一个新的账号。 오늘 나는 '타오바오왕(淘宝网)' 사이트에

새로운 아이디로 로그인했다.

蛮

(방언) 매우. 아주. 무척. 표준어로 "很", "非常"과 같은 뜻.

[예문1] 他这个人蛮有趣的。 그 사람은 아주 재밌다.

[예문2] 操场上有蛮多人在踢足球。 운동장에 무척 많은 사람들이 축구를 하고 있다.

反其道而行之

(성어) 상대편과 반대되는 방법을 취하다. 상대편과 정반대의 방법을 쓰다.

[예문1] 当大家都认为金代表要卖掉所有股票的时候, 他却反其道而行之, 又买了很多股票。 모두들 김 대표가 모든 주식을 매각할 거라고 여겼을 때 그는 오히려 정반대의 방법을 써서 많은 주식을 매입했다.

[예문2] 妈妈要她穿长裤出去, 她偏偏反其道而行之, 穿了一条超短裙就出门了。 엄마가 그녀한테 긴바지를 입고 나가라고 했는데, 그녀는 오히려 정반대로 미니스커트를 입고 나갔다.

본문 문장구조 익히기

1. **一……便……** ~하자마자 곧 ~하다. ~하기만 하면 ~하다.

扬州市区一家西式便餐店一开业, 便引来众多过路市民驻足看"稀奇"。 양저우 시내에 한 서양식 간이음식점이 개업하자마자 지나가던 많은 시민들의 발걸음을 멈추게 하는 '진기한' 일이 있었다.

- 이 문장구조는 "一……便……", "一……就……"의 문장구조와 같이 앞의 동작이 갓 발생해서 뒤의 동작도 곧이어 발생하는 것을 나타낸다.

[예문1] 工作了一天, 实在是太累了, 洪大辰一回家便睡着了。 하루종일을 일했더니 정말 너무 피곤해서 홍대진은 집에 가자마자 바로 잠들었다.

[예문2] 洪大辰的记忆力非常好, 听了一次便懂了。 홍대진의 기억력은 무척 좋아 한 번 들으면

바로 안다.

2. **不是……而是……** ~가 아니고 ~이다.

原来吸引眼球的并不是店里的美食, 而是它的店名——"贼难吃"。 알고보니 사람들의 눈길을 끈 것은 가게의 맛있는 음식이 아니라 "참 맛없는 집"이란 그 가게의 이름이었다.

- 이 문장구조에서 앞의 "不是" 다음에 나오는 것은 말하는 사람이 부정하고자 하는 내용이고, 뒤의 "而是" 다음에 나오는 것이 말하는 사람이 긍정 혹은 강조하고자 하는 내용을 나타낸다.

[예문1] 他来韩国的真正目的并不是读书, 而是寻找他的女朋友。 그가 한국에 온 진짜 목표는 공부가 아니고, 그의 여자친구를 찾기 위해서다.

[예문2] 你看到的那个人不是美国人, 而是英国人。 네가 본 그 사람은 미국인이 아니고 영국인이다.

3. **……以……为主** ~을 ~위주로 하다.

这家西式便餐店以奶茶、冰激凌、西式点心等为主。 이 서양식 간이음식점은 밀크티, 아이스크림, 서양식 간식 등을 주로 판다.

- 이 문장구조는 "A는 B를 위주로 한다"는 것으로, B가 A의 주체 부분임을 나타낸다.

[예문1] 这所国际学校的学生以美国学生为主。 이 국제학교의 학생들은 주로 미국학생들이다.

[예문2] 他们这一带的饮食以吃海鲜为主。 이 일대에 사는 그들이 먹는 음식은 주로 해산물이다.

4. **……符合……心理** ~의 ~한 심리와 부합되다.

符合年轻人的叛逆心理。 젊은이들의 반역심리와 부합된다.

- 이 문장구조는 "A가 B의 심리에 부합된다"는 것으로, A(일 또는 행위)의 출현이 B(일종의 심리현상)와 직접적인 관계가 있음을 나타낸다.

[예문1] 喜欢漂亮衣服符合女孩子爱美的心理。 예쁜 옷을 좋아하는 것은 여자아이들이 예쁜 것을 좋아하는 심리와 부합된다.

[예문2] 喜欢看热闹符合中国人的好奇心理。 구경하기 좋아하는 것은 중국인의 호기심과 부합된다.

5. **如何……, 关键在于……** 어떻게 ~할 것인지 관건은 ~에 달려 있다.

如何在竞争中取胜, 关键在于创新。 어떻게 경쟁에서 이길지 관건은 창의성에 달려 있다.

- 이 문장구조는 "A가 어떠할 것인지 가장 주요한 것은 B에 달려있음"을 나타낸다.

[예문1] 如何提高自己的学习成绩, 关键在于自己的努力。 자신의 학습성적을 어떻게 향상시킬 것인지 관건은 자신의 노력에 달려 있다.

[예문2] 如何稳定房价, 关键在于政府的政策。 집값을 어떻게 안정시킬 것인지 관건은 정부의 정책에 달려 있다.

妹妹你坐船头 哥哥我吃“苦头”

누이동생은 뱃머리에 앉으시고, 형님, 전 ‘고생’ 좀 하겠습니다.

“妹妹你坐船头，哥哥我吃苦头。”西湖船工们幽默地开玩笑，新摇橹船“肚子”长胖，游客宽敞舒服了，船老大们的肱二头肌要“越发发达起来”。

西湖里的摇橹船，舱里能乘坐10来人，最适合国庆长假大家族阖家出游。趁长假还差几天，杭州湖滨管理处赶紧换了20条新船，昨天下湖试水，没想到立刻受到游客追捧。

“我们就选这条新船！”下午1：00左右，来自重庆的8位游客刚从楼外楼吃好饭出来，一眼就看中了一条新摇橹船——它原本排在东面第2位，前面还有一条旧船。游客跨进新船，对旧船的船老大老黄摆了摆手，表示抱歉。

老黄叹了口气：“今天一直没能兜上生意。生意少了，奖金就少了。”

码头上一共七八条新船，两三条旧船，新船都被贪新鲜的游客们抢着出港，“旧船嘛只好在角落里凉快了”，旧船的船老大们一边打趣自己，一边倒也不甚担忧：“国庆左右，旧船全都要下岗换新船的。”

记者坐上新型摇橹船，发现背后有一块舒适的棉靠垫，蓝花布做的，跟西湖船娘们的装束相辉映，浓浓江南风情；旧式摇橹船顶篷下两侧的木质花格被改成了竹质，原本顶篷只是木板，现在改成了竹编篷子，风格十分清新。

来自北京的游客李小姐抚摸新船，爱不释手：“不仅能欣赏到西湖山水，偶尔还能闻到那股竹叶清香。”

（《钱江晚报》2009年9月14日）

본문 단어 익히기

船头［名］chuán tóu 선수(船首). 뱃머리.

苦头*［名］kǔ tóu 괴로움. 애.

船工［名］chuán gōng (뱃)사공.

幽默［形］yōu mò 익살맞다. 유머러스하다. 해학적이다. 재미있다.

开玩笑［词组］kāi wán xiào (말이나 행동 등으로) 웃기다. 놀리다. 농담하다.

游客［名］yóu kè 관광객. 여행객.

宽敞［形］kuān chǎng 넓다. 널찍하다. 훤히 트이다.

舒服*［形］shū fú (육체적으로나 정신적으로) 편안하다. 상쾌하다. 안락하다. 쾌적하다.

船老大［名］chuán lǎo dà (방언) 선장. 뱃사공.

发达［形］fā dá 발달하다.

适合［动］shì hé 적절하다. 적합하다. 알맞다.

国庆［名］guó qìng 건국기념일. (중국에서는 매년 10월 1일을 '国庆节'로 정하고 있음.)

长假［名］cháng jià 긴 휴가.

家庭［名］jiā ting 가정.

阖家［名］hé jiā 온 집안.

出游［动］chū yóu (외지로 나가서) 두루 돌아다니다. 유람(遊覽)하다.

差* chà［形］① (의견이나 모양 등이 서로) 다르다. 차이 나다. ② (성적, 자질, 물건의 품질 등이) 나쁘다. 좋지 않다. 표준 미달이다. 모자라다. ③ 〔잘못되다. 틀리다. ④［动］(주로 사람이나 물건의 수량이) 모자라다. 부족하다. cī 다르다. 어긋나다.(단독으로 쓰일 수 없으며, '参差'를 구성하는 형태소가 됨.) chā ① (형태소) 같지 않다. 다르다. ② [名] (수학) 차(差). (어떤 수나 식에서 다른 수나 식을 뺀 나머지.) ③ [副] (서면어) 조금. 약간. 다소나마. 좀. chāi ① [动] (공무나 직무 등을 처리하기 위해서) 파견하다. ② 〔형태소〕 공무(公務). 직무(職務). ③ 〔형태소〕 (지난날 관청의) 심부름꾼.

湖滨 [名] hú bīn 호반. 호숫가.

管理处 [名] guǎn lǐ chù 관리처.

试水 [动] shì shuǐ ①물을 테스트하다(수리 공사, 난방 공사를 한 후 정식으로 사용하기 전에 시험하는 것) ②물의 깊이나 온도 등을 재다. ③ (비유)시험하다. 테스트하다.

追捧 [动] zhuī pěng 쫓아다니며 성원(聲援)하다. 따라다니며 지지하다.

来自* [动] lái zì ~에서 오다. ~에서 나오다. ~에서 기원하다.

看中* [动] kàn zhòng (살펴본 후에) 마음에 들어 하다. 마음에 들다.

原本 [副] yuán běn 본래. 본디. 원래. 〔名〕 원본. 저본(底本). 원서(原書). 원전(原典).

跨 [动] kuà ① (가랑이를 벌리고) 뛰어넘다. (큰 걸음으로) 내디디다. ② 두 다리를 벌리고 서다. 두 다리를 벌리고 앉다. ③ (일정한 수량, 시간, 지역 등의 한계를) 뛰어넘다. 초월하다.

摆手 [动] bǎi shǒu 손짓하다. 손을 흔들다.

抱歉* [形] bào qiàn 죄송스럽게 생각하다. 미안한 마음을 가지다.

兜 [动] dōu 끌다. 끌어 모으다.

生意 [名] shēng yì 영업. 장사.

奖金 [名] jiǎng jīn 상금. 장려금. 보너스(bonus). 상여금.

码头 [名] mǎ tóu 부두.

贪 [动] tān (어떤 사물에 대해) 욕심을 부리다. 탐내다.

新鲜* [形] xīn xiān ① (바로 생산하거나 도살하여 음식물 등이) 신선(新鮮)하다. 싱싱하다. ② (꽃 등이) 신선(新鮮)하다. 싱싱하다. ③ (공기 등이) 신선(新鮮)하다. ④ (사물이) 새롭다. 신기하다. 희귀하다.

抢 [动] qiǎng ① (다른 사람의 것을 강제로) 빼앗다. 약탈(掠奪)하다. 강탈(强奪)하다. ② (어떤 일을 먼저 하려고) 다투다. 앞다투어 ~하다. ③ (일을 빨리 끝내려고) 서두르다. 다그치다. 죄어치다. 바쁘게 움직이다. 성급하게 하다. ④ (물체의 표면을) 깎다. 벗기다. 긁다. 문지르다. 비비다. 갈다.

出港 [动] chū gǎng 출항하다. 수출하다.

角落* [名] jiǎo luò ① 모퉁이. 구석. ② 궁벽한 곳. 외진 곳. 구석진 곳.

凉快 [形] liáng kuài 시원하다. 상쾌하다. 선선하다.

打趣 [动] dǎ qù (사람을) 조롱하다. 놀리다.

不甚 [副] bù shèn 심하지 않게. 과분하지 않게. 지나치지 않게.

担忧 [动] dān yōu 근심하다. 우려하다.

下岗［动］xià gǎng ① 퇴근하다. ② 퇴직하다.

新型［形］xīn xíng (이전 것과 다른) 새로운 형식의. 새로운 방식의. 신형의. 신식의.

舒适*［形］shū shì 기분이 좋다. 쾌적하다. 편하다. (마음이) 후련하다.

靠垫［名］kào diàn 쿠션(cushion)(앉을 때, 허리 뒤에 받치는 푹신푹신한 방석)

花布［名］huā bù 꽃무늬 천.

装束［名］zhuāng shù 분장. 단장. 차림. 치장.

辉映［动］huī yìng 비치다. 비추다.

风情［名］fēng qíng ① 풍토와 인정. ② 현상. 광경. 상황. 정황.

旧式［形］jiù shì 구식의. 재래식의. 옛날 형식의.

木质［形］mù zhì 목질(木質).

花格［名］huā gé 바둑판무늬. 체크무늬.

顶篷［名］dǐng péng 지붕 덮개.

竹编［名］zhú biān 죽세공품(竹細工品).

篷子［名］péng zǐ 덮개. 장막.

清新*［形］qīng xīn ①산뜻하다. 청신하다. 깨끗하고 시원하다. 맑고 상쾌하다. 신선하다. ②참신하다. 전혀 새롭다. 색다르다. 독특하다.

抚摸［动］fǔ mō (손으로 가볍게) 쓰다듬다. 어루만지다.

爱不释手*［成语］ài bù shì shǒu 아껴서 손에서 놓을 수 없다. 손에서 뗄 수 없을 정도로 매우 아끼다.

欣赏*［动］xīn shǎng ① 감상(鑑賞)하다(예술 작품 등 아름다운 것을 음미하며 즐기는 것을 가리킴) ② 좋아하다.

山水［名］shān shuǐ 산과 물. 경치. 경관. 풍경.

偶尔［副］ǒu ěr 간혹. 이따금. 가끔. 때때로. 간간이.

闻*［动］wén 듣다. 냄새를 맡다.

股［量］gǔ 가닥. 올.

竹叶［名］zhú yè 대나무 잎.

清香［名］qīng xiāng 은은한 향기. 담백한 향기.

西湖［专名］xī hú 서호(西湖). 저장성(浙江省) 항저우시(杭州市) 서쪽에 위치한 관광명소로, 예로부터 '인간세상의 천당(人间天堂)'이라고 불리어왔음.

肱二头肌［专名］gōng èr tóu jī 팔뚝 근육. 상완(上腕)이두박근.

摇橹船［专名］yáo lǔ chuán 노젓는 배.

重庆［专名］chóng qìng 충칭(重庆), 중국 서남부에 위치한 도시로 중국의 4대 직할시 중 하나.

楼外楼［专名］lóu wài lóu 러우와이러우(楼外楼). 항저우 서호 호숫가에 위치한 유명 호텔.

苦头

괴로움. 애. '애를 먹다', '괴로움을 겪다'라는 동사로 '吃'를 쓴다.

[예문1] 在非洲的日子里, 洪大辰生活艰辛, 吃尽苦头。 아프리카에 있는 나날 동안 홍대진은 힘들게 생활하며 온갖 괴로움을 겪었다.

[예문2] 洪大辰是个苦孩子, 什么苦头没吃过？ 홍대진은 고생을 겪은 아이인데, 무슨 고생을 안했겠니?

舒服

(육체적으로나 정신적으로) 편안하다. 상쾌하다. 안락하다. 쾌적하다.

[예문1] 他身体不太好, 不是喉咙不舒服, 就是胃不舒服。 그는 몸이 좋지 못한데, 목이 불편한 게 아니라 위장이 불편하다.

[예문2] 他的话让人很不舒服。 그의 말은 사람을 무척 불편하게 한다.

[예문3] 新买的沙发很舒服, 我真的非常喜欢。 새로 산 소파는 참 편안해서 나는 정말 무척 좋아한다.

差

이 단어는 "chà", "cī", "chā", "chāi" 등 여러 발음이 있지만, 가장 많이 쓰이는 "chà"의 의미를 살펴보면 다음과 같다.

1. (성적, 자질, 물건의 품질 등이) 나쁘다. 좋지 않다. 표준 미달이다. 모자라다.

[예문1] 今天, 食堂的饭菜很差, 同学们只好到外面的饭店去吃饭了。 오늘 학교식당의 음식이 참 좋지 않아 학우들은 밖의 식당에 가서 먹을 수밖에 없었다.

2. (의견이나 모양 등이 서로) 다르다. 차이 나다. 흔히 "A와 B의 차이가 많이/별로 난다(A和B差得 (很/不太) 远)" 등과 같은 문장으로 표현된다.

[예문1] 他这个人老是撒谎, 说的和做的差得太远。 그라는 사람은 늘상 거짓말을 해서 말한 것과 하는 것이 차이가 너무 많이 난다.

[예문2] 他对我说他的家乡很好, 可我去了以后才发现, 他描述的和现实差得太远。 그는 나한테 그의 고향이 참 좋다고 했지만, 내가 가보고 나서야 비로소 그가 묘사한 것이 현실과 차이가 너무 많이 난다는 것을 알게 됐다.

来自

~에서 오다. ~에서 나오다. ~에서 기원하다. 흔히 "A는 B에서 나오다/기원하다"의 문장으로 표현되는데, 여기서 A는 사람 혹은 사물이고, B는 지점 혹은 사건을 나타낸다.

[예문1] 我来自中国, 洪大辰来自韩国, 我们来自不同的国家。 나는 중국에서 왔고, 홍대진은 한국에서 왔는데, 우리는 각기 다른 나라에서 왔다.

[예문2] 他家的主要收入来自他父亲在公司每个月可怜的工资。 그의 집의 주요 수입은 그의 아버지가 회사에서 매달마다 가져오는 가엾은 봉급이다.

看中

(살펴본 후에) 마음에 들어 하다. (좋아서) 마음에 들다.

[예문1] 逛了一天街, 她竟然什么也没有看中。 하루종일 길거리를 돌아다녔지만 그녀는 아무것도 마음에 들지 않았다.

[예문2] 昨天她看中一款手机, 但是因为没钱, 就没有买。 어제 그녀는 휴대폰 하나가 마음에 들었지만 돈이 없어서 사지 못했다.

抱歉

죄송스럽게 생각하다. 미안한 마음을 가지다. 흔히 "~에게 미안해하다(向…… (人) 说抱歉)", "~에 대해 미안한 마음을 느끼다/나타내다(对…… (事) 表示/感到抱歉)" 등과 같은 문장으로 표현된다.

[예문1] 抱歉！十分抱歉！迟到了五十分钟, 实在不好意思。 죄송합니다! 대단히 죄송합니다! 50분이나 늦어서 정말 송구스럽습니다.

[예문2] 洪大辰昨天没来上课, 今天他只好向王老师说抱歉。 홍대진은 어제 수업에 나오지 않아 오늘 왕 선생님한테 죄송하다고 말할 수밖에 없었다.

[예문3] 洪大辰昨天没来上课, 他对此事感到非常抱歉。 홍대진은 어제 수업에 나오지 않아 그는 이 일에 대해 무척 송구스러움을 느꼈다.

新鲜

1. (바로 생산하거나 도살하여 음식물 등이) 신선(新鮮)하다. 싱싱하다. 흔히 "싱싱한 과일(新鲜的水果)", "신선한 소고기(新鲜的牛肉)" 등의 말과 어울려 표현된다.

[예문1] 我在市场买了一些新鲜的蔬菜, 打算回家做个汤。 나는 시장에서 싱싱한 야채를 사다가 집에 가서 스프를 만들 생각이다.

2. (꽃 등이) 신선(新鮮)하다. 싱싱하다. 흔히 "싱싱한 장미꽃(新鲜的玫瑰)" 등의 말과 어울려 표현된다.

3. (공기 등이) 신선(新鮮)하다.

[예문1] 刚下过雨, 我们出去呼吸一下新鲜空气吧。 방금 비가 내렸으니 우리 나가서 신선한 공기를 마시자꾸나.

4. (사물이) 새롭다. 신기하다. 희귀하다.

[예문1] 20年前, 手机还是个新鲜东西, 现在已经非常普及了。 20년 전만해도 휴대폰은 희귀한 것이었지만, 지금은 이미 매우 보편적이다.

角落

1. 모퉁이. 구석.

[예문1] 朴美爱一门就看见一只老鼠躲在角落里, 吓得大叫起来。 박미애는 문에 들어서자마자 쥐 한 마리가 구석에 숨어있는 것을 보고선 놀래 크게 소리쳤다.

[예문2] 开会的时候, 他一个人坐在角落里, 一句话也没说。 회의할 때 그는 혼자 모퉁이에 앉아서는 한마디도 하지 않았다.

2. 궁벽한 곳. 외진 곳. 구석진 곳.

[예문1] 他的事迹传遍了祖国的每一个角落。 그의 사적은 조국의 외진 곳까지 전해졌다.

舒适

주로 생활, 환경을 비롯해 접촉할 수 있는 것에 대한 느낌이나 기분이 좋다. 쾌적하다. 편하다. 마음이 후련하다.

[예문1] 韩国的生活让我感到非常舒适。 한국의 생활은 내게 무척 편한 느낌을 줬다.

[예문2] 他把我带进一间非常舒适的房间, 然后就走了。我躺在舒适的大床上, 一会儿就睡着了。 그는 나를 무척 편안한 방으로 데려다주고 갔다. 나는 쾌적한 침대에 누워 있다가 이내 잠들었다.

清新

1. 산뜻하다. 청신하다. 깨끗하고 시원하다. 맑고 상쾌하다. 신선하다. 흔히 "신선한 공기(清新的空气)", "맑고 상쾌한 햇빛(清新的阳光)", "산뜻한 생활(清新的生活)" 등의 말과 어울려 표현된다.

[예문1] 外面的空气非常清新, 也非常适合散步。 바깥 공기가 무척 신선하기도 하고 또 산보하기에도 무척 알맞다.

2. 참신하다. 전혀 새롭다. 색다르다. 독특하다. 흔히 "독특한 언어(清新的语言)", "색다른 노래(清新的歌曲)", "참신한 그림(清新的图片)" 등의 말과 어울려 표현된다.

[예문1] 他的作品语言清新、流畅。그의 작품 언어는 독특하고 유창하다.

爱不释手

아껴서 손에서 놓을 수 없다. 손에서 뗄 수 없을 정도로 매우 아끼다. 흔히 "~에 대해 아껴서 손에서 놓지 못한다(对……爱不释手)", "A는 B로 하여금 좋아서 손에서 놓지 못하게 한다(A让B爱不释手)"등과 같은 문장으로 표현된다.

[예문1] 这款新手机真是太漂亮了, 我对它有些爱不释手了。 이 새 휴대폰은 정말 너무도 예뻐서 나는 그것에 대해 아껴서 손을 놓지 못한다.

[예문2] 这款新手机让我爱不释手。 이 새 휴대폰은 나로 하여금 좋아서 손에서 놓지 못하게 한다.

欣赏

1. 예술 작품 등 아름다운 것을 음미하고 즐기며 감상(鑑賞)하다. 흔히 "풍경을 감상하다(欣赏风景)", "음악을 감상하다(欣赏音乐)" 등의 말과 어울려 표현된다.

[예문1] 路边的景色真是太漂亮了, 他停下车来, 欣赏着周围的一切。 노변의 경치가 정말 너무 아름다워서 그는 차를 세우고 주위의 모든 것들을 감상하고 있다.

[예문2] 老王打开那幅名画, 仔细欣赏起来。 왕 형은 그 명화(名畵)를 열어서 자세히 감상하기 시작했다.

2. 좋아하다. 흔히 "~에 대해 (무척/매우/그다지~않다) 좋아하다(对……十分/非常/不太欣赏)" 등과 같은 문장으로 표현된다.

[예문1] 金老板十分欣赏洪大辰。 김 사장은 홍대진을 무척 좋아한다.

[예문2] 金老板对洪大辰的办事能力十分欣赏。 김 사장은 홍대진의 업무 처리 능력에 대해 매우 좋아한다.

闻

1. 냄새를 맡다.

[예문1] 他闻了闻那杯酒, 觉得味道很香。 그는 그 잔의 술 냄새를 맡고는 냄새가 참 향기롭다고 느꼈다.

[예문2] 他闻到房间里有一股臭味。 그는 방 안의 악취가 풍겨오는 걸 맡았다.

2. 듣다.

[예문1] 听闻商场正在打折, 老宋急忙赶了过去。 상가들이 세일한다는 얘기를 듣고서 송 형은 얼른 쫓아갔다.

본문 문장구조 익히기

1. **越发……起来** ~하면 할수록 ~하다.

船老大们的肱二头肌要"越发发达起来"。 노 젓는 뱃사공들의 팔뚝 근육은 갈수록 발달하기 시작했다.

- 이 문장구조는 주로 사람 혹은 사건의 발전 추세를 나타낼 때 쓰인다.

[예문1] 来到韩国之后, 王老师变得非常能吃, 最近越发胖起来了。 한국에 온 뒤로 왕 선생님은 무척 잘 먹게 돼서 최근엔 갈수록 뚱뚱해지기 시작했다.

[예문2] 最近洪大辰变得越发大胆起来, 竟然在社长不在的时候偷偷打游戏。 요즘 홍대진은 갈수록 대담해져서 사장님이 없을 때 몰래 게임을 하곤 한다.

2. **一眼就……** 첫 눈에 ~하다.

一眼就看中了一条新摇橹船。 첫 눈에 새로운 배를 마음에 들어 했다.

- 이 문장구조는 어떤 사람이 어떤 물건을 처음 보고서 생긴 생각과 행동을 나타낼 때 쓰인다.

[예문1] 我一眼就看出那个人不是个好人, 果然, 他是一个小偷! 나는 첫 눈에 그 사람이 좋은 사람이 아니란 걸 알았는데, 과연 그는 도둑이었다!

[예문2] 他一眼就辨别出这棵人参是人工的, 而不是野生的。 그는 첫 눈에 이 인삼은 인공이지 야생이 아니라는 걸 판별해냈다.

[예문3] 虽然10年没见面了, 但我还是一眼就认出了老王。 비록 10년 동안 만나지 못했지만 그래도 나는 첫 눈에 왕 형을 알아봤다.

3. **一边……一边……** 한편으로 ~하고 한편으로 ~하다.

旧船的船老大们一边打趣自己, 一边倒也不甚担忧。 오래된 배의 사공들은 스스로를 놀리면서 또 한편으로는 오히려 그다지 걱정하지 않았다.

- 이 문장구조는 두 가지 이상의 동작이 동시에 진행됨을 나타내며, 동사 앞에 쓰이는데, 앞 구절의 '一边'은 생략할 수 있다.

[예문1] 洪大辰一边看电视, 一边啃鸡腿。 홍대진은 텔레비전을 보면서 한편으로 닭다리를 뜯

었다.

[예문2] 警察提醒司机：不要一边开车，一边打电话。 경찰은 운전수에게 운전하면서 전화하지 말라고 주의를 줬다.

4. ……**左右** ~가량, 안팎, 전후, 정도.

国庆左右，旧船全都要下岗换新船的。 국경절을 전후해 오래된 배들은 전부 퇴출되고 새 배로 바뀔 겁니다.

- 이 문장구조는 숫자 뒤에 "左右"를 붙여 개략적인 시간, 혹은 수를 나타내는 데 쓰인다.

[예문1] 明天上午的会议将在10点左右结束。 내일 오전의 회의는 10쯤에 끝날 것이다.

[예문2] 他可能会在下周四左右回国。 그는 아마 다음 주 목요일 경에 귀국할 것이다.

종합연습 [练习]

Ⅰ. 다음 빈칸에 들어갈 알맞은 단어를 고르시오.

1. ______才能吸引更多的顾客，这让洪大辰伤透了脑筋。

A.这样 B.努力 C.如何 D.便宜

2. 一看到他雷人的服装，我______笑出来了。

A.便 B.又 C.故意 D.傻傻

3. 对待小朋友，我们应当______教育为主，尽量不要打骂。

A.用 B.以 C.围绕 D.提议

4. 因为年轻，他栽了很多跟头，______了很多苦头。

A.跌 B.遇到 C.陷入 D.吃

5. 洪大辰______就在人群中找到了妈妈。

A.很久 B.长久 C.一眼 D.立即

6. 洪大辰看上去有点胖，估计体重在80公斤______。

A.以下 B.左右 C.大约 D.大概

Ⅱ. 다음 질문에 간단하게 답하시오.

1. 店主为什么要给自己便餐店取名为"贼难吃"？
2. 一艘西湖游船，大约能坐多少名游客？
3. 从课文来看，新的游船和原来有什么变化？

Ⅲ. 다음 주제에 대하여 중국어로 토론하시오.

1. 您品尝过哪些中国菜？您对中国美食有什么看法？
2. 谈谈你最喜欢的一个中国城市并说明原因。

중국 황실의 거대한 정원 베이징 이화원(頤和園)

이화원의 불향각

중국을 대표하는 명문대학 가운데 하나인 베이징(北京)대학 북쪽에 위치한 원명원(圓明園) 유적지는 한때 '모든 정원 중의 으뜸(萬園之園)'이라 불릴 만큼 자연과 인간, 동·서양과 신화가 어우러진 별천지였다. 강남(江南)의 건축양식에서 서양의 베르사이유 궁전양식까지 다양한 기교가 동원되고, 전국 각지의 유명 정원을 모방한 160여 개의 경치들이 한데 모인 이곳에서 황제는 일 년의 절반 이상을 머물렀다. 원명원은 또한 당시 중국의 자료와 보물들을 수장(收藏)한 황실박물관으로서 중국 전통문화의 보고(寶庫)로도 유명했다. 그럼에도 당시 청나라 황제 건륭(乾隆)은 이곳이 강남의 정원에 비해 너무 평탄하여 산이 없고, 근처의 향산(香山)과 옥천산(玉泉山)에는 물이 없어 완벽한 정원에 못 미친다고 내내 불만이었다. 이에 그는 모친의 회갑을 맞이하여 근처 청의원(淸漪園)을 개조하기 시작하였다. 먼저 만수산(萬壽山)이라는 인공산과 장안(長安) 곤명지(昆明池)를 모방한 곤명호(昆明湖)라는 인공호수를 만들고, 많은 전각(殿閣)들을 세워 정원을 꾸몄는데 이것이 곧 오늘날 이화원의 전신이었다.

그러나 1860년 톈진(天津)조약의 비준을 강요하는 영국과 프랑스 연합군에 의해 원명원은 단숨에 폐허로 변했고, 이때 이화원도 큰 피해를 입게 되었다. 서구 열강의 무자비한 만행에 분노의 목소리가 높아가고 부국강병의 움직임이 한창이던 시점에 광서제(光緖帝)의 아버지 혁현은 오히려 당시 최고 실세였던 서태후(西太后)에게 아부하려 해군력 증강용으로 마련한 예산을 유용해 청의원을 확장 보수하고 이화원으로 개칭하였다. 이와는 반대로 내우외환의 현실을 개혁하고자 근대 개혁세력들과 유신변법을 추진하던 광서제는 이화원 안의 옥란당(玉瀾堂)에 유폐되어 불운하게 생을 마감하고 만다. 어마어마한 규모의 화려함과 완전한 멋을 자랑하는 중국 최대의 황실정원 이화원은 한편으로 이렇게 역사의 아픔을 간직한 채 관광객들을 맞이하고 있다.

종착지가 이화원인 버스를 타고 한결 여유로운 마음으로 창밖 풍경을 보면서 갔다. 관광지 대개가 그렇듯 각종 상점과 기념품점들이 즐비하게 늘어선 모습이 도착을 알려주었다. 매표소에 입장권을 사서 보니 'the Summer Palace'란 영문 번역이 눈에 먼저 들어왔다. 이름 그대로 이곳은 황제의 피서와 요양이 주요 목적이었고, 그 중심에는 우리에게도 익숙한 서태후가 있었다. 청나라 함풍제(咸豊帝)의 후궁으로 동치제(同治帝)의 생모였던 그녀는 당시 6살인 동치제를 업고 수렴청정을 시작했으며, 이후 무려 48년 동안 최고 권력자로 군림했다. 이화원의 주요 명소로 꼽히는 동궁문(東宮門) 일대를 비롯해 장랑(長廊), 배운전(排雲殿), 곤명호의 석방(石舫)에 이르기까지 그녀가 거쳐간 곳곳마다 절대 권력의 위용과 사치, 부패상을 느낄 수 있다.

이화원의 정문인 동궁문을 지나 예전 서태후가 대신들의 조회를 받던 인수전(仁壽殿)으로 갔다. 인수전 앞에 황제와 황후를 상징하는 청동 용과 봉황이 자리하고 있고,

그 안으로 화려한 내부 장식이 당시 황제보다 강력한 권력을 장악했음을 짐작케 한다. 인수전을 지나 오른쪽 골목으로 광서제가 거주하던 옥란당으로 갔다. 서태후는 19세기 말 개혁을 추진하던 그를 옥란당에 가두고 벽을 두껍게 증축하여 통로마저 봉쇄하였다. 이곳은 4살에 왕위에 올라 평생 배후 권력에 휘둘리며 뜻을 펴지도 못하고 요절한 황제의 비애가 서린 곳이다. 그 주위로 서태후가 호사스런 식사를 즐기던 낙수당(樂壽堂)과 경극(京劇)을 관람하던 덕화원(德和園), 연회를 베풀던 배운전 등이 둘러싸고 있어 권력에 눌린 황제의 처지와 뚜렷하게 대비되고 있다. 옥란당을 나와 중국에서 현존하는 가장 큰 규모의 경극 극장 덕화문으로 갔다. 베이징 오페라로 불리는 경극을 무척 즐겼던 서태후는 이화원에 온 다음날이면 거의 빠짐없이 경극을 관람하였으며, 특히 생일을 지낼 때면 생일 전 3일, 생일 후 5일 동안을 계속해서 경극을 관람했다고 한다. 일설에 의하면 그녀는 경극을 보면서 자신의 임종을 맞이했다고도 하는데, 20여 미터에 달하는 높이에 상, 중, 하 3층으로 이루어진 덕화원은 무대와 음향효과, 외경에 이르기까지 완벽함 그 자체였다. 경극 가락의 흥겨움 속에서 마지막 왕조 청나라는 그렇게 저물어갔다.

동궁문 일대를 빠져나와 이화원 절경의 백미인 장랑(長廊)으로 갔다. 전체 길이 728미터에 총273칸의 화랑으로 이어진 복도 건축물인 이곳은, 기둥과 천장마다 전통적인 채색화, 인물화, 풍경화, 산수화, 화조도 등 역사, 신화, 전설을 담은 그림들이 무수히 그려져 있어 감상하며 걷다보면 어느새 거리감마저 잊게 한다. 그 옆의 광활한 곤명호를 비와 햇빛 등을 피하며 마음껏 그림을 볼 수 있는 이곳은 그야말로 '중국 최대의 야외 미술관'이었다. 난간에 앉아 노곤해진 다리를 쉬며 걸어온 '복도길'

이화원의 덕화원

이화원 곤명호

을 뒤돌아보았다. 과연 시야의 넓이를 감안해 복도의 꺾어지는 각도까지 계산한 치밀함이 돋보이는 건축물의 압권이라 할만하다.

다음으로 이화원의 주요 경관을 이루는 곤명호를 따라 십칠공교(十七孔橋)쪽으로 갔다. 이화원에서 가장 많은 부분을 차지하는 곤명호는 앞서 언급했듯 인공호수이지만, 인공호수라 믿기 힘들 정도로 그 규모가 엄청나다. 겨울에는 얼음이 얼어서 스케이트를 즐기는 사람을 흔히 볼 수 있으며, 여름에는 보트와 곤명호 위를 운행하는 유람선을 타고 뱃놀이를 즐기는 많은 사람들을 볼 수 있다. 또한 곤명호를 안고 있는 만수산 역시 곤명호를 팔 때 나온 흙과 돌로 쌓아 만든 인공산으로, 그 위에는 팔각 모양의 화려한 목조건물 불향각이 있는데 이곳에 오르면 이화원 전체를 조감할 수 있어 많은 사람들이 찾는다. 멀리 곤명호와 인공섬을 잇는 십칠공교가 서산에 지는 해와 물 아래로 비치는 빛과 어우러져 자못 낭만적인 분위기를 자아낸다. 교각과 교각 사이가 17개여서 십칠공교라 불리는 이 다리는 긴 무지개 모양으로 이 다리를 배경으로 어느 각도에서 사진을 찍어도 한 장의 예쁜 그림엽서가 된다.

베이징 이화원 곤명호의 석방

이제 이화원 나들이도 서서히 마무리해야 할 무렵. 마지막으로 이전 황제와 서태후가 곤명호를 곁에 두고 파티와 뱃놀이를 즐겼다는 대리석으로 건조(建造)한 석방(石舫)을 찾았다. 청 왕조가 반석과 같이 튼튼하여 물(백성)이 배(왕조)를 전복시킬 수 없음을 상징하여 만들었다고 한다. 영원히 침몰하지 않고 백성 위에 군림하겠다는 전제권력의 오만불손함과 함께 사치와 향락 속에서도 태평성세를 이어가겠다는 모순된 심리가 보는 이의 실소를 자아내게 한다. 그래도 오늘날 이곳을 찾는 많은 사람들이 곤명호의 멋진 경관과 더불어 다시 한번 감탄사를 연발케 하는 명물이지 않은가. 이화원은 이렇게 전제권력의 위용과 완벽한 인공미를 자랑하면서도 한편으로 근대사의 아픈 기억을 잠시나마 생각게 하는 의미있는 명소로 기억될 것이다. 여기서 오늘날 중국이 문화강국으로서 높아져가는 위상을 느낄 수 있는 대목 한 가지. 최근 중국은 '국보공정(國寶工程)'이란 이름으로 기금을 마련해 해외에 있는 중국 문화유산을 대대적으로 사들이는 한편, 원명원 유적지를 세계문화유산으로 신청했다고 한다. 만약 세계문화유산으로 선정된다면 예전 영국과 프랑스가 약탈해간 문화재를 반환하라고 요구할 것도 자명한데, 아무래도 인류의 유산을 가리기보다는 힘 있는 임자를 가리는 게 더 중요한가 보다.

04

경제리포트 财经报导

老百姓会为亿万富豪的增加高兴吗?

서민들은 억만장자의 증가에 기뻐할까?

日元对美元汇率近期或破“90关口”

엔화의 달러화에 대한 환율, 가까운 시일 내에 ‘90선’ 돌파 예상

老百姓会为亿万富豪的增加高兴吗?

서민들은 억만장자의 증가에 기뻐할까?

2007年“中国500富豪榜中榜”日前在香港发布，500名上榜富豪身家总数高达43428亿元。广东富豪上榜87人，数量最多。据统计，中国已成为亿万富豪人数排名第二的国家，仅次于美国。此外，资产超10亿美元的中国富豪已达146名，而一年前则是85名。

一年之间，资产超10亿美元的中国富豪增加61名，应该说这是好事，在国家财政收入增加1.2万亿的大环境下，富豪的资产也该随之增加。然而，这个消息很难让普通百姓高兴，因为中国富豪虽然大幅度增加了，老百姓的收入却没有富豪的财富增长快，由于物价的上涨，一部分劳动者的实际收入反而降低了。在这种背景下，500名上榜富豪身家总数高达43428亿元，与2007年全国入库税收仅差600亿元，这只能说明，中国的富豪们聚集财富的速度越来越快了。社会财富的增长，应该让普通劳动者得到更多实惠，如果财富总量的增加，只意味着增加了几十个亿万富翁，和老百姓没有什么关系，那还有什么值得高兴的呢?

相对于“中国已成为亿万富豪人数排名第二的国家”这样的排行榜，我以为看看“中国穷人数居世界第几”更让人警醒。现在世界上有些人可能认为“中国太富有了”，一是中国亿万富豪人数居世界第二，二是中国早已成为奢侈品消费大国，三是中国是世界公款旅游大国。然而，这只是表面现象，中国城镇居民年均可支配收入只有11759元，农村居民人均纯收入才有3587元(2006年)。从人均收入看，中国还是一个穷国，而且中国居民收入结构是金字塔型结构，富者少而富，穷者多而穷。此种现状，比增加了多少亿万富豪更值得关注。亿万富豪数弄了个世界第二，首先得问问普通老百姓高兴不高兴，如果老百姓高兴，那就值得骄傲，否则，就不值一提。

《齐鲁晚报》2008年1月8日

본문 단어 익히기

老百姓 [名] lǎo bǎi xìng 일반인. 서민. 평민. 백성. 국민.

富豪 [名] fù háo 부호. 부자.

上榜 [动] shàng bǎng 게시하다.

排名 [动] pái míng 서열을 매기다. 순위를 매기다.

身家 [名] shēn jiā 몸값. 사회적 지위.

总数 [名] zǒng shù 총수(總數).

资产 [名] zī chǎn 자산. 재산

财政 [名] cái zhèng 재정.

收入* [名] shōu rù 수입. 소득.

普通* [形] pǔ tōng 일반적이다. 보통이다. 평범하다.

幅度 [名] fú dù (사물이 변동하는) 폭.

实际* [形] shí jì ① 실제의 ② 구체적이다. ③ 실제적이다. 현실적이다.

背景* [名] bèi jǐng ① (무대 뒤나, 영화, TV 드라마 등의) 배경. ② (그림을 그리거나 촬영할 때 주체가 되는 사물을 두드러지게 하는) 배경. ③ (인물, 사건에 대해 작용을 일으키는 역사 상황이나 현실적 환경으로서의) 배경. ④ 배후 세력.

入库 [动] rù kù ① 국고에 귀속시키다. ② 창고에 넣다. 입고하다.

税收 [名] shuì shōu 세수(稅收). 세수입(稅收入).

聚集* [动] jù jí (사람이나 사물 등을) 모으다. 집합하다.

实惠* [名] shí huì 실리. 실제의 이익. 실익. [形] 실속이 있다. 실용적이다.

意味* [名] yì wèi ① (함축적인) 뜻. 의미. ② 재미. 맛. 정서. 정취. 운치.

相对* [动] xiāng duì ① 서로 마주 대하다. 상대(相對)하다. 정면으로 대하다. ② (성질이) 서로 대립되다. 서로 반대되다. 서로 모순되다. [形] 상대적인. 비교적인.

排行榜 [名] pái háng bǎng 순위. 랭킹(ranking).

警醒 [动] jǐng xǐng 경계하고 각성하다. 경계하고 깨닫다.

奢侈品［名］shē chǐ pǐn 사치품.

公款［名］gōng kuǎn 공금(公金).

表面*［名］biǎo miàn ① (물체의) 표면. ② (겉으로 나타나거나 눈에 띄는 부분으로) 표면. 겉.

城镇［名］chéng zhèn 도시와 촌. 도시와 마을.

居民*［名］jū mín 주민.

年均［动］nián jūn 연평균(年平均)에 따라 계산하다.

支配［动］zhī pèi ① 배치하다. 안배하다. ② (사람 또는 사물을) 지배하다. 시키다. 제어하다.

人均［动］rén jūn 1인당 ~하다.

纯收入［名］chún shōu rù 순수입.

结构*［名］jié gòu ① (어떤 것을 이루는 각 부분의 배열과 조합으로서) 구조. 구성. 조직. ② (건축물에서 중력과 외부 압력을 떠받드는 구성으로서) 구조. 구조물. ［动］(문장 또는 사건의 내용과 경위 등을) 구성하다.

金字塔［名］jīn zì tǎ 피라미드(pyramid).

关注*［动］guān zhù 관심을 가지다.

骄傲*［形］jiāo ào ① 거만하다. 오만하다. 교만하다. ② 자랑스럽다. 뽐내다. 자부하다. 〔名〕자랑. 긍지. 자랑거리.

否则*［连］fǒu zé 만약 그렇지 않으면.

不值一提*［成语］bù zhí yī tí 거론할 가치가 없다. 거론할 만한 것이 못 된다.

中国500富豪榜中榜［专名］zhōng guó 500 fù háo bǎng zhōng bǎng 중국 500대(大)부호(富豪) 랭킹(《세계기업가世界企业家》잡지사에서 제작한 중국 부호 랭킹 차트로, 중국대륙, 홍콩, 마카오, 타이완 지역의 부호의 재산 가치에 대해 평가, 감정을 한 뒤에 순위를 매겼다).

香港［专名］xiāng gǎng 홍콩(Hong Kong).

广东［专名］guǎng dōng 광동성(广东省).

收入

1. 동사로서 '거둬들이다'는 의미로 뒤에 목적어가 붙을 수 있다.

[예문1] 去年, 金社长的公司收入过千亿, 真是太惊人了! 작년에 김 사장의 회사에서는 천 억이나 거둬들였는데, 정말 너무도 놀랍다!

[예문2] 秋天的时候, 农民们把收入的粮食存进仓库, 好好保存。 가을 때 농민들은 거둬들인 양식을 창고에 들여놓고 잘 보관한다.

2. 수입. 소득. 흔히 "연수입(年收入)", "월수입(月收入)", "일인당 수입(人均收入)", "재정수입(财政收入)", "판매수입(销售收入)", "수입증명(收入证明)" 등과 같은 말과 어울려 표현된다.

[예문1] 在中国, 很多人的年收入还没有3万元, 但很多人的年收入却高达数百万元。 중국에서는 많은 사람들의 연수입이 3만 위안도 안되기도 하지만, 또 많은 사람들은 연수입이 수백만 위안에 달하기도 한다.

[예문2] 洪大辰的月工资只有4000多元, 但他有很多灰色收入, 所以他很有钱。 홍대진의 월급은 고작 4000여 위안 밖에 안되지만, 부당 수입이 많아 그는 돈이 많다.

普通

일반적이다. 보통이다. 평범하다. 흔히 "평범한 사람(普通人)", "일반 서민(普通百姓)", "일반 근로자(普通工人)", "일반 공무원(普通公务员)" 등과 같은 말과 어울려 표현된다.

[예문1] 这款新手机款式非常普通, 所以销路不是很好。 이 신형 휴대폰스타일은 무척 평범해 판로가 좋은 게 아니다.

[예문2] 洪大辰的爸爸是一名普通的建筑工人。 홍대진의 아버지는 평범한 건축 노동자이다.

实际

1. 실제의. 구체적이다. 흔히 "실제의 행동(实际行动)", "구체적인 업무(实际工作)", "실제의 상황(实际情况)" 등의 말과 어울려 표현된다.

[예문1] 当时的实际情况是: 洪大辰被坏人打了, 他却见死不救。 당시 실제의 상황은 홍대진이

나쁜 놈한테 맞는데도 그는 오히려 위급한 것을 보고도 구하지 않았던 것이다.

[예문2] 我们要用实际行动证明：我们不是好欺负的！ 우리는 실제의 행동으로 우리가 쉽게 얕보이는 사람들이 아니라는 걸 증명해야 한다.

2. 실제적이다. 현실적이다.

[예문1] 很多女生非常天真，她们的想法往往很不实际。 많은 여학생들은 무척 천진난만한데 그녀들의 생각은 왕왕 매우 현실적이지 못하다.

[예문2] 金主任表扬洪大辰制定的工作计划很实际。 김 주임은 홍대진이 만든 업무계획이 참 실제적이라고 칭찬했다.

3. 명사로서 객관적으로 존재하는 사물 혹은 상황을 가리키는 말로 쓰인다. 흔히 "객관실제(客观实际)", "실제로부터 출발한다(从实际出发)" 등의 말과 어울려 표현된다.

[예문1] 牧师说：世界上存在真神，这是一种客观实际。 목사님은 세상에서 존재하는 진짜 신은 일종의 객관 실제라고 말했다.

[예문2] 金代表告诉我们：一切要从公司的实际出发，努力做好本职工作。 김 대표는 우리에게 모든 것은 회사의 실제로부터 출발해서 본래 직무에 열심히 해야 한다고 알려줬다.

背景

1. 무대 뒤나, 영화, TV 드라마 등의 배경.

[예문1] 这部电影的背景处理得非常好，得到了大家的好评。 이 영화는 배경 처리를 무척 잘해서 모두의 호평을 받았다.

2. 인물, 사건에 대해 작용을 일으키는 역사 상황이나 현실적 환경으로서의 배경. 흔히 "역사배경(历史背景)", "정치배경(政治背景)", "문학배경(文学背景)" 등의 말과 어울려 표현된다.

[예문1] 当时的历史背景是：日本人想要占领整个东亚地区。 당시의 역사배경은 일본인이 모든 동아시아 지역을 점령하려 했다.

[예문2] 老师问："哪位同学知道这篇课文写作时的文学背景啊？" 선생님은 "어느 학생이 이 텍스트가 쓰여진 때의 역사배경을 알고 있나요?"하고 물었다.

聚集

(사람이나 사물 등을) 모으다. 집합하다. 흔히 "자금을 모으다(聚集资金)", "역량을 모으다(聚集力量)" 등의 말과 어울려 표현된다.

[예문1] 一会儿, 广场上就聚集了700多人。 조금 뒤 광장에 700여 명이 집합했다.

[예문2] 他们正在聚集力量, 准备迎接新的战斗。 그들은 역량을 모아 새로운 전투를 맞이할 준비를 하고 있다.

实惠

1. 명사로서 실리, 실제의 이익, 실익의 의미로, 흔히 "실리를 얻다(获得实惠)", "실익을 얻다(得到实惠)" 등의 말과 어울려 표현된다.

[예문1] 老百姓并没有从政府的政策中得到任何实惠, 所以他们非常不高兴。 서민들은 정부의 정책으로부터 어떤 실제 이익도 없어 무척 불쾌했다.

2. 형용사로서 실속이 있다, 실용적이다 라는 의미로, 흔히 "경제적이고 실용적이다(经济实惠)", "가격이 실속 있다(价格实惠)" 등의 말과 어울려 표현된다.

[예문1] 三星公司的新款手机价格非常实惠, 洪大辰一下子买了两部。 삼성기업의 신형 휴대폰 가격이 무척 실속 있어 홍대진은 대번에 두 개를 샀다.

[예문2] 这个产品虽然看上去很不错, 却非常不实惠。 이 상품은 보기에는 괜찮아 보이지만, 오히려 무척 실용적이지 못하다.

意味

1. '함축적인 뜻 또는 의미'로서 흔히 "풍자적인 의미(讽刺意味)", "의미심장하다(意味深长)" 등의 말이나 "~에 ~한 의미가 있다(……有……意味)" 등의 문장으로 표현된다.

[예문1] 洪大辰的话听起来意味深长。 홍대진의 말을 들어보니 의미심장하다.

[예문2] 洪大辰的话含有很强烈的讽刺意味。 홍대진의 말에는 매우 강렬한 풍자적인 의미가 담겨 있다.

2. 재미. 맛. 정서. 정취. 운치.

[예문1] 洪大辰的作文富于文学意味。 홍대진의 작문에는 문학적인 정취가 풍부하다.

• 이 단어 뒤에 "着"가 붙으면 동사로 쓰여지게 된다.

[예문1] 这么说可不是意味着他不想去了。 이렇게 말하면 그가 가고 싶어하지 않는다는 의미가 아니냐.

[예문2] 一个男人愿意为一个女人花很多钱, 这意味着什么呢? 한 남자가 한 여자를 위해 많은 돈을 쓴다는 건 무엇을 의미하겠어?

相对

1. 동사로서 '서로 마주 대하다, 상대(相對)하다, 정면으로 대하다' 라는 의미로, 흔히 "서로 말없이 마주 대하다(相对无语)", "서로 마주 대하며 앉다(相对而坐)" 등의 말과 어울려 표현된다.

[예문1] 那里的风景秀丽, 群山相对, 绿树成荫。 그곳은 풍경이 수려한데 뭇 산들이 서로 마주 대하고 있고, 녹색 나무들이 그늘져 있다.

2. 동사로서 '성질이 서로 대립되다, 서로 반대되다, 서로 모순되다'란 의미로, 흔히 "~에 서로 반대되다(……相对于……)" 등의 문장으로도 표현된다.

[예문1] 相对于欧美国家, 大多数非洲国家的确是非常贫穷的。 구미 국가들과는 서로 반대로 대다수 아프리카 국가들은 확실히 무척 빈곤하다.

3. 형용사로서 '상대적인, 비교적인'이란 의미를 갖고 있다.

[예문1] 这儿山很多, 大部分居民都相对集中居住在山脚下靠近河的地方。 이곳은 산이 많아 대부분 주민들은 모두 상대적으로 산기슭 아래 하천과 가까운 곳에서 모여 살고 있다.

[예문2] 和过去几年相比, 他的确是相对成熟了很多。 지난 몇 년과 비교해서 그는 확실히 상대적으로 많이 성숙됐다.

表面

1. (물체의) 표면. 흔히 "지구 표면(地球表面)", "테이블 표면(桌子表面)", "휴대폰 표면(手机表面)" 등의 말과 어울려 표현된다.

2. (겉으로 나타나거나 눈에 띄는 부분으로) 표면. 겉.

[예문1] 他表面上看起来非常镇定, 实际上, 他心里非常着急。 그는 겉으로 보면 무척 차분하지만, 마음 속으로는 무척 조급해 있다.

[예문2] 这件事情并不像表面上看起来的那么简单啊！ 이 일은 표면상으로 보는 것처럼 그렇게 간단하지 않아!

居民

고정적으로 한 곳에서 거주하는 주민으로, 흔히 "도시 거주민(城市居民)", "농촌 거주민(农村居民)", "주민 수입(居民收入)", "주민등록증(居民身份证)" 등의 말과 어울려 표현된다.

[예문1] 今天, 老王拿到了北京市居民身份证, 成为一名正多的北京居民。 오늘 왕 형은 베이징시 주민등록증을 받아서 명실공히 베이징 거주민이 됐다.

[예문2] 洪大辰正在调查这个地区的居民收入情况。 홍대진은 이 지역 주민의 수입상황을 조사하고 있다.

结构

1. 어떤 것을 이루는 각 부분의 배열과 조합으로서 구조, 구성, 조직을 의미하며, 흔히 "문장의 구조(文章的结构)", "언어의 구조(语言的结构)", "신체구조(身体结构)" 등의 말과 어울려 표현된다.

[예문1] 洪大辰的作文结构奇妙, 语言优美。 홍대진의 작문 구조는 절묘하고, 언어가 우아하다.

[예문2] 黑人和白人的身体结构在本质上并没在太大区别。 흑인과 백인의 신체구조는 본질적으로 아주 큰 구별은 없다.

2. 건축물에서 중력과 외부 압력을 떠받드는 구성으로서 구조. 구조물을 의미하며, 흔히 "철골 구조(钢结构)", "벽돌 구조(砖结构)", "콘크리트 구조(混凝土结构)" 등의 말과 어울려 표현된다.

关注

'관심을 가지다'라는 의미로, 흔히 "장애인 학생에게 관심을 가지다(关注残疾学生)", "인류의 건강에 관심을 가지다(关注人类健康)", "특별히 관심을 가지다(特别关注)", "~의 관심을 불러 일으키다(引起……关注)" 등의 말과 어울려 표현된다.

[예문1] 洪大辰的这篇文章引起了一位著名作家的关注。 홍대진의 이 문장은 한 저명작가의

관심을 불러 일으켰다.

[예문2] 环境保护主义者呼吁我们应当更多地关注污染问题。 환경보호주의자는 우리에게 오염 문제에 더 많은 관심을 가져야 한다고 호소한다.

骄傲

1. 형용사로서 '거만하다, 오만하다, 교만하다'라는 의미로, 흔히 "거만하고 자만하다(骄傲自满)", "겸허함은 사람을 발전시키고, 교만함은 사람을 뒤떨어지게 한다(虚心使人进步, 骄傲使人落后)" 등의 말과 어울려 표현된다.

[예문1] 金南成这次的考试得了第一名, 他一下变得子非常骄傲。 김남성은 이번 시험에서 1등을 차지하자 대번에 무척 거만해졌다.

2. 형용사로서 '자랑스럽다, 뽐내다, 자부하다'라는 의미로, 흔히 "~을/~에 대해/~에 ~한 자부심을 느끼다(以/对/为……感到骄傲)" 등의 문장으로 표현되기도 한다.

[예문1] 洪大辰以身为一名韩国人而感到骄傲。 홍대진은 자신이 한국인이라는데 자랑스러움을 느꼈다.

[예문2] 妈妈为洪大辰感到骄傲, 因为他又考了第一名。 엄마는 홍대진이 시험에 또 일등한 것에 매우 자랑스러워 했다.

3. 명사로서, '자랑, 긍지, 자랑거리.'

[예문1] 刘翔是中国体育运动的骄傲。 류샹은 중국 스포츠의 자랑이다.

[예문2] 迈克尔·乔丹是篮球运动的骄傲。 마이클 조던은 농구스포츠의 자랑이다.

否则

만약 그렇지 않으면.

[예문1] 你必须在今天晚上8点之前赶到学校, 否则你就再也见不到王老师了。 너는 반드시 오늘 저녁 8시 전에는 학교에 와야 하는데, 그렇지 않으면 더 이상 왕 선생님을 볼 수 없다.

[예문2] 你必须好好学习, 否则你肯定考不过HSK8级。 너는 반드시 열심히 공부해야지, 그렇지 않으면 분명 HSK 8급을 딸 수 없어.

不值一提

거론할 가치가 없다. 거론할 만한 것이 못 된다.

[예문1] 对于洪大辰这样一个大力士来说, 20公斤的重量实在是不值一提。 홍대진 같은 이런 장사한테 20킬로그램의 중량은 정말 거론할 만한 것이 못 된다.

[예문2] 老王, 开心点吧, 那些不值一提的事儿就让它过去吧。 왕 형, 저런 거론할 가치도 없는 일은 그냥 지나가게 두고 기분 좀 풀어요.

본문 문장구조 익히기

1. ……仅次于…… 겨우 ~의 다음가다. 고작 ~보다 못할 뿐이다.

中国已成为亿万富豪人数排名第二的国家, 仅次于美国。 중국은 이미 억만장자 숫자가 두 번째 순위인 국가로 고작 미국의 다음이었다.

- 이 문장구조는 A가 B보다는 약간 떨어지지만, 다른 것과 비교했을 때에는 훨씬 좋음을 나타낸다.

[예문1] 他的学习成绩还是非常好的, 在班上, 他的成绩仅次于班长。 그의 학습성적은 그래도 매우 좋은데, 반에서 그의 성적은 고작 반장보다 못할 뿐이다.

[예문2] 据报道, 浙江省千万富翁的人数已达11万, 密度仅次于北京和上海。 보도에 따르면 저장성 백만장자의 숫자는 이미 11만 명에 달해 밀도에서 겨우 베이징과 상하이에 다음간다.

2. 在……的大环境下 ~한 분위기 아래

在国家财政收入增加1.2万亿的大环境下, 富豪的资产也该随之增加。 국가 재정수입이 1.2조가 증가한 분위기 아래 부호의 자산도 그에 따라 늘어나야 한다.

- 이 문장구조에서 "环境"은 자연기후 내지는 환경이 아닌 어떤 분위기로서의 전제, 조건, 상황을 나타낸 것이다.

[예문1] 在全球经济不景气的大环境下, 每个国家都应当努力振兴自己的工业生产。 글로벌 경제가 불경기인 분위기 아래 국가들마다 자신의 공업생산이 진흥되도록 노력해야 할 것이다.

[예문2] 在教育改革进一步深入的大环境下, 我们学校也应当做好教学改革工作。 교육 개혁이 더욱 심화되어가는 분위기 아래 우리 학교 역시 교학 개혁 업무에 매진해야 할 것이다.

3. 如果……那…… ~하다면 ~한다

如果财富总量的增加, 只意味着增加了几十个亿万富翁, 和老百姓没有什么关系, 那还有什么值得高兴的呢? 만약 자산 총액의 증가가 단지 몇 십 명의 억만장자들의 증가만 의미할 뿐 서민과는 아무런 관계가 없다면 무슨 기뻐할 만한 일이겠는가?

- 이 문장구조에서 "如果" 뒤에는 어떤 상황이 발생할 것이라는 가정을 나타내며, "那"의 뒤에는 그런 상황이 발생한 결과를 나타낸다.

[예문1] 你再旷课, 那你就失去了参加期末考试的资格了。 네가 다시 수업에 빠진다면 너는 기말고사에 참가할 자격을 잃게 된다.

[예문2] 如果明天不下雨, 那我们去爬山吧。 내일 비가 오지 않는다면 우리 등산하러 가자꾸나.

- 이 문장구조에서는 앞의 "如果" 혹은 뒤의 "那"가 생략될 수도 있다.

[예문1] 你再旷课, 那你就失去了参加期末考试的资格了。 네가 다시 수업에 빠진다면 너는 기말고사에 참가할 자격을 잃게 된다.

[예문2] 明天不下雨, 那我们去爬山吧。 내일 비가 오지 않는다면 우리 등산하러 가자꾸나.

4. ……比……更值得…… ~보다 더욱 ~할 가치가 있다.

此种现状, 比增加了多少亿万富豪更值得关注。 이런 현상은 억만장자가 얼마나 증가했는지 보다 더 관심을 가질 필요가 있다.

- 이 문장구조는 비교를 나타낸 것으로, A의 상황이 B보다 더욱 응당 그래야 하거나 그러지 말아야 한다는 의미를 나타낸다.

[예문1] 这本书很不错! 比那本书更值得看。 이 책은 참 괜찮아! 저 책보다 더 봐야 할 가치가 있어.

[예문2] 有什么比和平更值得我们去追s求呢? 우리가 평화보다 더욱 추구할 만한 가치 있는 것으로 뭐가 있겠는가?

日元对美元汇率近期或破“90关口”

엔화의 달러화에 대한 환율, 가까운 시일 내에 ‘90선’ 돌파 예상

由于日本正处于“五连休”假日之中，日元主要交易市场——东京外汇市场到周三（23日）都将休市。市场人士预计，美元被抛售的势头仍将继续，日元对美元汇率将继续走高，甚至可能突破90日元兑换1美元大关。

市场人士分析，目前美元在市场上遭抛售，是因为各国为应对危机而实行的宽松的货币政策导致美元流动性严重过剩。这不仅带来日元、欧元和澳元升值问题，过剩的流动性也涌向了黄金、石油和股票市场。

因此，要回答美元遭抛售势头到底要持续多久的问题，投资者应该关注22日开始举行的美联储金融政策会议以及24日将于美国匹兹堡召开的二十国集团金融峰会。

预计本周前期，由于日本方面不太可能有买入美元、抑制日元升值的消息，美元汇率将继续承压，美元对日元可能在1比89至92之间。

（《江门日报》2009月9月21日）

본문 단어 익히기

汇率 [名] huì lǜ 환율.

近期 [名] jìn qī 단기(短期). 가까운 시일. 가까운 시기.

处于* [动] chǔ yú (어떤 지위나 상태에) 처하다. ~에 있다.

假日 [名] jià rì 휴일. 공휴일.

外汇 [名] wài huì 외환(外换). 외화(外貨).

抛售* [动] pāo shòu (가격이 떨어지거나 낮추는 것을 예측하여) 헐값으로 팔다. 투매(投賣)하다. 덤핑(dumping)하다.

势头* [名] shì tóu 형세. 형편. 정세.

走高 [动] zǒu gāo (가격이) 오르다. 상승하다.

突破* [动] tū pò ① (적진 등을) 돌파하다. ② (한계, 난관, 기록 등을) 돌파하다. 타파하다. 깨다.

兑换 [动] duì huàn (증권을 현금으로 바꾸는 것 또는 어떤 화폐를 다른 화폐로 바꾸는 것으로서) 환전하다.

大关 [名] dà guān ① 중요한 길목. 중요한 관문. ② (비교적 큰 수량 뒤에 쓰여) 한계.

分析* [动] fēn xī 분석하다.

危机 [名] wēi jī 위기.

实行 [动] shí xíng 실행하다.

宽松 [形] kuān sōng ① (공간이) 넓다. 크다. 널찍하다. 훤히 트이다. 여유가 있다. ② (옷이) 크다. 헐겁다. 헐렁하다. ③ (기분이) 홀가분하다. 후련하다. 시원하다. ④ 여유롭다. 풍족하다. 넉넉하다. 풍부하다.

货币 [名] huò bì 화폐. 돈.

政策 [名] zhèng cè 정책.

导致* [动] dǎo zhì 야기하다. 초래하다.

流动性 [名] liú dòng xìng 유동성.

过剩 [动] guò shèng ① (수량이) 한도를 지나치다. 과잉되다. ② (공급이 수요나 시장 구매력을) 지나치다. 초과하다. 과잉하다.

升值 [动] shēng zhí ①평가절상하다. ②(가치가) 올라가다. 상승하다.

涌向 [动] yǒng xiàng ~에 쇄도하다. ~에 몰려들다.

股票 [名] gǔ piào 주식(株式).

峰会 [名] fēng huì 고위급 회의. 정상회담. 수뇌회담.

抑制* [动] yì zhì 억제하다. 억압하다. 억누르다.

承压 [动] chéng yā 압박을 견디다.

五连休 [专名] wǔ lián xiū 5일 연휴.

东京外汇市场 [专名] dōng jīng wài huì shì chǎng 도쿄 외환시장

美联储 [专名] měi lián chǔ 미국 연방준비위원회(FED). '美国联邦储备委员会(Federal Reserve)'의 줄임말.

匹兹堡 [专名] pǐ zī bǎo 피츠버그(Pittsburgh). 미국 펜실베니아 주(州)에 위치한 대도시 이름.

二十国集团 [专名] èr shí guó jí tuán G20(Group of 20). G7(선진 7개국)과 EU(유럽연합) 의장국에 신흥 개발국 12개 나라를 더하여 구성된 국제기구.

본문 단어 자세히 익히기

处于

어떤 지위나 상태에 처하다. ~에 있다. 흔히 "우세/열세에 처하다(处于优势/劣势)", "~한 상태에 처하다(处于……状态)", "~한 처지에 있다(处于……境地)" 등의 문장으로도 표현된다.

[예문1] 洪大辰的人气不太高，所以他在竞争中一直处于劣势。 홍대진의 인기는 그리 높지 않아 그는 경쟁에서 줄곧 열세에 처해 있다.

[예문2] 洪水很快逼近了小村庄，人们正处于极度危险的境地。 홍수는 매우 빠르게 마을에 가까워져 사람들은 극도로 위험한 처지에 놓여 있다.

抛售

'가격이 떨어지거나 낮추는 것을 예측하여 헐값으로 팔다. 투매(投賣)하다. 덤핑(dumping)하다'라는 의미로, 이 말 뒤에는 직접 해당상품의 명칭이 나온다.

[예문1] 金社长决定抛售日本公司的股票。 김 사장은 일본회사의 주식을 투매하기로 결정했다.

[예문2] 冬天快到了，很多商场开始抛售存库的秋装。 겨울이 곧 다가와 많은 시장에서는 재고 될 가을 옷들을 헐값에 팔기 시작했다.

势头

형세. 형편. 정세. 흔히 "정세가 심상치 않다(势头不妙)", "형편이 아주 좋다(势头大好)" 등의

말과 어울려 표현된다.

[예문1] 他一看势头不妙, 就偷偷从后门跑走了。 그는 정세가 심상치 않은 것을 보고는 바로 몰래 뒷문으로 도망쳤다.

[예문2] 现在经济势头一片大好, 他对未来充满信心。 지금 경제 형편이 아주 좋아 그는 미래에 대해 자신감이 충만하다.

突破

1. '공격해서 돌파하다'라는 의미로, 흔히 "수비를 돌파하다(突破防守)", "적의 진지를 돌파하다(突破敌人阵地)" 등의 말과 어울려 표현된다.

[예문1] 1945年8月, 苏联红军进攻中国东北, 迅速突破了日本关东军的防线。 1945년 8월, 소비에트 홍군은 중국 동북을 공격해 일본 관동군의 방어선을 신속하게 돌파했다.

[예문2] 迈克尔·乔丹得到球后, 迅速突破了对方的防守, 杀到前场, 扣篮得分! 마이클 조던은 공을 받아서 상대방의 수비를 신속히 돌파하고는 앞으로 쇄도해 덩크슛으로 득점했다!

2. '한계, 난관, 기록 등을 돌파하다. 타파하다. 깨다'라는 의미로, 흔히 "난관을 타파하다(突破难关)", "한도액을 돌파하다(突破限额)" 등의 말과 어울려 표현된다.

[예문1] 为了研制新产品, 他们突破了重重难关, 最终才得以成功。 신 생산품을 연구 제작하기 위해서 그들은 겹겹이 놓인 난관을 돌파해 마침내 비로소 성공했다.

- 이 단어는 대명사 혹은 형용사 뒤에 놓여 명사의 성격을 띨 수도 있다.

[예문1] 苏联红军的迅速突破让日本关东军彻底丧失了战斗力。 소비에트 홍군의 신속한 돌파는 일본 관동군의 전투력을 철저하게 상실하게끔 했다.

[예문2] 迈克尔·乔丹最后3秒钟的突破成为整个比赛的转折点。 마이클 조던의 마지막 3초의 돌파는 모든 게임의 전환점이 됐다.

分析

분석하다. 흔히 "~한 문제를 분석하다(分析……问题)", "~한 상황을 분석하다(分析……形势)", "분석을 진행하다(进行分析)", "사례를 분석하다(案例分析)" 등의 말과 어울려 표현된다.

[예문1] 他们对当前国际问题进行了深刻的分析。 그들은 목전의 국제문제에 대해 깊이 있는

분석을 했다.

[예문2] 他分析了当前的市场形势, 决定迅速研发新的产品。그는 목전의 시장 상황을 분석하고, 신생산품을 신속히 연구 개발하기로 결정했다.

• 이 단어는 대명사 혹은 형용사 뒤에 놓여 명사의 성격을 띨 수 있다.

[예문1] 大家一致认为金教授的分析是正确的。 사람들은 모두 김 교수의 분석이 정확하다고 여긴다.

[예문2] 金教授对近期的形势进行了深入的分析。 김 교수는 가까운 시기의 형세에 대해 깊이 있는 분석을 했다.

导致

야기하다. 초래하다. 흔히 "A가 B를 초래하다"라는 문장으로 표현되는데, B는 A의 결과이며, 대부분 좋지 않은 결과를 나타낸다.

[예문1] 饮酒过多导致他最近精神一直不是很好。 과다한 음주로 최근 그는 활력이 줄곧 좋지 못하다.

[例2] 睡眠太少容易导致衰老。 수면이 너무 적으면 쉽게 노쇠함을 야기한다.

抑制

억제하다. 억압하다. 억누르다. 흔히 "충동을 억제하다(抑制冲动)", "~한 기쁨을 억누르다(抑制……喜悦)", "가격 상승/하락을 억제하다(抑制价格上升/下降)", "식욕을 억제하다(抑制食欲)" 등의 말과 어울려 표현된다.

[예문1] 政府正在制定政策, 试图抑制食品价格的上涨。 정부에서는 식품가격 상승의 억제를 시도하는 정책을 제정하고 있다.

[例2] 爸爸告诫儿子:"你已经22岁了, 应该懂得如何自我抑制!" 아버지는 아들에게 "너는 벌써 스물두 살이나 됐는데 어떻게 자신을 억제해야 하는지를 알아야잖니!"하고 타일렀다.

본문 문장구조 익히기

1. ……人士分析, …… ~의 관계자는 ~할 것이라고 분석한다.

市场人士分析, 目前美元在市场上遭抛售, 是因为各国为应对危机而实行的宽松的货币政策导致美元流动性严重过剩。 시장 관계자들은 현재 달러화가 시장에서 투매되는 것은 각 나라마다 위기에 대응해 실행했던 느슨한 화폐정책이 달러 유동성의 심각한 과잉을 야기했기 때문이라고 분석하고 있다.

- 이 문장구조는 'A의 관계자(인사)가 B라는 것을 분석하다 (A人士分析, B)'로서, A는 보통 어떤 업계의 명칭, 분야에 속한 관계자(인사)를 나타내고, B는 그 명칭, 분야의 관계자(인사)가 분석한 결과를 나타낸다.

[예문1] 金融人士分析, 中央推出的新政策将会遇到很多困难。금융관계자들은 중앙에서 추진하는 새 정책이 많은 어려움에 봉착할 것이라고 분석하고 있다.

[예문2] 晚会上来了很多名人, 有法律界人士, 有商业界人士, 也有政界人士。 저녁 모임에 많은 저명인사들이 왔는데, 법률계 인사, 비즈니스계 인사, 또 정계 인사들이 있었다.

[예문3] 洪大辰遇到一个问题, 他一个人无法解决, 很想请教一下有经验的人士。 홍대진은 문제에 부딪쳐 혼자서는 해결할 방도가 없자 경험 있는 관계자한테 가르침을 청하고 싶었다.

종합연습 [练习]

Ⅰ. 다음 빈칸에 들어갈 알맞은 단어를 고르시오.

1.洪大辰面试失败，这_____着他无法去上大学了。

A.意味　B.等于　C.证明　D.通知

2. _____而言，这儿的条件要比首尔差了一点儿。

A.比划　B.相对　C.总结　D.对比

3.这栋房子位置又好，价格又合理，比那栋更_____购买。

A.容易　B.方便　C.值得　D.经济

4.洪大辰没有认真听课、复习，_____他没有通过最后的考试。

A.因为　B.不料　C.导致　D.很遗憾

5.一些政治人士_____，这次罢工可能会给工人们招致一些政治麻烦。

A.分析　B.确信　C.确定　D.讨论

6.我打了他手机六次，每次手机都是_____关闭状态。

A.正在　B.恰好　C.马上　D.处于

Ⅱ. 다음 질문에 간단하게 답하시오.

1.从中国500富豪榜中榜提供的数据来看，500名富豪的平均身家是多少？

2.富豪在不断涨多，为什么中国的老百姓却高兴不起来？

3.从课文来看，美元贬值会带来哪些问题？

Ⅲ. 다음 주제에 대하여 중국어로 토론하시오.

1.谈谈您对最近三十年来中国经济高速发展现象的看法。

2.全球经济不断发展，为什么很多国家的贫富差距现象越来越严重？

시대 변화에 앞서는, 변화를 이끄는 도시 상하이

상하이 외탄의 석조건물 풍경

우리가 '중국'하면 으레 오랜 문화 전통과 광활한 국토, 그리고 13억 인구의 풍부한 인적 자원을 지닌 나라로 떠올리기도 하지만, 최근 놀라운 경제성장률을 바탕으로 경제강국으로 부상한 '무서운 나라'라는 생각이 앞설 것이다. 그럼 오늘날 중국의 눈부신 경제성장의 실체를 확인할 수 있는 곳은 어디일까? 사람들은 십중팔구 상하이(上海)를 꼽는다. 베이징(北京)이 중국의 수도로서 정치행정과 문화의 중심이라면, 상하이는 중국 최대의 경제 도시로서 동방명주(東方明珠)탑을 비롯해 오로라 빌딩, 진마오 타워빌딩 등이 즐비한 초고층 빌딩들과 그 주위 황푸강(黃浦江)을 바쁘게 오가는 선박들은 중국의 발전상을 소개할 때면 항상 단골로 등장하는 이미지이다.

1842년 난징(南京)조약으로 강제 개항된 이후 국내외의 새로운 문물을 흡수하여 유행상품이 거리에 넘쳐나는 국제 상업도시. 그러나 동시에 일찍부터 민족해방이나 노동운동에 눈을 떠 중국공산당이 처음 탄생했던 곳. 개혁개방정책 이후 집중적인 투자로 동양의 또 다른 홍콩을 꿈꾸며 세계적인 경제 중심의 도시로 발돋움하고 있는 상하이를 찾았다. 기차역에 내리자마자 상하이의 대표적인 볼거리 외탄(外灘)으로 운행하는 버스를 탔다. 횡단보도 없는 거리에 차와 사람이 잔뜩 엉키고, 대로변 건물 창가마다 길게 뻗은 장대 위로 널린 빨래들은 그야말로 빽빽한 일상으로 채워진 대도시의 모습이었다. 잠시 후 상하이 도심을 가로지르는 황푸강을 따라 즐비하게 늘어선 서양식 석조건물들이 반갑게 도착을 알려주었다. 프랑스, 영국, 일본 등 열강의 조계(租界)를 거친 상하이는 중국역사의 한 시기를 바로 이 이국적인 풍경으로 웅변하며 오늘날 많은 사람들의 탄성을 자아낸다. 고딕식, 바로크식, 로마식, 고전주의식, 르네상스식 등 서구 건축양식을 한눈에 볼 수 있어 '만국 건축박람회'라고도 불리는 곳이다. 그 너머로 넓은 제방을 따라 외탄의 경관을 즐기러 온 많은 인파들로 붐볐다. 이 '만국 건축박람회'와 건너편 황푸강 위를 분주히 운행하는 선박들, 그리고 황푸강 너머 스카이라인을 장식하고 있는 고층빌딩들은 마치 상하이의 과거와 현재를 하나로 이어놓은 듯한 느낌을 준다. 외탄 중심에 우뚝 서있는 중국 공산혁명의 원로 천이(陳毅) 동상. 이젠 어딜 가나 정신없이 진행되는 개발과 개방의 소용돌이 한 가운데서 그의 동상은 무엇을 의미할까? 과거 숭고했던 혁명정신은 외면될지언정 개혁개방 성과의 중심은 어디까지나 공산당의 권위 위에서 이룩되고 있음을 가장 자본주의적인 현장에서 일깨워주고 있는 것이다.

외탄 너머 서양식 석조건물 사이로 난 길을 따라 상하이의 '명동' 난징루(南京路)로 갔다. 차량통행이 금지된 보행거리 난징루는 북적이는 사람과 백화점, 음식점이 즐비한 첨단유행과 쇼핑의 거리이다. 상하이는 여느 도시보다 서양의 문물을 빨리, 그리고 쉽게 받아들인 곳인 만큼 난징루에서는 유행을 좇는 젊은 남녀가 항상 붐비고, 볼거리마다 다양한 흥겨움과 활기를 가져다준다. 그러나 한편 이곳은 오랜 전통을 자랑하는 상점 역시 적지 않아 실크 매장을 비롯해 금은방, 시계포, 한약국, 서화 전문점 등에 단

상하이 난징루

상하이 중국공산당제1차대회지

골손님뿐 아니라 명성을 듣고 찾아온 손님들로 연일 문전성시를 이룬다.

그 다음으로 공산당 대표회의가 처음 열렸던 중국공산당 제1차 전국대표대회지(全國代表大會址)를 찾았다. 상하이는 가장 서구적이고 자본주의적인 도시였기에 사회주의 행동주의자들과 초기 공산주의자들의 활동무대가 되었고, 때문에 많은 혁명가들이 이곳에서 탄압받고 스러져갔다. 1921년 중국공산당 제1차 전국대표대회가 상하이의 한 보잘것없는 2층 건물인 이곳에서 열렸을 때, 57명의 당원 중 13명이 모인 이 회의에 열혈 청년 마오쩌둥(毛澤東)도 후난성(湖南省) 대표로 참석했다. 회의가 열렸던 방에는 당시 회의에 참석했던 대표의 밀랍인형들과 사진, 문물자료 등 수백 점이 전시되어 있어, 관람객들에게 중국 공산당 탄생의 역사와 과정 및 성립 후의 혁명활동들을 잘 소개하고 있다. 이젠 중국 공산당의 성지가 된 이 자리는 당시를 증언할 뿐만 아니라, 오늘날 중국 정권의 정통성을 지켜주는 요람이다.

갈수록 시장경제와 경쟁력을 최고의 가치로 삼는 우(右)의 세상 속에서 스스럼없이 "공산당이 없으면, 신중국도 없다"고 말하는 중국인들. 부정부패 문제로 당 내부에서조차 골머리를 앓는 현실 속에서 한편 불가사의하기까지 들리는 이 말에는 그래도 끊임없는 자기 혁신으로 건국을 이루어낸 공산당의 저력에 대한 무한 신뢰가 담겨 있다. 이같은 신뢰를 바탕으로 공신당은 이제 '전 인민을 대표하는 정당임'을 선포하며 기업인과 부자들도 당원으로 받아들이는, 시대 변화에 앞서 변화를 이끌어나갈 줄 아는 유연성과 자신감을 과시하고 있다. 상하이는 바로 사회변화를 주도하고 그 변화를 수용하는 대표 도시로서, 오늘도 많은 사람들을 불러 모으고 있다.

05

국제사무 国际事务

朝韩离散家属重聚首　남북한 이산가족 재(再)상봉

伊朗发射数枚短程导弹　이란, 단거리 미사일 발사 성공

朝韩离散家属重聚首

남북한 이산가족 재(再)상봉

韩国一个100多人的离散家属访问团26日通过南北军事分界线，到达朝鲜金刚山地区与久别的亲人见面。这是2007年10月以来朝韩离散家属再次实现会面。

根据双方先前议定方案，韩方家属团本应由100人组成。韩国联合通讯社报道，当天有96名离散家属赴朝，4人因健康问题无法出行。这些离散家属大多数年龄在70岁以上，其中30人因为身体过于虚弱，每人需要由一名家人陪同前往。

26日当天下午，南北方家属在去年7月落成却一直没有使用过的会面所里团聚。首先是两个小时会面，然后是欢迎晚宴。

韩通社报道，双方亲属团中有一对近60年未见面的兄弟。哥哥李奎锡1950年随韩国军队作战时被俘，以后一直住在朝鲜。为寻找兄长，弟弟李正镐1952年自愿入伍，服役12年。韩国军方1960年将李奎锡列入阵亡名单。直到三个月前，弟弟一家才发现哥哥还活着。

“你是正镐？”，“噢！哥哥，我真是太想你了！”两名年近80的老人不禁老泪纵横。

双方亲属准备会面期间，韩国总统李明博25日在美国匹兹堡讲话，呼吁继续给朝鲜施压，直到对方放弃核计划。他在20国集团金融峰会结束后接受西方媒体采访时说，“有一件事可以肯定，就是朝鲜不准备放弃核计划”，那么，国际社会要“继续紧密合作，使朝鲜除了放弃所有核武器外别无选择”。

“让我们给予朝鲜事实上的核国家地位，这不可想象，”李明博说。

李明博接受路透社等媒体采访时说，韩国与朝鲜谈判时总是“进一步，退两步”，“没有取得太多成果”，双方需要达成一个“一次性”和“根本性”解决方案。

《钱江晚报》2009年9月27日

본문 단어 익히기

离散 [动] lí sàn 1. (가족이) 뿔뿔이 흩어지다. 이산(離散)하다. 2. 분산되다.

家属* [名] jiā shǔ 가족.

聚首 [动] jù shǒu (사람들이) 모이다. 회합(會合)하다.

军事* [名] jūn shì (군대 또는 전쟁에 관련된 모든 사무로서) 군사(軍事).

分界线 [名] fēn jiè xiàn 분계선. 경계선.

久别 [动] jiǔ bié 오랫동안 이별하다. 오랫동안 떨어지다.

会面 [动] huì miàn 서로 만나다. 대면(對面)하다. 얼굴을 보다.

议定 [动] yì dìng 의논하여 결정하다. 토의하여 결정하다. 의정(議定)하다.

先前 [名] xiān qián 이전. 종전. 예전.

方案* [名] fāng àn 방안. 방식. 계획.

报道* [动] bào dào (신문, 잡지, 라디오, 텔레비전 또는 기타 형식을 통해 뉴스를 대중에게) 보도하다.
[名] 보도.

出行 [动] chū xíng 외지로 나가다. 출행하다.

过于* [副] guò yú (정도나 수량이) 지나치게. 너무.

虚弱* [形] xū ruò 1. (몸이) 허약(虛弱)하다. 약하다. 2. (국력, 경제력, 병력 등이) 약하다.

陪同 [动] péi tong (어떤 행사나 활동에) 수행하다. 함께 가다. 동행하다. 동반하다.

落成 [动] luò chéng (건축물이) 완공(完工)되다. 낙성(落成)되다.

团聚* [动] tuán jù 1. 한자리에 모이다(대개 가족관계에 있는 사람들이 헤어졌다 다시 만날 때 쓰임). 2. 단결하여 모이다. 결집(結集)하다.

晚宴 [名] wǎn yàn 저녁 연회.

作战 [动] zuò zhàn 전투하다. 전쟁하다. 전투를 치르다(주로 전쟁 중에 발생하는 국부적인 전투를 가리킴).

被俘 [动] bèi fú 포로가 되다. 포로로 잡히다.

自愿 [动] zì yuàn 자원하다. 스스로 원하다.

入伍 [动] rù wǔ 군대에 들어가다. 입대하다.

服役 [动] fú yì 1. 병역에 복무하다. 2. 무기 장비가 군용으로 사용되다(주로 교통 수단이나 시설 등으로 사용됨을 가리킴). 3. 옛날, 부역을 하다.

列 [动] liè 1. 배열하다. 2. (어떤 부류에) 끼우다. 올리다.

阵亡 [动] zhèn wáng 전사하다.

名单* [名] míng dān 명단. 리스트(list).

年近* [动] nián jìn ~의 나이, 연령에 가깝다.

不禁* [副] bù jīn 참지 못하게. 견디지 못하게. 자기도 모르게. 참을 수 없을 정도로.

老泪纵横 [成语] lǎo lèi zòng héng 노인의 슬픈 눈물이 하염없이 흐르다.

呼吁* [动] hū yù (원조, 지지, 동정 등을) 구하다. 호소하다.

施压 [动] shī yā 압력을 가하다. 압력을 주다.

放弃* [动] fàng qì (원래 있던 권리, 주장, 의견 등을) 포기하다.

媒体* [名] méi tǐ 매체. 매스컴.

紧密 [形] jǐn mì 1. 밀접하다. 긴밀하다. 2. 끊임없다. 잦다.

武器 [名] wǔ qì 무기.

别无选择 [成语] bié wú xuǎn zé 다른 선택이 없다. 선택의 여지가 없다.

给予 [动] jǐyǔ (상대방에게 어떤 물건이나 대우를) 주다. 베풀다.

谈判* [动] tán pàn (해결해야 할 중대한 문제에 대해) 대화하다. 담화하다. [名] 이야기. 내화(일반적으로 정치성을 띤 담화를 가리킴).

成果* [名] chéng guǒ (일이나 사업에서의) 성과. 결실.

一次性* [形] yí cì xìng 일회용의. 일회성의.

根本性［形］gēn běn xìng 근본성의.

解决*［动］jiě jué 1. 해결하다. 2. 없애다. 소멸시키다.

金刚山［专名］jīn gāng shān 금강산.

韩国联合通讯社［专名］hán guó lián hé tōng xùn shè 한국연합통신(YTN). 대한민국 24시간 실시간 뉴스 전문 방송국.

본문 단어 자세히 익히기

家属

가족. 가정에서 자신 이외의 구성원을 가리키는 말로, 흔히 "직원가족(职工家属)", "환자가족(病人家属)" 등의 말과 어울려 표현된다.

[예문1] 开学时, 学校请所有的职工和职工家属吃了一次饭。 개학 때 학교에서는 모든 직원과 직원가족들을 청해 회식을 한 번 했다.

• 중국에서는 기혼 남자가 자신의 아내를 일컬어 "家属"라 부르기도 한다.

[예문1] 老王指着身边的那位女士说:"给大家介绍一下吧, 这位是我的家属。" 왕 형은 옆의 그 여성을 가리키며, "여러분께 소개 드리지요, 이 분은 제 아내입니다."하고 말했다.

军事

(군대 또는 전쟁에 관련된 모든 사무로서) 군사(軍事). 흔히 "군사행동(军事行动)", "군사훈련(军事训练)", "군사기지(军事基地)", "군사통제(军事管制)" 등의 말과 어울려 표현된다.

[예문1] 近期, 缅甸经常发生军事冲突事件。 근래 미안마에서는 군사충돌 사건이 자주 발생한다.

[예문2] 一群军人驻扎在小村子旁边, 听说他们要进行军事学习。 한 무리의 군사가 작은 마을 옆에 주둔했는데, 듣자하니 군사 학습을 진행한다고 한다.

方案

1. 방안. 방식. 계획. 흔히 "업무방안(工作方案)", "교학방안(教学方案)", "시공계획(施工方案)" "~의 방안을 제정하다(制订……方案)"등의 말이나 문장과 어울려 표현된다.

[예문1] 洪大辰制定的工作方案非常好, 金主任对他非常满意。 홍대진이 만든 업무방안은 무척 좋아 김 주임도 그에게 무척 만족해한다.

[예문2] 施工方案没有被批准, 他们非常着急。 시공계획이 아직 비준이 나지 않아 그들은 무척 조급해한다.

2. (제정된) 법칙.

[예문1] 要想学好汉语, 就必须认真研究一番汉语拼音方案。 중국어를 마스터하려면, 반드시 한어병음방안을 진지하게 공부해야 한다.

报道

1. 동사로서 (신문, 잡지, 라디오, 텔레비전 또는 기타 형식을 통해 뉴스를 대중에게) 보도하다. 흔히 "소식을 보도하다(报道消息)", "뉴스를 보도하다(报道新闻)" 등의 말과 어울려 표현된다.

[예문1] 王记者在第一时间把这则消息报道给了国内观众。 왕 기자는 첫 번째 시간에 이 소식을 국내 관중에게 보도했다.

2. (명사로서) 보도.

[예문1] 今天早晨看报纸时, 一则关于伊郎核导弹的报道引起了他的注意。 오늘 아침 신문을 봤을 때 첫 번째 이란의 핵 유도탄에 관한 보도가 그의 주의를 끌었다.

过于

(정도나 수량이) 지나치게. 너무. "太"나 "非常"의 의미와 비슷하며, 흔히 "너무 지치다(过于劳累)", "지나치게 낙관적이다/비관적이다(过于乐观/悲观)", "지나치게 민감하다(过于敏感)", "너무 걱정하다(过于担心)" 등의 말과 어울려 표현된다.

[예문1] 张老师提醒他对未来的事情不要过于乐观。 장 선생님은 그에게 미래의 일에 대해 너무 낙관해서는 안된다고 일깨워주셨다.

[예문2] 医生告诉我们: 孩子发烧的时候, 不必过于担心。 의사 선생님은 우리에게 아이가 열이 날 때 지나치게 걱정할 필요 없다고 알려줬다.

虚弱

1. (몸이) 허약(虛弱)하다. 약하다. 흔히 "몸이 허약하다(身体虚弱)", "체질이 허약하다(体质虚弱)", "비위가 약하다(脾胃虚弱)", "극도로 허약하다(极度虚弱)" 등의 말과 어울려 표현된다.

[예문1] 手术以后, 他的身体虚弱不堪。 수술한 뒤 그의 몸은 몹시 허약해졌다.

[예문2] 医生提醒大家:脾胃虚弱的人应当注意保暖。 의사 선생님은 모두에게 비장과 위가 약한 사람은 보온에 주의해야 한다고 일깨워줬다.

2. (국력, 경제력, 병력 등이) 약하다. 흔히 "국력이 쇠약하다(国力虚弱)" 등의 말과 어울려 표현된다.

[예문1] 一场战争以后, 这个可怜的小国已是国力虚弱, 无力还击了。 한바탕 전쟁을 한 뒤 이 가련한 작은 나라는 이미 국력이 쇠약해져 반격할 힘이 없었다.

团聚

1. 한자리에 모이다. 가족관계에 있는 사람들이 헤어졌다 다시 만날 때 쓰이는 말로서 흔히 "온가족이 한자리에 모이다(全家团聚)" 같은 말과 어울려 표현된다.

[예문1] 自1970以来, 他们兄弟二人就再也没有见过面, 今天, 他们终于可以团聚了。 1970년 이래 그들 형제 두 사람은 더 이상 만나지 못했는데, 오늘 그들은 마침내 한자리에 모일 수 있게 됐다.

[예문2] 中秋节了, 洪大辰全家团聚在一起, 开开心心地吃月饼。 추석이 되어 홍대진의 온가족이 모처럼 한자리에 모여 즐겁게 월병을 먹었다.

2. 단결하여 모이다. 결집(結集)하다.

[예문1] 为了对抗政府, 新政党试图团聚更多的力量。 정부에 대항하기 위해 새로운 정당에서는 더욱 많은 역량을 결집하려 시도했다.

名单

명단. 리스트(list). 흔히 "수상자 명단(获奖名单)", "시합 참가자 명단(参赛名单)", "블랙리스트(黑名单)", "테러리스트(恐怖名单)" 등의 말과 어울려 표현된다.

[예문1] 主持人正在宣布获奖名单。 사회자는 지금 수상자 명단을 발표하고 있다.

[예문2] 几年前, 美国把伊朗列入恐怖主义国家名单, 遭到了伊朗的强烈反对。 몇 년 전, 미국은 이란을 테러국가 리스트에 포함시켜 이란의 강렬한 반대에 부딪쳤다.

年近

~의 나이, 연령에 가깝다. 주로 중년이나 노인의 연령상황을 묘사할 때 쓰인다.

[예문1] 我爷爷虽然年近8旬, 但身体仍然非常健康。 우리 할아버지는 연세가 팔순에 가깝지만 몸은 여전히 무척 건강하시다.

[예문2] 老王都是年近50的人了, 还整天像个孩子一样。 왕 형은 나이가 오십에 가까운데도 온종일 아이랑 똑같이 군다.

不禁

참지 못하게. 견디지 못하게. 자기도 모르게. 참을 수 없을 정도로.

[예문1] 当五星红旗冉冉升起的时候, 在场的留学生都不禁流下热泪。 오성홍기가 천천히 올라갈 때 현장에 있던 유학생은 뜨거운 눈물이 흘러내리는 것을 참지 못했다.

[예문2] 进球之后, 罗纳尔多不禁高呼起来。 골을 넣은 후 호나우두는 자기도 모르게 환호하기 시작했다.

呼吁

(원조, 지지, 동정 등을) 구하다. 호소하다. 흔히 "A가 B를 호소하다"라는 문장으로 표현하는데, 여기서 A는 호소하는 사람이고, B는 호소의 내용을 나타낸다.

[예문1] 为了募得更多的资金援助, 他们四处奔走呼吁。 더 많은 자금 원조를 모으기 위해 그들은 사방을 다니며 호소했다.

[예문2] 中央教会呼吁社会各位市民捐款救助这位可怜的孩子。 중앙교회에서는 사회의 시민들이 이 불쌍한 아이를 돕는 모금을 해달라고 호소했다.

- 이 단어는 대명사, 형용사 뒤에 놓여 명사의 성격을 띨 수 있다.

[예문1] 慈善组织听到记者的呼吁后, 决定援助那些可怜的孩子。 자선단체에서는 기자의 호소를 듣고 난 뒤 그 불쌍한 아이를 돕기로 결정했다.

[예문2] 慈善组织的呼吁, 引起了政府的重视。 자선단체의 호소는 정부의 중시를 이끌어냈다.

放弃

(원래 있던 권리, 주장, 의견 등을) 포기하다. 흔히 "시합을 포기하다(放弃比赛)", "기회를 포기하다(放弃机会)" 등의 말과 어울려 표현된다.

[예문1] 由于严重受伤, 刘翔不得不放弃了比赛。 심각한 부상 때문에 류샹은 시합을 포기하지 않을 수가 없었다.

[예문2] 因为没有钱, 她只好放弃了出国学习的机会。 돈이 없어서 그녀는 유학 갈 기회를 포기할 수밖에 없었다.

媒体

매체. 매스컴. 흔히 "뉴스 매스컴(新闻媒体)", "전파 매체(传播媒体)" 등의 말과 어울려 표현된다.

[예문1] 事件发生以后, 媒体迅速对此进行了报道。 사건이 발생한 뒤 매스컴은 신속하게 이에 대해 보도했다.

[예문2] 昨天的新闻发布会上, 众多媒体朋友针对这次事件提出了很多尖锐的问题。 어제 뉴스 기자회견에서 많은 매스컴 기자들이 이 사건에 대해 무척 날카로운 질문들을 제기했다.

谈判

1. (동사로서 해결해야 할 중대한 문제에 대해) 대화하다. 회담하다.
2. (명사로서) 대화. 회담. 담판. 흔히 "회담을 진행하다(进行谈判)", "평화회담(和平谈判)", "담판 결렬(谈判破裂)", "대화중단(中止谈判)", "담판 전문가(谈判专家)" 등의 말과 어울려 표현된다.

[예문1] 遇到的时候, 他们不得不坐下来重新谈判。 만났을 때 그들은 앉아서 다시 대화하지 않을 수 없었다.

[예문2] 歹徒绑架了一个小女孩, 警方只好请来谈判专家和歹徒进行谈判。 악당들이 한 여자아이를 납치했는데, 경찰에서는 담판 전문가를 청해 악당들과 대화를 할 수밖에 없었다.

- 이 단어는 대명사, 형용사 뒤에 놓여 명사의 성격을 띨 수 있다.

[예문1] 双方的谈判没有取得任何进展，只好中止了。 쌍방의 회담은 아무런 진전도 없이 중단될 수밖에 없었다.

[예문2] 双方一坐下来，就开始了紧张、激烈的谈判。 쌍방은 자리에 앉자마자 긴장되고 격렬한 담판이 시작됐다.

成果

(일이나 사업에서의) 성과. 결실. 흔히 "성과가 풍부하다(成果丰硕)", "노동성과(劳动成果)", "연구성과(研究成果)" 등의 말이나 "~한 성과를 얻다/거두다(获得/取得/收获……成果)" 등의 문장과 어울려 표현될 수 있다.

[예문1] 近期，科学家们在军事研究领域取得了累累硕果。 근래에 과학가들은 군사 연구 분야에 있어 많은 성과를 거뒀다.

[예문2] 劳动了半年，农民们终于可以收获他们的劳动了。 반 년 동안 노동해서 농민들은 마침내 그들 노동의 수확을 거둘 수 있었다.

一次性

일회용의. 일회성의. 흔히 "일회용 젓가락(一次性筷子)", "일회용 도시락(一次性饭盒)", "일회용 종이컵(一次性纸杯)" 등의 말과 어울려 표현된다.

[예문1] 现代社会，一次性产品越来越多了，甚至出现了一次性帽子、一次性相机等产品。 현대사회에는 일회성 상품이 갈수록 많아져 심지어 일회용 모자, 일회용 카메라 등 상품도 나왔다.

[예문2] 政府决定一次性补助每户拆迁居民70万元。 정부에서는 철거 이주하는 주민의 한 가구당 70만 위안씩 일회성의 보조를 하기로 결정했다.

解决

해결하다. 흔히 "문제를 해결하다(解决问题)", "어려움을 해결하다(解决困难)", "모순을 해결하다(解决矛盾)" 등의 말과 어울려 표현된다.

[예문1] 金部长劝大家坐下来，通过谈判解决问题。 김 부장은 모두한테 앉아서 이야기를 통

해 문제를 해결하자고 권유했다.

[예문2] 大家好好努力, 争取早日解决困难! 여러분 모두 노력해서 조속히 어려움을 해결하도록 합시다!

본문 문장구조 익히기

1. 首先……, 然后…… 우선 ~하고, 다음에 ~하다.

首先是两个小时会面, 然后是欢迎晚宴。 우선 두 시간을 면회한 뒤에 환영만찬이 있었다.

- 이 문장구조는 두 개의 동작 혹은 두 개의 일을 시간 순서에 있어 먼저와 나중을 나타낸다.

[예문1] 洪大辰回到家以后, 首先做完了家庭作业, 然后帮妈妈收拾家务。 홍대진은 집에 온 후에 먼저 숙제를 다 하고서 엄마를 도와 청소를 했다.

[예문2] 有个笑话说:想要把大象放进冰箱, 一共分三步:首先, 把冰箱门打开;然后, 把大象放进去;最后, 把冰箱门关上! 우스갯소리로 코끼리를 냉장고에 넣으려면 세 단계로 나뉘는데, 먼저 냉장고 문을 열고, 다음에 코끼리를 집어넣은 뒤 마지막에 냉장고 문을 닫는다고 한다!

2. 除了……外别无选择 ~하는 것 말고는 다른 선택의 여지가 없다.

使朝鲜除了放弃所有核武器外别无选择。 북한으로 하여금 모든 핵무기를 포기하는 것 말고는 다른 선택의 여지가 없다는 것을 알게 한다.

- 이 문장구조는 A를 받아들이는 것 말고는 다른 선택의 여지가 없음을 의미한 것으로 여기서 A는 사람, 물체 또는 일이 될 수 있다.

[예문1] 当时, 她除了洪大辰之外别无选择, 只能和他结婚了。 당시에 그녀는 홍대진 외에는 별다른 선택의 여지가 없어 그와 결혼할 수밖에 없었다.

[예문2] 除了做萝卜汤外他别无选择了, 因为冰箱里只有萝卜了。 냉장고에 무 밖에 없어 무국 만드는 것 외에 그는 별다른 선택의 여지가 없었다.

伊朗发射数枚短程导弹

이란, 단거리 미사일 발사 성공

伊朗伊斯兰革命卫队27日在军事演习中成功测试多导弹发射系统，发射数枚短程导弹。这场军演适逢伊朗同西方就本国第二处铀浓缩厂大打口水战之时。

伊朗新闻电视台援引革命卫队空军司令萨拉米的话说，革命卫队当天首次测试一种能够同时发射数枚导弹的多导弹发射系统，获得圆满成功。报道说，该系统发射数枚导弹均成功击中虚拟目标。发射的导弹包括伊朗自制的地对地和舰对舰短程导弹。

萨拉米说，当天演习的目的是评估伊朗近来在导弹发射技术上获得的进步。革命卫队还将于28日试射伊朗自制的“流星—3”型中程弹道导弹。

伊朗伊斯兰革命卫队当天开始举行代号为“神圣先知4”的军事演习。萨拉米26日说，此次军演是为了提高革命卫队的防御能力。

伊朗方面说第二处铀浓缩厂是对西方国家"一记重击"，西方国家则就伊核问题继续向伊朗施压。

伊朗本月21日致函国际原子能机构，告知他们伊朗正在建造第二个铀浓缩厂，激起美、英、法等西方国家对伊朗核问题的新一轮指责。

美国和以色列从未排除武力解决伊朗核问题的可能性。

《京华日报》2009年9月28日

본문 단어 익히기

发射 [动] fā shè (총알, 포탄, 미사일, 전파, 인공위성 등을) 발사하다.

枚 [量] méi (몇) 개, (몇) 매, (몇) 장

短程 [形] duǎn chéng 짧은 거리의. 단거리(短距離)의.

导弹 [名] dǎo dàn 유도탄. 미사일.

演习 [动] yǎn xí 훈련하다. 연습하다(주로 군사적 방면에 쓰임).

测试* [动] cè shì 1. (기계, 기구, 전기 등의 성능과 정밀도를) 테스트하다. 점검하다. 2. (사람의 지식이나 기능 등을) 점검하다. 측정하다. 체크하다. 테스트하다.

军演 [动] jūn yǎn 군사훈련.

适逢 [动] shì féng 마침 ~를 만나다. 우연히 ~를 만나다.

本 [代] běn 1. 자기 쪽의. 2. 지금의. 현재의.

铀 [名] yóu 우라늄(uranium). 우란(Uran).

浓缩 [动] nóng suō 농축하다.

口水战 [名] kǒu shuǐ zhàn 설전(舌戰).

援引 [动] yuán yǐn 1.(다른 사람의 글이나 말 등을) 끌어다 쓰다. 인용하다. 2. 등용하다. 발탁하다. 추천하다.

司令 [名] sī lìng 사령. 사령관.

均* [副] jūn 모두. 다. 전부.

击 [动] jī 치다. 때리다. 두드리다. 공격하다.

虚拟* [形] xū nǐ 허구적인. 가상적인.

自制 [动] zì zhì 1. 스스로 만들다. 자제하다. 자작하다. 2. (감정이나 욕망 등을) 스스로 억제하다. 억누

르다. 자제(自制)하다.

对 [动] duì 향하다. 겨누다. 마주하다.

评估* [动] píng gū (사람이나 사물 등을) 평가하다. 감정(鑑定)하다.

试射 [动] shì shè (총포, 미사일, 위성, 우주선 등을) 시험 사격하다. 시험 발사하다.

型 [名] xíng 유형(類型).

中程 [形] zhōng chéng 중거리.

弹道 [名] dàn dào 탄도(彈道)(탄두가 발사된 후 목표물에 도착할 때까지 그리는 선).

代号* [名] dài hào 코드명. 부호. 약호.

神圣 [形] shén shèng 신성(神聖)하다. 거룩하다. 위대하고 훌륭하다. 성스럽다.

先知 [名] xiān zhī 선각자.

防御 [动] fáng yù 방어하다.

记 [量] jì 몇몇 동작의 횟수를 세는 데 쓰임.

致函 [动] zhì hán (상대방에게) 편지를 보내다.

激 [动] jī 흥분시키다. 감정을 자극하다.

轮 [量] lún 붉은 해나 밝은 달을 세는 데 쓰는 단위.

指责* [动] zhǐ zé (실수나 허물 등을 들추어내) 탓하다. 꾸짖다. 나무라다. 비난하다. 지적하다. 책망하다.

从未* [副] cóng wèi 여태 ~하지 않다. 지금까지 ~하지 않다.

排除* [动] pái chú 없애다. 제거하다. 배제하다. 제외하다.

武力* [名] wǔ lì 무력. 군사력. 실력.

伊朗伊斯兰革命卫队 [专名] yī lǎng yī sī lán gé mìng wèi duì 이란 이슬람 혁명수비대.

流星—3 [专名] liú xīng —3 음속 3배 탄도 미사일.

国际原子能机 [专名] guó jì yuán zǐ néng jī 국제원자력기구(IAEA).

본문 단어 자세히 익히기

测试

1. (기계, 기구, 전기 등의 성능과 정밀도를) 테스트하다. 점검하다. 흔히 "~의 성능을 테스트하다(测试……性能)", "~의 정확도를 측정하다(测试……准确度)" 등의 문장과 어울려 표현된다.

   [예문1] 金研究员强调我们一定要对每一台机器的性能进行严格测试。 김 연구원은 우리에게 각 기기마다 성능에 대한 엄격한 테스트를 반드시 해야 한다고 강조했다.

2. (사람의 지식이나 기능 등을) 점검하다. 측정하다. 체크하다. 테스트하다. 흔히 "심리 테스트(心理测试)", "건강 체크(健康测试)" 등의 말과 어울려 표현된다.

[예문1] 洪大辰进行了一次心理测试, 结果显示他非常健康。 홍대진은 심리 테스트를 한 차례 했는데, 결과가 매우 건강하다고 나왔다.

均

모두. 다. 전부. 서면어로서 "都"와 "全部"의 의미와 같다. 흔히 "~는 이미 모두 ~했다(……均已(经)……)", "~는 아직 모두 ~했다(……均未……)" 등의 문장과 어울려 표현된다.

[예문1] 洪大辰向社长汇报说: 各项工作均已准备完毕。 홍대진은 사장에게 각 업무마다 이미 준비를 다 마쳤다고 보고했다.

[예문2] 洪大辰进入会场后发现: 社长等高层领导均未到场, 心里觉得十分奇怪。 홍대진은 회의장에 들어가서 사장을 비롯한 고위급 지도자들이 아직 모두 도착하지 않은 것을 보고는 참 이상하다고 생각했다.

虚拟

1. (형용사로서) 허구적인. 가상적인. 흔히 "가상의 세계(虚拟世界)", "아바타(虚拟化身)" 등의 말과 어울려 표현된다.

[예문1] 很多年轻人都沉迷于网络游戏的虚拟世界, 不能自拔。 많은 젊은이들은 인터넷 게임의 가상적인 세계에 깊이 빠져 스스로 헤어나지 못한다.

2. (동사로서) 꾸며내다. 날조하다.

[예문1] 小说中的人物都是作者虚拟出来的。 소설 속의 인물은 모두 작자가 꾸며낸 것이다.

[예문2] 科学家们通过电子技术虚拟了未来的战争场面。 과학자들은 전자기술을 통해 미래의 전쟁장면을 꾸며냈다.

评估

(사람이나 사물 등을) 평가하다. 감정(鑑定)하다. 흔히 "~을 평가하다(进行评估)", "자산을 감정하다(资产评估)", "의견을 평가하다(评估意见)" 등의 말과 어울려 표현된다.

[예문1] 每年, 教育部都会组织人员对一些高校进行教学评估, 这引起了很多人的反感。 매 해마다 교육부는 인원을 조직해 일부 고등교육기관에 대한 교학을 평가하는데, 이는 많은 이들의 반감을 불러 일으켰다.

[예문2] 教育部给了他们最新的评估意见, 可是他们并没有执行。 교육부는 그들에게 최근의 의견을 평가한 것을 줬지만, 그들은 결코 집행하지 않았다.

- 이 단어는 대명사, 형용사 뒤에 놓여 명사의 성격을 띨 수 있다.

[예문1] 教育部的评估让很多高校感厌烦。 교육부의 평가는 많은 고등교육기관으로 하여금 혐오감을 자아냈다.

[예문2] 政府对这家公司的财产进行了仔细的评估。 정부는 이 회사의 자산에 대해 자세한 감정을 했다.

代号

코드명. 부호. 약호. 흔히 "비밀코드명(秘密代号)", "국가번호(国家代号)", "지역번호(地区代号)" 등의 말과 어울려 표현된다.

[예문1] 作为一名特务, 他常年居住在国外, 我们只知道他的代号是007。 한 특수 임무자로서 그는 항상 국외에 거주하는데, 우리는 그의 코드명이 007이란 것만 알 뿐이다.

[예문2] 往中国拨打国际长途时, 请记得加上国家代号0086。 중국으로 국제전화를 걸 때에는 국가번호 0086 붙이는 것을 기억하세요.

指责

(실수나 허물 등을 들추어내) 탓하다. 꾸짖다. 나무라다. 비난하다. 지적하다. 책망하다. 흔히 "A가 B를 꾸짖는다"라는 문장으로 표현하는데, 여기서 A는 꾸짖는 주체를 나타내며 B는 질책 당하는 대상 혹은 내용 등을 나타낸다.

[예문1] 中秋节的时候, 洪大辰没有去看望奶奶, 爸爸因此狠狠地指责了他。 추석 때 홍대진은 할머니를 찾아뵙지 않아서 아버지는 이 때문에 그를 매섭게 나무랐다.

[예문2] 大家纷纷指责洪大辰没有在中秋节那天去看望爷爷奶奶。 모두들 홍대진이 추석날 때 할아버지, 할머니를 찾아뵙지 않은 것을 잇달아 나무랐다.

• 이 단어는 대명사, 형용사 뒤에 놓여 명사의 성격을 띨 수 있다.

[예문1] 爸爸的指责让洪大辰非常惭愧。 아빠의 질책이 홍대진으로 하여금 무척 부끄럽게 했다.

[예문2] 洪大辰的行为受到了大家严厉的指责。 홍대진의 행위는 모두의 호된 비판을 받았다.

从未

여태 ~하지 않다. 지금까지 ~하지 않다.

[예문1] 洪大辰已经28岁了, 可他从未去过首尔。 홍대진은 28살이 되도록 여태 서울도 안 가봤다.

[예문2] 洪大辰从未用过二手产品。 홍대진은 지금껏 중고품을 써본 적이 없다.

排除

없애다. 제거하다. 배제하다. 제외하다. 흔히 "어려움을 없애다(排除困难)", "온갖 어려움을 없애다(排除万难)", "위험한 상황을 제거하다(排除险情)" 등의 말과 어울려 표현된다.

[예문1] 张团长希望大家能够尽快排除困难, 度过难关。 장 단장은 모두가 가능한 빨리 어려움을 없애고 난관을 건널 수 있기를 바랬다.

[예문2] 消防队迅速排除了险情, 大家总算放心了。 소방대는 신속히 위험한 상황을 제거해서 결국엔 모두 안심했다.

武力

무력. 군사력. 실력. 흔히 "무력을 동원하다(运用/动用武力)", "군사력을 강화하다(加强武力)" 등의 말과 어울려 표현된다.

[예문1] 为了平息动乱, 政府动用了武力。 난동을 진정시키기 위해 정부는 무력을 동원했다.

[예문2] 为了对抗政府, 反对派正在加强武力。 정부에 대항하기 위해 반대파는 지금 실력을 강화하고 있다.

본문 문장구조 익히기

1. 就……问题…… ~의 문제에 대해 ~하다.

西方国家则就伊核问题继续向伊朗施压。 서방 국가에서는 즉각적으로 이란의 핵문제에 대해 계속 이란에게 압력을 가했다.

- 이 문장구조는 "就A问题B"의 문형으로, A는 목표, 대상, 문제에 관한 것이고, B는 A에 상응해 취한 행위를 나타낸다.

[예문1] 王教授就考试问题回答了学生们的提问。 왕 교수는 시험 문제에 대한 학생들의 질문에 대답했다.

[예문2] 职工们就工资改革问题进行了热烈的讨论。 직원들은 임금 개혁문제에 대해 뜨거운 토론을 벌였다.

2. 排除……可能性 ~할 가능성을 배제하다.

美国和以色列从未排除武力解决伊朗核问题的可能性。 미국과 이스라엘은 지금까지 이란의 핵문제를 무력으로 해결할 가능성도 배제하지 않고 있다.

- 이 문장구조는 어떤 일이 일어날 가능성 또는 개연성을 부정한 것으로, "不存在……的可能性" 또는 "不可能发生……"의 의미와 같다.

[예문1] 警察在房间里发现了一具尸体, 但已经排除了死者自杀的可能性。 경찰은 방에서 시체 한 구를 발견했지만 죽은 자가 자살했을 가능성은 이미 배제했다.

[예문2] 这件事情不排除有造假的可能性。 이 일은 거짓으로 꾸몄을 가능성도 배제하지 않고 있다.

종합연습 [练习]

Ⅰ. 다음 빈칸에 들어갈 알맞은 단어를 고르시오.

1. 王工程师的施工_____居然没有被批准。

A.条件　　B.阴谋　　C.理想　　D.方案

2. 因为家里经济条件不好，洪大辰只好_____了自己的理想，外出打工。

A.抛弃　　B.扔掉　　C.放弃　　D.后悔

3. 家里已经没有一分钱了，除了变卖房子_____，他别无选择。

A.之外　　B.之后　　C.之内　　D.以后

4. 除了洪大辰，其他人_____已完成任务。

A.没有　　B.均　　C.有的　　D.个别

5. 虽然当时洪大辰并不在现场，但我们也不能_____他和这件事情毫无关系。

A.否定　　B.排除　　C.忽视　　D.肯定

6. 专家们_____这个问题，进行了热烈的讨论。

A.就　　B.关于　　C.由于　　D.面对

Ⅱ. 다음 질문에 간단하게 답하시오.

1. 事实上，有多少韩国人参加了这次见面会?
2. 从课文中可以看出，伊朗和西方国家争论的一个焦点问题是什么?
3. 从课文可以推断，美国、以色列可能会对伊朗采取什么行动?

Ⅲ. 다음 주제에 대하여 중국어로 토론하시오.

1. 您认为韩国应当如何从根本上解决韩、朝对立问题?
2. 您对伊斯兰教及伊斯兰国家有何认识?

민족혼(民族魂)을 만나다 상하이 루쉰(魯迅)공원

상하이 중국의 문호 루쉰동상

하늘을 찌를 듯한 마천루로 뒤덮힌 푸둥(浦東)금융가, 상하이 인근 도시에 무수히 흩어진 공장들, 양쯔강과 태평양으로 이어지는 물류 네트워크…… 상하이는 확실히 중국의 미래 발전을 대표하는 중심도시이다. 그러나 그 발전의 시초는 아이러니하게도 19세기 중엽 서구 열강에 굴복해 조차지(租借地)가 설립되면서 '개와 중국인은 출입금지'라는 치욕스런 푯말이 꽂힌 뒤부터였다. 중국 땅이면서도 중국 땅이 아닌 이곳에서 서구 열강들은 치외법권을 비롯한 온갖 혜택을 누렸고, 구미제국과의 무역을 위한 개항장(開港場)이 되면서 이곳은 상공업 도시로 급속히 발전해 중국의 제1도시로 성장하였다. 그리고 한편 서구 열강의 조차지였던 탓에 망명가나 반정부 인사들이 활동하기에도 좋아 이때 대한민국의 많은 독립 운동가들이 이곳을 거점으로 삼았다. 약대국(弱大國)의 수모를 고스란히 떠안으면서도 공산당의 '성지(聖地)', 독립운동의 요람으로서 수많은 역사의 현장이 숨어있는 이곳, 상하이를 찾았다.

대한민국 국민이라면 한 번쯤은 꼭 들러봐야 할 두 곳, 상하이 임시정부청사와 루쉰공원을 찾았다. 한중수교 이후 꾸준히 찾아든 관광객과 상하이 총영사관의 복원 노력 덕분에 지금은 찾기 쉽고 새로이 단장된 모습이지만, 원래는 도로 옆에 위치한데다 낡은 목조건물이어서 언뜻 보면 쉽게 지나쳐버릴 수도 있을 만큼 작고 초라했다. 먼저 1층 시청각실에서 당시 임시정부를 소개한 영상물을 본 뒤 청사 안에 마련된 집무실, 침실, 부엌 등 당시 김구 선생이 집무하던 모습을 재현한 전시물을 둘러보았다. 무엇보다 인상 깊었던 것은 현관에 임정 요원들의 사진과 함께 누렇게 색이 바랜 채 걸려있는 태극기였다. 뜻을 함께 한 독립운동가의 수는 갈수록 줄어들고 찾아오는 이라고는 경찰과 세금 독촉하러 오는 사람뿐이었던 당시, 그래도 열악한 현실을 버티게 한 건 언젠가 바깥에 당당히 걸 날이 올 것이라 믿었던 그 태극기였으리라. 새삼 우리가 되찾

상하이 윤봉길 의사 매정

상하이 윤봉길 의사

상하이 대한민국 임시정부 유적지

은 나라의 소중함을 느끼게 해준다. 임시정부 청사를 나와 근처 카페거리를 들렀다. 한때 프랑스 조계지였던 이 지역 주변에는 프랑스풍의 건물과 카페가 들어서 있어 자못 화려한 느낌을 준다. 한 노천카페에 앉아 커피를 마시며 아픈 역사의 기억 저편에 첨단 자본주의 사회로 줄달음치는 상하이의 오늘을 생각했다. 상하이는 그렇게 화려한 국제도시 명성 속에 역사의 아이러니를 머금은 채 과거와 현재가 뒤엉켜 있다.

지하철을 타고 훙커우(虹口)축구장에서 내려 도보로 약 10분쯤 걸어 루쉰공원을 찾았다. 중국의 문호 루쉰을 기념해 붙힌 이 공원의 옛 이름은 훙커우공원으로, 바로 윤봉길 의사가 의거한 곳이다. "장부가 집을 떠나면 살아서 돌아가지 않는다"는 비장한 결의로 대한독립을 위해 폭탄을 던지고 장렬하게 산화한 곳. "밤하늘 찬별에 부치는 이 마음, 그대 알아주지 못해도 나의 붉은 피 내 사랑하는 조국에 바치리라"며, 나락에 떨어져 잠든 영혼을 흔들어 깨운 루쉰의 숨결이 배인 곳이다. 공원 안 큰 연못 옆에 윤봉길 의사의 의거를 기념한 작은 기념관, 매정(梅亭)으로 갔다. 의거를 새긴 기념석 뒤로 한옥 양식으로 지어진 이 기념관에는 그의 흉상과 함께 출생에서부터 의거 때까지의 활동상, 이후 독립운동에 끼친 영향을 소개하는 전시물들이 그의 사진과 나란히 걸려있다. 한 손에 수류탄, 또 한 손에는 한인애국단 가입선언서를 든 윤의사의 사진이 인상적이기도 했지만, 무엇보다 그가 의거 실행에 앞서 "이제 전 새 시계가 필요 없으니 바꿔 차시죠"하며 김구 선생과 바꿔 찼다는 그 시계가 마치 당시 결의에 찬 그의 모습을 보는 듯 했다. 이 의거는 일본의 중국침략 이후 날로 약해가던 우리나라의 독립운동에 확실히 큰 활기를 불어넣어 주었다. 일본의 공격으로부터 수세에 몰렸던 중국정부도 이 의거를 계기로 우리 임시정부에 대한 인식을 바꾸게 된다. 이후 그들이 임시정부를 후대하며 피난시기 내내 원조를 아끼지 않았음은 물론이다. 바로 한 청년이 역사적 전환점을 만든 것이다.

매정을 나와 루쉰이 묻힌 묘소로 갔다. 묘소 입구 중앙에 자리한 루쉰 동상. 그는 앉은 자세로 왼손엔 책을 들고 뭔가를 생각하면서 말해주고픈 표정으로 있다. 그의 동상 뒤편으로 묘소가 안장되어 있고, 그 묘를 막아주고 있는 벽면 상단의 석재에는 '루쉰선생 묘소'란 황금색 바탕의 휘호가 새겨져 있다. 이 글씨는 마오쩌둥(毛澤東)의 친필로 그는 일찍이 "루쉰은 위대한 문학가일 뿐 아니라, 위대한 사상가이자 혁명가이다. 그의 방향은 중화민족의 신문화의 방향이다"라고 극찬한 바 있다. 이 말은 마오쩌둥 집권 시절 바이블처럼 받들어졌던 『신민주주의론』가운데 일절에 수록될 만큼 그의 영향력은 막대한 것이었다. 그의 묘소 주위로 널찍하게 포장된 대리석은 단순하지만 정중하게 모셔진 느낌을 준다. 그의 묘소 오른쪽에 위치한 루쉰기념관으로 갔다. 이 기념관의 입구와 지붕은 루쉰의 고향인 샤오싱(紹興)의 건축양식에 따라 지어졌다. 기념관에는 그의 친필원고와 소장하던 책, 그리고 그의 생활상을 보여주는 진열관이 있다. 또한 그의 유품과 사진, 기록 서류 등이 꼼꼼히 잘 정돈되어 있어 중국 최고 문호로서의 위상을 충분히 실감케 한다. 무엇보다 인상적인 것은 각 나라별 수십 종의 언어로 번역되어 출판된 그의 원고였다. 루쉰의 글에 대한 해외의 관심도가 그만큼 높구나 하는 감탄보다는 오늘까지도 세상에 얼마나 많은 사람의 의식을 깨우쳐주고 있을까하는 생각이 더 앞섰기 때문이었다. "희망이란 있다고도 할 수 없고, 없다고도 할 수 없다. 그것은 땅 위의 길과 같은 것이다. 원래 땅 위에는 길이 없었다. 걸어다니는 사람이 많아지면 그게 곧 길이 되는 것이다." 암흑과 절망이 깊어갈수록 더욱 희망을 갈구하며 숨을 거둘 때까지 그 희망을 문학이란 길에서 찾고자 끊임없이 걸었던 루쉰이 있기에 많은 사람들은 오늘도 보다 밝은 미래를 꿈꾸는 것이 아닐까? 문득 『쇼생크 탈출』영화의 마지막 대

상하이 루쉰기념관

목에서 주인공 앤디가 그의 친구 레드에게 남긴 편지에 "희망은 좋은 거예요. 어쩌면 좋은 것 중에서 가장 좋은 것일지도 모르죠. 그리고, 좋은 것은 사라지지 않는거죠" 라고 말한 장면이 생각났다.

기념관을 나와 루쉰 묘소를 다시 마주보며 풀밭에 앉았다. 도시의 허파 역할을 할 만큼 수많은 나무가 우거져 녹색 조경이 잘 조성된 이 공원은 노인들의 태극권 수련과 산보 장소로 가장 알맞은 장소이다. 평일 오후 한적한 느낌이 드는 가운데서 중국인이 사랑하는 이 문호의 동상이 있는 자리가 바로 윤봉길 의사가 일본군 수뇌부에 폭탄을 투척한 역사적인 자리였다는 사실을 애써 떠올렸다. 한 사람은 "부모의 사랑보다 형제의 사랑보다 처자의 사랑보다 더 강렬한 조국의 사랑"을 갖고 청년 시절 농촌운동과 야학운동 등을 뒤로 한 채 의거로써 짧은 생을 마감했고, 또 한 사람은 미래는 "진정한 사람들만의 세상"이 되어야 한다며 "아이들을 구하라" 외치면서 잠든 영혼을 깨우는데 필생을 바쳤다. 루쉰이 세상을 떠난 후 중국인은 '민족혼'이란 최고의 찬사로 매년 그를 추모하고 기념하고 있다. 누구보다도 조국을 뜨겁게 사랑했던 두 '민족혼'을 품은 루쉰공원은 오늘도 평온한 일상 속에 시민들의 휴식공간으로, 또 역사적인 장소로서 두 '민족혼'을 기억하고 찾아온 사람들을 맞이하고 있다.

06

문화관광레저 文化旅游

体验海南美丽乡村

아름다운 향촌 하이난을 체험해보세요

阳澄湖旅游打“体验牌”增添休闲乐趣

양청후 여행사가 추천한 ‘체험 티켓’으로 레저의 재미를 더해보세요

体验海南美丽乡村

아름다운 향촌 하이난을 체험해보세요

“这里不仅比图片上印的还要美丽，而且比很多景区还热闹，真是出乎意料！”10月2日，从广西自驾而来的陈先生一家，一大早就到了被誉为“海南最美的乡村”的海口龙鳞村，没想到这个小小乡村早已被慕名而来的游人挤得满满当当。

今年国庆黄金周，海口主推乡村游，生态徒步运动休闲游、农家乐自助游、渔家乐自助游等乡村生态游热点旅游线路，吸引了大批游客前往乡村。

“太火了，一天接待的游客超过200人次，又创下一个新纪录！”唐吉是三门坡镇龙马村委会团支部书记，也是龙鳞村的“旅游总管”。从大清早开始，他的手机就一直响个不停，不断有游客向他咨询或是提前预订餐饮。晚上，还有10多位游客选择在龙鳞村的农家小院住宿。

10月2日，专门经营“海口一日游”的海口万众旅游发展公司安排了近20位游客体验海口文明生态村。10月4日，近20位海口游客也参加了当天的乡村旅游。万众公司董事长郭炬表示，在旅游越来越崇尚个性化和多元化的时代，有越来越多的城市游客对乡村的生态、文化等产生兴趣，风景如画的文明生态村成为人们回归自然、放飞心情的好去处。

《中国旅游报》2009年10月9日

본문 단어 익히기

印 [动] yìn (흔적을) 남기다. (글이나 그림 등을 종이나 기물(器物) 위에 남기는 것을 가리킴.)

出乎意料 [成语] chū hū yì liào (사물의 좋고 나쁨, 상황의 변화, 수량의 많고 적음 등이 사람들의) 예상을 뛰어넘다. 예상 밖이다.

自驾 [动] zì jià 스스로 (차, 기관차, 기선, 비행기 등을) 운전하다. 조종하다. 몰다.

一大早 [名] yī dà zǎo 이른 아침.

乡村 [名] xiāng cūn 향촌. 농촌. 시골.

慕名而来 [成语] mù míng ér lái 명성을 듣고 오다.

游人 [名] yóu rén 관광객. 여행객.

挤* [动] jǐ 1. (사람이나 물건이) 빽빽하게 들어차다. 차다. 채우다. 비집다. (어떤 사람, 물건, 일이) 같은 시간대에 집중되다. 2. (혼잡한 곳에서 몸으로) 밀치다. 비집다. 3. 짜다. 4. 배척하다. 배제하다.

满满当当 [形] mǎn mǎn dāng dāng 가득하다.

主推 [动] zhǔ tuī 주로 ~을 추천하다.

生态 [名] shēng tài 생태.

徒步 [动] tú bù 도보하다.

休闲* [动] xiū xián 한가롭게 보내다. 한가로이 지내다. 휴식하다.

农家 [名] nóng jiā 농가.

自助* [动] zì zhù 스스로 돕다. 셀프서비스(self service).

渔家 [名] yú jiā 어부. 어민.

热点* [名] rè diǎn (어떤 시기에 사람들의) 주목을 끄는 것. 주목을 끄는 문제.

线路 [名] xiàn lù 레일(rail). 선로. 궤도. 노선.

批［量］pī 대량의 물건이나 다수의 사람을 세는데 쓰는 단위.

火［形］huǒ 번창하다. 흥성하다.

接待［动］jiē dài 접대하다. 응접하다. 대접하다.

纪录［名］jì lù 기록.

支部［名］zhī bù 지부(중국 공산당의 말단조직)

书记［名］shū jì 서기(書記) (공산당·공산청년단 등의 각 조직에서의 주요책임자)

总管［名］zǒng guǎn 총책. 총책임자. 총지배인.

响［动］xiǎng (소리가) 울리다. 나다. (소리를) 내다.

不断［副］bù duàn 끊임없이. 부단히. 늘.

咨询*［动］zī xún 자문하다. 컨설팅(consulting)하다. 자문을 구하다.

提前*［动］tí qián (예정된 시간이나 기한을) 앞당기다.

预订*［动］yù dìng 예약하다.

餐饮［名］cān yǐn (식당, 음식점, 주점에서의) 음식 판매. 요식(料食).

住宿［动］zhù sù 묵다. 숙박하다.

专门*［副］zhuān mén 특별히. 오로지. 오직.

经营*［动］jīng yíng 경영하다. 계획하고 운영하다. 계획하고 조직하다.

崇尚［动］chóng shàng 숭상하다. 존중하다.

个性化［形］gè xìng huà 개성화된. 개별화된.

多元［形］duō yuán huà 다양한. 다원적. 다원의.

兴趣［名］xìng qù (흥을 느끼는) 재미. 흥미(興味). 흥취(興趣).

风景如画 fēng jǐng rú huà 그림 같은 풍경.

回归［动］huí guī 회귀(回歸)하다. (원래의 곳으로) 돌아가다.

去处*［名］qù chù 1. 가는 곳. 행선지. 2. 곳. 지역. 장소.

海南［专名］hǎi nán 하이난(중국 최남단 지역에 위치한 하와이와 위도가 같은 열대 유명 관광레저 풍경구역으로 '동양의 하와이'란 명성이 있다)

广西［专名］guǎng xī 광시.

黄金周［专名］huáng jīn zhōu 황금휴가주. 중국의 3대 황금휴가로, 설날, 노동절, 국경절을 가리킨다.

海口［专名］hǎi kǒu 하이커우. 하이난성의 성회(省会).

挤

1. (사람이나 물건이) 빽빽하게 들어차다. 차다. 채우다. 비집다.

[예문1] 每天早晨, 他都要挤公车去上班。 매일 아침마다 그는 공중버스 인파를 비집고 출근한다.

[예문2] 现场的人太多了, 我怎么挤也挤不进去。 현장에 사람이 너무 많아 아무리 비집고 들어가려 해도 안된다.

2. (어떤 사람, 물건, 일이) 같은 시간대에 몰리다, 집중되다.

[예문1] 现场的人太多了, 人都挤成一团了。 현장에 사람이 너무 많아 사람들이 완전 한 무리가 됐다.

[예문2] 最近太忙, 很多事情都挤在一块儿了。 요즘 너무 바빠서 많은 일들이 모두 한 곳에 몰렸다.

3. 짜다. 흔히 "치약을 짜다(挤牙膏)", "우유를 짜다(挤牛奶)" 등의 말과 어울려 표현된다.

[예문1] 家里太穷了, 洪大辰刷牙的时候都舍不得用力挤牙膏。 집이 너무 가난해 홍대진은 이를 닦을 때도 치약이 아까워 세게 짜지 못한다.

休闲

한가롭게 보내다. 한가로이 지내다. 휴식하다.

- 이 단어는 명사 앞에 놓여 형용사의 성격을 지닐 수도 있다. 흔히 "캐주얼 복장(休闲装)", "캐주얼 신발(休闲鞋)", "레저 오락(休闲娱乐)" 등의 말과 어울려 표현된다.

[예문1] 哟, 小王, 你的这身衣服很休闲啊! 와, 왕 군, 너 이 옷 참 캐주얼하구나!

[예문2] 他这个人很古怪, 从来不进休闲娱乐场所。 그라는 사람은 참 이상하게도 여태껏 레저 오락 장소도 안 가봤다.

自助

스스로 돕다. 셀프서비스(self service). 흔히 "뷔페(自助餐)", "셀프 관광(自助(旅)游)" 등의 말과 어울려 표현된다.

[예문1] 上周, 公司组织了一次自助游, 可惜我有事, 没能去。 지난 주 회사에서 셀프 관광을 조

직했는데, 아쉽게도 난 일이 있어 가지 못했다.

[예문2] 自助餐厅里面所有的活动都需要自助。 뷔페 식당 안에 모든 활동은 셀프 서비스이다.

热点

(어떤 시기에 사람들의) 주목을 끄는 것. 주목을 끄는 문제. 관심거리. 핫이슈(hot issue). 흔히 “여행 관심거리(旅游热点)”, “소비 관심거리(消费热点)”, “사회 관심사(社会热点)” 등의 말과 어울려 표현된다.

[예문1] 最近, 杭州成为旅游的热点。 최근 항저우는 여행 관심거리가 됐다.

[예문2] 金教授号召我们关注市场消费热点, 积极开发新产品。 김 교수는 우리에게 시장의 소비에 뜨거운 관심을 갖고서 신 생산품을 적극적으로 개발하라고 호소했다.

• 이 단어는 명사 앞에 놓여 형용사의 성격을 띨 수도 있다. 흔히 “관심 인물(热点人物)”, “뜨거운 화제(热点话题)”, “핫이슈 뉴스(热点新闻)” 등의 말과 어울려 표현된다.

[예문1] 洪大辰非常喜欢看新闻, 对热点新闻、热点人物都非常关注。 그는 뉴스 보기를 무척 좋아해 핫이슈 뉴스, 관심 인물에 매우 관심이 많다.

[예문2] 书店正在出售本周的热点图书。 서점에서는 지금 금주의 관심 도서를 판매하고 있다.

咨询

자문하다. 컨설팅(consulting)하다. 자문을 구하다. 흔히 “안내소(咨询台)”, “안내센터(咨询中心)”, “심리 컨설턴트(心理咨询)” 등의 말과 어울려 표현된다.

[예문1] 关于这个问题, 您可以到咨询台咨询一下。 이 문제에 관해 안내소로 가서 물어보셔도 됩니다.

[예문2] 洪大辰昨天到律师事务所咨询了一些法律知识。 그는 어제 변호사 사무소에 가서 일부 법률지식의 자문을 구했다.

提前

(예정된 시간이나 기한을) 앞당기다. 흔히 “예정보다 앞당겨 출발하다(提前出发)”, “예정보다 앞당겨 끝내다(提前结束)”, “예정보다 앞당겨 완성하다(提前完成)” 등의 말과 어울려 표현된다.

[예문1] 因为下雨, 比赛不得不提前结束了。 비가 내려서 시합이 부득이하게 미리 끝났다.

[예문2] 为了能够见到心爱的人, 洪大辰提前两个小时站到了她每天必经的路旁。 사랑하는 사람을 만나기 위해 홍대진은 두 시간 일찍 그녀가 매일같이 지나가는 길옆에 서있었다.

预订

예약하다. 흔히 "술좌석을 예약하다(预订酒席)", "룸을 예약하다(预订包间)" "미리 예약하다(提前预订)" 등의 말과 어울려 표현된다.

[예문1] 他们决定晚上去歌厅, 所以打电话预订了一个包间。 그들은 저녁에 노래방에 가기로 결정해 전화로 룸을 하나 예약했다.

[예문2] 这家酒店最近生意非常火, 想要去他家吃饭, 得提前预订才行。 이 식당은 요즘 영업이 무척 잘 돼서 그 집으로 밥 먹으러 갈려면 미리 예약을 해둬야 한다.

专门

특별히. 오로지. 오직.

[예문1] 洪大辰路过首尔的时候, 专门去仁寺洞买了一件风衣。 홍대진은 서울에 들를 때 특별히 인사동에 가서 바바리 코트를 한 벌 샀다.

[예문2] 这次会议专门讨论了国际经济问题。 이번 회의에서는 특별히 국제경제 문제를 토론했다.

经营

1. (기업 등을) 경영하다. 계획하고 운영하다. 흔히 "상업을 경영하다(经营商业)", "목축업을 운영하다(经营畜牧业)" 등의 말과 어울려 표현된다.

[예문1] 大学毕业以后, 洪大辰自己开了家酒吧, 用心地经营着。 대학을 졸업한 후 홍대진은 술집을 개업해 열심히 운영하고 있다.

[예문2] 老王自己经营着一家小饭店快20年了, 应该也赚到了几个钱。 왕 형은 작은 음식점을 20년 동안이나 경영했으니 돈 좀 벌었을 것이다.

2. 계획하고 조직하다. 흔히 "고심해서 계획하고 조직하다(苦心经营)", "계획하고 조직하다(煞费经营)" 등의 말과 어울려 표현된다.

[예문1] 展览会做得如此成功, 举办者真是煞费经营啊! 전람회를 이처럼 성공적으로 해냈으니 주최자는 정말 심혈을 기울여 계획하고 조직했구나!

去处

1. 가는 곳. 행선지.

[예문1] 他知道洪大辰的去处, 但就是不肯告诉我。 그는 홍대진의 행선지를 알면서도 나한테는 알려주려 하지 않는다.

2. 곳. 지역. 장소.

[예문1] 鸡笼山风景怡人, 真是个不错的去处。 계룡산 풍경은 사람을 즐겁게 해주는 정말 괜찮은 곳이다.

본문 문장구조 익히기

1. ……**出乎意料** ~의 예상을 뛰어넘다. 예상 밖이다.

这里不仅比图片上印的还要美丽, 而且比很多景区还热闹, 真是出乎意料! 여긴 사진에 찍힌 것보다 더욱 아름답고, 다른 많은 풍경지보다 더 신나요, 정말 기대 이상이랍니다!

- 이 문장구조는 감탄과 놀라움을 나타내는데, 흔히 "~한 것에 정말/너무 예상 밖이다(…… (某事) 真是/太 出乎意料)", "~한 것에 ~의 예상을 뛰어넘다(…… (某事) 让人出乎意料)", "~한 것에 ~로 하여금 의외라는 느낌이 들게 하다(…… (某事) 让人感到出乎意料)" 등의 문장으로 표현된다. 이와 반대되는 문장구조는 "~한 것에 조금도 의외가 아니다(…… (某事) 一点也不出乎意料)"라고 표현한다.

[예문1] 洪大辰学习这么努力, 这次考试竟然不及格, 太出乎意料了! 홍대진은 이렇게 열심히 공부했는데 이번 시험에서 낙제했다니 너무 예상 밖인걸!

[예문2] 洪大辰考试不及格, 这让人感到有些出乎意料。 홍대진이 시험에 낙제한 건 사람으로 하여금 좀 의외라는 생각이 들게 한다.

[예문3] 金南成学习不努力, 这次考试不及格, 这一点儿也不出乎意料。 김남성이 열심히 공부

하지 않아 이번 시험에 낙제한 것은 조금도 의외가 아니다.

[예문4] 演出出乎意料得精彩。 공연은 예상 밖에 훌륭했다.

2. **没想到……**. ~할 줄 생각지도 못했다. / **慕名而来** 명성을 듣고 오다.

没想到这个小小乡村早已被慕名而来的游人挤得满满当当。 이렇게 작은 향촌에 일찌감치 명성을 듣고 찾아온 여행객들로 붐빌 줄은 전혀 예상치 못했다.

- 이 "没想到……"라는 문장구조는 어떤 일에 대한 감탄과 놀라움을 나타낸다.

[예문1] 洪大辰学习很努力, 没想到他这次考试只得了38分。 홍대진은 열심히 공부했는데 이번 시험에서 고작 38점 밖에 못 받으리라고는 생각지도 못했다.

[예문2] 哇, 没想到我中大奖了! 真是太棒了! 와, 내가 대상에 당첨되리라곤 생각도 못했는걸! 정말 대박이다!

- 이 "慕名而来"라는 성어는 동경이나 흠모의 감정을 나타내는데, 흔히 앞에서 그 동경이나 흠모의 원인을 말한 뒤 그 동경과 흠모의 뜻을 표현한다.

[예문1] 听说这里盛产海鲜, 我慕名而来, 很想尝上一尝。 이곳은 해산물이 풍부하다고 해서 그 명성을 듣고 왔는데, 맛을 좀 무척 보고 싶다.

[예문2] 老师傅武艺高超, 很多人慕名而来, 想拜他为师。 선생님의 무술 전수가 뛰어나 많은 사람들이 명성을 듣고 찾아와 그를 스승으로 모시고 싶어 한다.

3. **从……开始, …就……** ~부터 시작해 바로 ~한다.

从大清早开始, 他的手机就一直响个不停。 그의 휴대폰은 아침 일찍부터 내내 울려왔다.

- 이 문장구조는 구체적으로 어떤 시간이나 동작이 시작되어 줄곧 계속됨을 나타낸다.

이 문장에서 가장 흔히 쓰이는 문장구조는 "从……开始, …就……"로, 여기서 이 문장구조와 "一……, 就……"의 의미와 용법은 기본적으로 같다. A(어떤 시간 또는 동작)로부터 시작해 B(어떤 동작 또는 일)가 발생했거나 혹은 줄곧 계속되고 있음을 나타낸다.

[예문1] 从认识她的第一天开始, 洪大辰就深深地爱上了她。 그녀를 알게 된 첫날부터 바로 홍대진은 깊고 깊이 그녀를 사랑하게 됐다.

[예문2] 从结婚开始, 他们两口子就吵个不停。 결혼하고부터 그들 두 부부는 말다툼이 끊이지 않았다.

阳澄湖旅游打“体验牌”增添休闲乐趣

양청후 여행사가 추천한 '체험 티켓'으로 레저의 재미를 더해보세요

相城阳澄湖旅游打出的一张“体验牌”，给许多慕名而来的游客增添了乐趣。昨天上午，专程从上海赶到阳澄湖莲花岛“品蟹鲜、赏湖景”的一对吴姓姐妹，就在当地蟹农的指导下，亲身体验了一番“水中捉蟹”的乐趣。

在16日揭幕的2009苏州相城阳澄湖旅游节中，相城人把阳澄湖悠久的水文化、渔文化、美食文化、民俗文化有机地组合起来，并增加了阳澄湖中捕捉大闸蟹、“农家乐”里学烧农家菜、农耕博物馆旁踩水车等参与性项目，全力推出“体验性”休闲旅游。

蟹季中推出的旅游节庆活动，大闸蟹自然是个主角。“品蟹鲜、赏湖景”是阳澄湖旅游的一大卖点，而让游客们吃到自己从阳澄湖里捉起来的蟹则更吊起了游客的胃口。

昨天上午10点半左右，正好逮到休息机会的吴姓姐妹与一群同事一起从上海赶到莲花岛，登上了年年都要来吃蟹的“老东家”莲花舫。一看时间离吃午饭还有一段辰光，吴姓姐妹便缠着兼营养蟹的船主下湖捉蟹。当提起水中的“地龙”倒出一只只青背、白肚、金爪的大闸蟹时，姐妹俩高兴地捉出两只比较大的蟹，仔细地欣赏起自己的“战利品”来了，湖面上飘起了一串串笑声。

《苏州日报》2009年10月9日

본문 단어 익히기

体验* [动] tǐ yàn (몸소) 경험하다. 체험하다.

增添* [动] zēng tiān 증가시키다. 늘리다.

乐趣* [名] lè qù 즐거움. 재미.

专程 [副] zhuān chéng 특별히.

品* [动] pǐn (좋고 나쁨을) 판별하다. 구별하다. 품평하다. 맛보다.

鲜 [形] xiān 1. (식품이나 음식물 등이) 신선(新鮮)하다. 싱싱하다. 2. (꽃이나 잎 등이) 생기 있다. 신선(新鮮)하다. 싱싱하다.

赏* [动] shǎng 1. 상을 주다. 시상하다. 2. 칭찬하다. 3. 감상하다. 관상(觀賞)하다. 구경하다.

蟹农 [名] xiè nóng 게 양식 농가.

亲身 [副] qīn shēn 친히. 몸소. 손수. 직접.

悠久 [形] yōu jiǔ 유구하다. 장구하다.

渔 [名] yú 어민. 어부.

民俗 [名] mín sú 민속.

有机 [形] yǒu jī 유기적인.

组合 [动] zǔ hé 조합하다. 조립하다.

捕捉 [动] bǔ zhuō 잡다. 붙잡다. 포착하다.

烧 [动] shāo 1. 태우다. 2. (물, 밥, 벽돌 등의 사물을) 가열하다. 끓이다. 굽다. 3. (조리법의 하나로) 기름으로 튀기거나 볶은 다음에, 국물을 붓고 다시 볶고, 먼저 익힌 다음에 기름으로 볶다.

农家菜 [名] nóng jiā cài 농가(農家)집밥.

农耕 [名] nóng gēng 농경(農耕).

博物馆 [名] bó wù guǎn 박물관.

踩 [动] cǎi (발바닥으로 지면이나 물체를) 밟다.

水车 [名] shuǐ chē 물차. 수차(水車).

节庆 [名] jié qìng 명절. 경축일.

主角* [名] zhǔ jué 1. (연극, 영화 등의) 주인공. 주연. 주연배우. 2. 주요 인물.

卖点* [名] mài diǎn 상품의 매력. 상품의 장점(소비자를 끌어들이고 판매하기 쉽도록 상품이 가지고 있는 유리한 요소).

吊 [动] diào 1. 걸다. 달다. 매달다. 2. (끈, 줄로 매어서) 위로 끌어 올리다. 아래로 달아 내리다. 3. (흥미 혹은 구미 등이) 당기다.

胃口 [名] wèi kǒu 1. 식욕. 2. (사물이나 활동에 대한) 재미. 흥미. 구미. 관심.

逮 [动] dǎi 잡다. 붙잡다.

登 [动] dēng 1. (낮은 곳에서 높은 곳으로) 오르다. 2. 게재하다. 실리다.

辰光 [名] chén guāng (방언) 때.

缠* [动] chán 1. 감다. 2. (관계 등이) 뒤얽히다. 뒤엉키다.

兼 [动] jiān 겸하다. 함께 지니다. 동시에 하다.

爪〔名〕zhuǎ 발톱.

战利品* [名] zhàn lì pǐn 전리품(전투에서 적으로부터 빼앗은 물품).

阳澄湖 [专名] yáng chéng hú 양청후(장쑤성(江苏省)에 위치한 호수로 민물 게로 중국에서 가장 유명하다.

相城 [专名] xiāng chéng 샹청.

莲花岛 [专名] lián huā dǎo 롄화다오. 양청후 중간에 있는 작은 섬.

苏州 [专名] sū zhōu 쑤저우.

农家乐 [专名] nóng jiā lè 농가 민속체험(중국에서 유행하는 여행 패키지 상품 중 하나로, 농가 민속촌에서 현지 숙박, 현지 식사, 현지 문화체험 등을 종합적으로 즐길 수 있다.

莲花舫 [专名] lián huā fǎng 연화방(蓮花舫). 중국 강남 일대에서 비교적 많이 쓰이는 어선의 일종.

본문 단어 자세히 익히기

体验

(몸소) 경험하다. 체험하다. 흔히 "삶을 체험하다(体验生活)", "몸소 경험하다(亲身体验)" 등의 말과 어울려 표현된다.

[예문1] 洪大辰三岁时就失去了父亲, 从小就体验到生活的艰辛。 홍대진은 세 살 때 부친을 여의고 어려서부터 삶의 고달픔을 몸소 경험했다.

[예문2] 很多不明白的事情, 经过亲身体验以后就会明白了。 잘 이해되지 않는 많은 일들은 몸소 경험한 뒤에 이해될 것이다.

• 이 단어는 대명사 또는 형용사 뒤에 놓여 명사의 성격을 띨 수 있다.

[예문1] 说到军事生活, 洪大辰的体验比我们要多得多。 군대 생활을 말하게 되면 홍대진의 체험은 우리보다 훨씬 더 많다.

[예문2] 在军事生活方面, 洪大辰有着深刻的体验。 군대 생활 면에 있어 홍대진은 깊은 체험이 있다.

增添

증가시키다. 늘리다. 흔히 "설비를 늘리다(增添设备)", "번거로움이 늘다(增添麻烦)", "즐거움을 늘리다(增添乐趣)" 등의 말과 어울려 표현된다.

[예문1] 小孙子的出生, 给家里增添了无穷的乐趣。 손자의 출생은 집안에 무궁한 즐거움을 더해주었다.

[예문2] 为了扩大生产, 公司增添许多新的设备。 생산을 확대하기 위해 회사에서는 새로운 설비를 많이 늘였다.

乐趣

즐거움. 재미. 흔히 "재미를 더하다(增添乐趣)", "즐거움이 무궁하다(乐趣无穷)", "재미를 몸소 느끼다(体验乐趣)" 등의 말과 어울려 표현된다.

[예문1] 洪大辰正在享受着阅读带给他的乐趣。 홍대진은 지금 독서가 주는 즐거움을 누리고 있다.

[예문2] 想知道读书的乐趣吗？那就赶快读些好书去吧！ 독서가 즐거움을 알고 싶니? 그럼 어서 좋은 책을 읽어보렴!

品

(좋고 나쁨을) 판별하다. 구별하다. 품평하다. 맛보다. 흔히 "차를 맛보다(品茶)", "시식하다(品尝)" 등의 말과 어울려 표현된다.

[예문1] 洪大辰喜欢在饭后品茶。 홍대진은 식후에 차 맛보기를 즐긴다.

[예문2] 他经常参加一些宴会, 慢慢地他变成了一名品酒高手。 그는 연회에 자주 참석하다 서서히 술맛 품평의 고수가 됐다.

赏

1. 상을 주다. 시상하다. 흔히 "A가 B에게 ~상을 주다(A赏给B某物)"라는 문장으로 표현된다.

[예문1] 洪大辰作业做得非常好, 老师赏给他一个笔记本。 홍대진은 과제물을 무척 잘해서 선생님은 그에게 노트북을 상으로 주셨다.

2. 칭찬하다. 흔히 "칭찬하다(赞赏)", "(잘한다고) 알아주다(赏识)"라는 말과 어울려 표현된다.

[예문1] 金社长非常赏识洪大辰，决定送他出国学习。 김 사장님은 홍대진을 무척 인정해줘서 그를 해외연수 보내주기로 결정했다.

3. 감상하다. 관상(觀賞)하다. 구경하다. 흔히 "꽃을 감상하다(赏花)", "아름다운 풍경을 감상하다(赏美景)" 등의 말과 어울려 표현된다.

[예문1] 中秋节的时候，中国人喜欢聚在一起吃月饼，赏明月。 추석 때 중국인은 함께 모여서 월병을 먹고 밝은 달 구경하는 것을 좋아한다.

主角

1. (연극, 영화 등의) 주인공. 주연. 주연배우.

[예문1] 电影的女主角长得非常娇艳。 영화의 여주인공은 무척 아름답고 요염하다.

[예문2] 他在那部电影中扮演男主角。 그는 그 영화에서 남주인공 역을 맡고 있다.

2. 주요 인물.

[예문1] 那次罢工事件的主角是一个名叫洪大辰的工人。 저번 파업사건의 주요 인물은 홍대진이라고 하는 근로자이다.

卖点

상품의 매력. 상품의 장점. 소비자를 끌어들이고 판매하기 쉽도록 상품이 가지고 있는 유리한 요소. 흔히 "~을 가장 큰/새로운 상품의 장점으로 하다(把……当作最大/新的卖点)", "~의 상품의 매력은 ~이다("……的卖点是……)", "~이 가장 큰/새로운 상품의 매력이 됐다(……成为最大/新的卖点)" 등의 문장으로 표현된다.

[예문1] 公司决定把新款手机当作新的卖点。 회사에서는 새로운 스타일의 휴대폰을 새로운 상품의 장점으로 하기로 결정했다.

[예문2] 独特的外观设计成为这款手机最大的卖点。 독특한 외관 디자인은 이 스타일의 휴대폰의 가장 큰 상품 매력이 됐다.

缠

1. 감다. 흔히 "A를 B에다 감다(把A缠在B上)", "A로 B를 감다(用A缠着B)", "A에다 B를 감다(在A上缠着B)" 등의 문장으로 표현된다.

[예문1] 洪大辰在胳臂上缠着一条领带, 真是奇怪! 홍대진은 팔에다 넥타이를 감고 있다니 참 이상하네!

[예문2] 洪大辰把一条领带缠在胳臂上, 真是奇怪! 홍대진은 넥타이를 팔에다 감고 있다니 참 이상하네!

2. 치근덕거리다. 귀찮게 굴다. 흔히 "자질구레한 일이 귀찮게하다(琐事缠身)", "함부로 시끄럽게 훼방을 놓다(胡搅蛮缠)" 등의 말과 어울려 표현된다.

[예문1] 小孩子不听话, 总是喜欢胡搅蛮缠, 你不用理他。 아이들은 말 안 듣고 으레히 함부로 시끄럽게 훼방을 놓길 좋아하니 걔 상관할 필요없다.

[예문2] 洪大辰的儿子缠着他让他买玩具。 홍대진의 아들은 그더러 장난감을 사달라고 귀찮게 조른다.

战利品

1. 전리품.

[예문1] 战争过后, 他们开始清点战利品。 전쟁이 지난 후 그들은 전리품들을 하나하나 점검하기 시작했다.

2. 노동의 성과를 비유하는 말.

[예문1] 一天下来, 他们收获了不少战利品 : 老王抓到了五条大鱼、两斤对虾, 小王逮到了很多龙虾和螃蟹。 하루 동안 그들은 적지 않은 전리품을 얻었다. 왕 형은 큰 고기 다섯 마리와 참새우 두 근을 잡았고, 왕 군은 가재와 게를 참 많이 잡았다.

본문 문장구조 익히기

1. **打……牌** ~한 카드를 내놓다.

相城阳澄湖旅游打出的一张"体验牌", 给许多慕名而来的游客增添了乐趣。 상청(像城) 양청후(陽澄湖) 여행사가 추천한 '체험 티켓'이 명성을 듣고 찾아온 많은 여행객들에게 재미를 더해주고 있다.

- 이 문장구조는 어떤 행동을 비유한 것으로서 주로 어떤 주요 목적과 수단을 위해 행동을 취함을 나타낸다.

[예문1] 在这次博览会, 苏州市政府大打文化旅游牌, 引起了大家不小的兴趣。 이번 박람회에서 쑤저우(蘇州)시정부는 문화관광 카드를 내놓아 사람들의 큰 관심을 불러 일으켰다.

[예문2] 谈判的时候, 伊朗政府大打核武器牌, 漫天要价。 담판할 때 이란 정부는 핵무기 카드를 내놓으면서 터무니없이 비싼 가격을 불렀다.

2. **一看……, 便……** ~한 것을 보고는 곧 ~하다.

一看时间离吃午饭还有一段辰光, 吴姓姐妹便缠着兼营养蟹的船主下湖捉蟹。 시간이 점심 식사 때까지 아직 여유가 있는 것을 보고 우씨 자매는 곧 영양게를 묶고 있는 배 주인과 게를 잡으러 호수로 내려갔다.

- 이 문장구조는 A라는 사람, 일, 사물 등을 보고서 B가 곧장 발생함을 나타내는데, A는 B가 발생한 원인, 조건 등을 나타낸다.

[예문1] 一看妈妈来了, 小朋友便高兴地唱了起来。 엄마가 오는 것을 보고는 아이는 신나게 노래 부르기 시작했다.

[예문2] 一看演出马上就要开始了, 洪大辰便关上了手机。 공연이 곧 시작되는 것을 보고 홍대진은 휴대폰을 껐다.

종합연습 [练习]

Ⅰ. 다음 빈칸에 들어갈 알맞은 단어를 고르시오.

1.很快，这位歌手就出名了，成为各大报纸的_____人物。

A.专业　　B.热点　　C.著名　　D.报导

2.王教授的成就这么高，竟然没有得奖，真是_____啊。

A.喜出望外　　B.出乎意料　　C.马马虎虎　　D.心痛不已

3.从三岁开始，洪大辰_____开始学习武术了。

A.所以　　B.因此　　C.马上　　D.就

4.节能、环保，是这款新车的最大_____。

A.利益　　B.热点　　C.卖点　　D.价值

5.为了吸引更多的顾客，圣诞期间，他们将主_____打降价牌。

A.打　　B.玩　　C.用　　D.出

Ⅱ. 다음 질문에 간단하게 답하시오.

1.乡村游的主要内容是什么？

2.阳澄湖旅游的主要内容是什么？

3.阳澄湖旅游吸引游客的主要原因是什么？

Ⅲ. 다음 주제에 대하여 중국어로 토론하시오.

1.您去过中国哪些旅游景点？最喜欢其中的哪一处？原因是什么？

2.如果韩国想吸引到更多的国际游客，您认为韩国政府还应当做好哪些方面的准备？

통일제국을 향한 역사도시 시안(西安)

병마용 1호갱 모습

"중국의 과거를 보려면 시안으로, 현재를 보려면 베이징(北京)으로, 미래를 보려면 상하이(上海)로 가라." 욱일승천하는 국력의 현장과 비전을 베이징과 상하이가 대표한다면, 시안은 역사도시의 모습을 그만큼 잘 간직하고 있기에 중국인들은 흔히 이렇게 말한다. 우리에겐 당(唐)의 도읍지였던 장안(長安)이란 이름으로 더 익숙한 시안은 아테네, 로마, 카이로와 함께 세계 4대 고도(古都)의 하나로 꼽히며, 과거 동서 문화 교류의 주요 역할을 했던 실크로드의 기점이었다. 진시황(秦始皇)이 최초로 통일제국을 이루면서 주목을 받은 이래 중국 역사상 가장 부흥했던 당나라를 비롯하여 1,100여 년의 세월동안 13개의 왕조가 도읍으로 삼았던 이곳. 중국 고대문명의 요람인 시안을 찾았다.

시내로 들어서니 과연 쭉 뻗은 대로(大路)가 제일 먼저 눈에 들어왔다. '모든 길은 로마로 통한다'는 말처럼 장안대로로 이름난 이 길은 당나라 시절에 이미 건설되었는데, 당시 장안은 시를 동서남북으로 구분하고 주작대가(朱雀大街)라는 큰길을 만들었다. 시가지는 황궁에 이르는 주작대가를 중심으로 동구와 서구로 나뉘었고, 거기에는 각각 동시와 서시라는 시장이 섰는데 시장마다 '진기한 천하보물이 다 모인다'는 점포들이 즐비해있었다. 특히 서시는 실크로드를 통해 들어온 서역 상인들로 밤낮없이 붐빌 뿐 아니라, 서역의 노래와 춤, 옷과 먹거리들로 가득했다. 더구나 이곳은 가로수와 대나무숲이 우거지고 곡강지(曲江池)나 화청궁(華淸宮) 같은 자연과 인공이 어우러진 경관들로 장안을 한결 돋보이게 했다. 중국 역사상 가장 부흥했다는 당나라 수도 시안은 인구 100만이 넘는 계획적인 대(大)성곽 도시를 이루어 멀리 서방에서도 그 명성이 알려졌다. 먼저 시안의 시역(市域)을 둘러싸고 있는 시안 성벽으로 갔다. 중국에서 보전하고 있는 건축물 중에서 가장 완정한 고성(古城) 중의 하나인 시안 성벽은 명(明)나라 때 당나라 장안성을 기초해 만든 것으로, 그 역사가 이미 600여 년에 이르며 전체 길이가 13.6㎞, 높이가 12m, 폭이 15m로 높고 두터운 성벽이 특징적이다. 시안은 넓은 평야가 사방으로 둘러 쳐진 거대한 산맥으로 막혀 있어 이곳으로 들어오려면 산맥 사이로 좁

시안 성벽

게 난 계곡을 따라 넘어오는 수밖에 없는 지형적 장점 때문에 역사의 중심지로서 자리할 수 있었다. 고대 전쟁사를 보면, 이 성벽은 유일한 출입통로로서 통치자에게 있어서는 방어를 하는 중요한 역할을 하는 것이었다. 성벽은 동서남북 4개문이 그대로 보존되어 있고, 성벽 주위로 넓고 깊은 수로(水路)가 흐르며 정문에서 정로를 곧장 가로지르는 조교(弔橋)가 놓여 있다. 성벽 위로는 화원이 조성되어 성과 길, 물이 어울린 시민공원의 모습이었다. 성벽 위에서 보는 시안 시내와 시외 풍경도 좋지만 마침 시원하게 부는 바람을 쐬며 산책하기에도 더 없이 좋은 휴식공간이었다.

대로를 따라 얼마간 차를 달리다보니 시내의 중심 위치로 바로 종루(鐘樓)와 고루(鼓樓)가 눈에 띄었다. 중국 고대도시의 가장 큰 특징 중의 하나가 바로 이 종루와 고루인데, 종루는 동편에 위치하여 종을 울리며 아침을 알리고, 고루는 서쪽에 위치하여 북을 울리며 저녁을 알렸다고 한다. 특히 성 안쪽에 위치한 구(舊)시가지에 한해선 종루나 고루보다는 높게 건물을 지을 수 없다고 규정되어 있어 만약 시내에서 길을 잃었다면 시 중앙에 있는 종루나 고루를 기준으로 길을 찾아도 된다. 종루에 올라보니 과연 나지막한 옛 건물들이 가지런히 맞댄 시내 모습이 고도(古都)를 실감케 한다. 예전에 종루와 고루는 또한 멀고 먼 실크로드로 떠나는 출발지였는데, 지금은 중국이 야심차게 추진중인 '서부 대개발'이 뻗어나가는 통로로서 새로운 실크로드의 꿈에 부풀

시안 진시황릉 계단

병마용

어 있다. 종루가 시안 중심에 위치해 있고 이를 기준으로 교통이 사방팔방으로 통하는 덕분에 양쪽 도로변에는 크고 작은 상점과 먹거리 장터가 즐비하게 늘어서 한창 성업 중이고, 맞은편으로는 그림, 옥, 도장, 장식품 등 옛 물건을 판매하는 상점들이 밀집해 있었다. 느긋한 마음으로 시내를 둘러보며 옛 장안거리의 기분을 잠시나마 느끼고 싶었지만, 짧은 일정 때문에 아쉽게 발걸음을 돌렸다.

시안 시내를 나와 동북쪽으로 30여 ㎞를 달려 병마용(兵馬俑) 박물관으로 갔다. 세계 8대 불가사의 중 하나인 병마용은 진시황의 사후세계(死後世界)를 지키는 흙으로 만든 병사를 가리키는데, 이는 1974년 가뭄으로 고민하던 농부가 우물을 파다 우연히 발견된 것이다. 이후 발굴조사가 진행되면서 대규모 병마용 갱(坑)이 발견되었으며, 현재도 발굴 작업이 계속되고 있다고 한다. 병마용과 함께 묻혀 사후세계까지 지배하려던 진시황은 중국 최초로 통일왕조의 황제로 등극한 인물로, 철권통치와 분서갱유 등의 강압책으로 악명이 높지만 중국 대륙을 하나로 통일하면서 중앙집권제로 성문법 제정, 도량법 통일, 화폐 통일과 만리장성 축조 등의 치적이 타의 추종을 불허한다. 특히 하루가 다르게 국력이 신장하고 있는 오늘날 중국은 그간 폭군으로 비쳐졌던 진시황을 강대국을 향한 강한 집념의 인물로 달리 조명하고 있는데, 확실히 역사는 입장에 따라 평가도 그렇게 달라진다는 씁쓸한 느낌이 든다. 박물관 안으로 들어가서 병마용 갱의 역사를 소개하는 영상물을 봤다. 360도로 회전하는 극장에서 약 15분 동안 상영되는 영상물에서는 진시황의 제국 통일과 병마용의 제작, 제국의 몰락과 항우(項羽)의 무자비한 파괴와 매몰, 그리고 오늘날 발견에 이르기까지의 과정을 재현하고 있다. 영상물을 본 뒤 병마용 갱이 있는 전시관으로 갔다. 총 3개의 전시관으로 이루어진 병마용 갱 중 1호갱은 당시 농민이 처음 발견한 것이고, 뒤의 2, 3호 갱은 나중에 발굴 작업을 통해 발견되었다. 1호 갱에는 거대한 돔으로 덮인 지하공간 아래 3열 횡대로 늘어선 수천 개의 병마용과 수십 대의 목조전차가 안치되어 있다. 병마용들은 한결같이 손에 무기를 들고 있고, 늠름한 체격에 다른 얼굴을 하고 있어 실제 병사를 모델로 만들어졌음을 알 수 있다. 2호갱과 3호갱은 현재 발굴이 되고 있는 상태에서 전시되고 있는데, 2호갱에는 보병과 기병들이 심하게 파괴된 채로 전시되어 있다. 병마용 거의 대부분이 분리되어 진흙탕에 처박혀 있었다. 3호갱에는 凹자 모양의 깊고 좁은 갱 안에 병마용이 양쪽으로 배열되어 있었는데, 이곳 병마용은 당시 병사들을 지휘하는 장군들로 이후 항우에 의해 가차없이 목이 잘려져 대부분 목이 없다. 병마용의 방대한 규모도 놀랍지만 제각기 다른 자세와 표정, 복장, 머리모양을 한 정교함이 섬뜩하리만큼 놀랍다. 통일 제국의 막강한 힘을 보여주는 진시황제 병마용은 이렇게 중국이 오늘날까지 통일국가를 지향하고 유지하게 된 코드가 그 속에 담겨 있다.

병마용 박물관을 나와 얼마 멀지 않은 거리에 위치한 진시황릉으로 갔다. 중국 최초의 통사(通史)인 『사기 史記』에 따르면, 이 묘는 진시황이 즉위한 바로 그 해로부터 37년 동안 건설되었는데 내부에는 진기한 보물이 엄청난 규모로 매장되고 도룡뇽 기름이 능안을 비추었으며, 도굴을 방지하기 위해 자동으로 발사되는 화살을 장치해놓았을 뿐 아니라 비밀을 유지하기 위해 능을 만든 장인들을 모두 생매장하였다고 한다. 또한 먼 훗날 도굴까지 막기 위해 수은 등을 이용한 여러 가지 함정을 만들어놓았다는데, 학자들은 실제 무덤 주변의 수은 함량치가 다른 곳보다 월등히 높게 탐지되는 것으로 보아 기록의 대부분이 사실일 것으로 추정하고 있다. 당시에는 이곳에서 병마용에 이르는 넓은 구간이 화려한 궁전으로 둘러싸여 있었다지만, 지금은 모두 사라지고 석류나무로 덮인 야산의 모습이다. 황제의 무덤 위로 계단을 만들어 오를 수 있게 한데다 무덤 마루에는 아예 작은 광장을 만들어 놓아 주위 경관을 둘러 볼 수 있게 하였다. 평등을 내세운 사회주의 국가답게 황제가 누운 자리라도 누구든 언제든지 오를 수 있다는 뜻일까? 하지만 능 위에서 보이는 너른 평야와 강줄기가 한 눈에 들어오는 것이 확실히 명당자리임을 알 수 있다. 여기서 중국인 특유의 '만만디' 습성을 느낄 수 있는 대목 한 가지. 현재 중국 당국은 진시황릉을 발굴해도 유물들을 완벽하게 보관할 기술이 없다고 판단, 일부러 발굴을 미루고 있다고 한다. 한 번 손대기 시작하면 너무나 방대한 작업이고, 그 엄청난 작업을 안전하게 할 수 있는 고도의 발굴 기술을 자체적으로 개발하기 전까지는 아무리 늦어도 하지 않겠다는, 자존심은 지키면서도 참고 기다리며 완벽을 기할 줄 아는 무서움을 느낄 수 있는 대목이다.

07

스포츠 体育

刘翔复出夺首冠 류샹, 복귀 후 우승 차지

加内特又能飞了 가넷은 또 날 수 있다

刘翔复出夺首冠

류샹, 복귀 후 우승 차지

刘翔出场前，女子400米栏冠军黄潇潇曾激动地表示，这个夜晚不只属于刘翔，但事后证明，昨晚的全运会田径赛场确实只属于刘翔一个人。刘翔在男子110米栏比赛中以13秒34轻松夺魁，完成了史无前例的全运会三连冠。值得一提的是，这是刘翔伤愈复出夺得的第一个冠军头衔，也打破了长达518天的冠军荒。

昨晚的观众上座率为开赛以来最多，都为刘翔而来。身披1715号码的刘翔刚露面，起点附近的观众就送以不间断的掌声和呼喊，并打出“刘翔真牛”的条幅。身处第五跑道的他也是一如既往地顽皮，朝观众致以鬼脸和飞吻，试跨时刘翔就显得很兴奋，步伐十分轻快。发令枪声响起，满场响起尖叫和喊声，刘翔在前三栏过后已经超越其他选手，凭借超人一等的栏间能力，刘翔一路领先，尽管在最后冲刺阶段稍稍放慢了速度，但仍以13秒34率先冲过终点。解放军选手纪伟以13秒42获得亚军，有“千年老二”之称的河北选手史冬鹏遗憾获得第三名，成绩为13秒63。

自去年5月24日中国田径公开赛夺冠以来，刘翔再也没染指冠军头衔，此次获得复出后首个冠军头衔的他激动不已，他在赛后迅速脱下跑鞋，然后开始了庆祝活动。面对蜂拥而至的记者，刘翔十分坦然地做着各种表情，开始绕场慢跑，向观众致谢，跑到主席台附近时，他更是脱下跨栏背心，扔给场边观众，引发阵阵欢呼。

刘翔的影响力还远不止这些，在他的比赛结束40分钟后，体育场已经开始清场，满场也不超过30个人，偌大的体育场内竟还有观众在看台上高喊刘翔的名字。

《新京报》2009年10月25日

본문 단어 익히기

复出* [动] fù chū (직책을 내놓거나 사회적인 활동을 중단한 사람이) 활동을 재개(再開)하다. 복귀하다. 주로 유명인을 가리킴.

夺 [动] duó 1. (강제로) 빼앗다. 약탈하다. 강탈하다. 2. (앞 다투어) 쟁취하다. 따다. 차지하다.

出场* [动] chū chǎng 1. 배우가 (공연하기 위해) 무대에 오르다. 2. (운동선수가 경기에) 출장, 출전하다.

属于* [动] shǔ yú ~(의 범위)에 속하다. ~에 소속되다.

田径 [名] tián jìng 육상경기.

赛场 [名] sài chǎng 경기장.

确实* [副] què shí 틀림없이. 확실히. 정말로. 참으로. (形) 확실하다. 틀림없다.

轻松 [形] qīng sōng 수월하다. 편안하다. 홀가분하다. 가뿐하다.

夺魁 [动] duó kuí 수석을 차지하다. 우승을 차지하다.

史无前例 [成语] shǐ wú qián lì 역사상 한 번도 없었다.

愈 [动] yù (상처가) 아물다. 낫다.

头衔 [名] tóu xián 직함.

荒［动］huāng (기술이나 학습 등에서 평소에 수련을 하지 않아) 생소해지다. 낯설어지다.

上座率［名］shàng zuò lǜ (경기장의) 입장률.

披［动］pī (옷, 스카프, 장식물 등을 어깨에) 걸치다. 감다. 휘감다. 감싸다.

露面*［动］lòu miàn (어떤 상황이나 장소에) 나타나다. 출현하다. 등장하다. 얼굴(모습)을 드러내다.

起点［名］qǐ diǎn 기점. 출발점.

间断［动］jiàn duàn (연속적인 일을) 중단(中斷)하다. 중간에서 그치다.

牛*［形］niú 1. 강하다. 대단하다. 2. (소처럼) 완고하다. 쇠고집이다. 고집스럽다.

条幅［名］tiáo fú 세로로 길게 쓴 글씨(그림) 족자.

处［动］chǔ (어떤 장소, 어떤 상황 등에) 처하다.

跑道［名］pǎo dào (육상 경기장 또는 스케이트 장의) 트랙(track). 경주로.

一如既往［成语］yī rú jì wǎng (태도가 조금의 변화 없이) 예전과 같다. 지난날과 다름없다.

顽皮［形］wán pí (어린이, 소년 등이) 짓궂다. 장난스럽다.

鬼脸［名］guǐ liǎn 1. (두꺼운 종이로 만든) 탈. 가면(假面). 마스크(mask). 2. 재미있는 표정. 웃기는 표정. 익살스러운 표정.

飞吻［名］fēi wěn 키스를 날려 보내다(먼저 자신의 손에 입술을 대었다가 상대방에게 쏘는 시늉을 하는 것을 가리킴).

兴奋*［形］xīng fèn 흥분하다. 감격하다. 감동하다.

步伐［名］bù fá 보조. 스텝. 걸음.

轻快［形］qīng kuài 1. (동작이나 행위 등이) 경쾌하다. 가볍고 날래다. 가뿐하다. 2. (기분이나 가락 등이) 경쾌하다. 홀가분하다. 가뿐하고 유쾌하다.

发令枪［名］fā lìng qiāng (경주의) 출발 신호용 피스톨(pistol).

尖叫［动］jiān jiào 날카롭게 소리치다(부르짖다).

选手［名］xuǎn shǒu 선수.

凭借*［动］píng jiè ~에 기대다. ~를 통하다. ~에 의지하다.

领先［动］lǐng xiān 선두에 서다. 앞서다. 리드(lead)하다.

冲刺*［动］chōng cì 1. (육상, 스케이팅, 수영 등의 스포츠 종목에서) 막판 역주(力走)하다. 역영(力泳)하다. 라스트스퍼트(last spurt) 하다. 2. (정했던 목표에 도달하기 직전에) 막판 전력투구하다. 마지막 힘을 쏟다.

阶段*［名］jiē duàn (사물이 발전해나가는) 단계.

稍稍［副］shāo shāo 약간(若干). 조금. 좀.

率先*［副］shuài xiān 앞장서서. 먼저.

冲［动］chōng 돌진하다. 돌파하다.

终点［名］zhōng diǎn 종점. 결승점.

亚军［名］yà jūn 준우승.

遗憾*［形］yí hàn 유감스럽다. 아쉽다.

获得*［动］huò dé 획득하다. 얻다.

公开赛［名］gōng kāi sài 오픈 게임(open game).

染指［动］rǎn zhǐ 1. 부당한 이익을 취하다. 자기 몫이 아닌 이익을 취하다. 2. (자신이 맡은 일과 관계가 없는 일에) 손을 대다. 관여하다. 개입하다.

激动不已［成语］jī dòng bù yǐ 감동하다. 감격하다.

跑鞋［名］pǎo xié 스파이크슈즈(spike shoes). 러닝슈즈(running shoes).

蜂拥而至［成语］fēng yōng ér zhì 사람이 벌떼처럼 몰려들다.

坦然［形］tǎn rán (마음이) 평온하고 걱정이 없다.

绕［动］rào 1. (실이나 끈 등을 어떤 물건에) 감다. 휘감다. 2. (빙빙) 돌다. 3. 돌아가다. 우회(迂回)하다. 4. (문제, 일 등이) 뒤엉키다. 뒤얽히다.

致谢［动］zhì xiè 사의(謝意)를 표하다. 감사의 뜻을 표하다.

主席台［名］zhǔ xí tái 주석(의장) 테이블.

跨栏［名］kuà lán 장애물달리기. 허들레이스(hurdle race).

背心［名］bèi xīn 조끼. 러닝셔츠(running shirt).

扔［动］rēng 1. (손에 쥐고 팔을 흔들어) 던지다. 2. 버리다. 내버리다.

引发［动］yǐn fā (병, 감정, 현상, 폭발 등을) 일으키다. 자아내다. 야기하다. 촉발하다. 유발하다.

欢呼［动］huān hū 환호하다.

影响力［名］yǐng xiǎng lì 영향력.

不止*［动］bù zhǐ 1. (계속) 그치지 않다. 2. ~에 그치지 않다. ~를 넘다(어떤 수 또는 범위를 넘어섬을 나타냄).

清场［动］qīng chǎng (공공장소에서) 장내(場內)를 정리하다.

偌大［形］ruò dà 이렇게 크다. 그렇게 크다.

竟［副］jìng 뜻밖에. 의외로. 생각 밖에.

看台［名］kàn tái 관람석.

高喊［动］gāo hǎn 큰 소리로 외치다.

全运会［专名］quán yùn huì 전국운동회의 약칭.

千年老二［专名］qiān nián lǎo èr 만년 2등(혹은 "万年老二"이라고도 함).

复出

(직책을 내놓거나 사회적인 활동을 중단한 사람이) 활동을 재개(再開)하다. 복귀하다. 주로 유명인을 가리킨다.

[예문1] 迈克尔·乔丹复出后不久就重新得到了总冠军。 마이클 조던이 복귀한 뒤에 얼마 되지 않아 다시 우승을 차지했다.

[예문2] 退出政坛18年后, 他宣布复出, 并将参加明年总统的大选。 정계에서 물러난 지 18년 후에 그는 활동을 재개하면서 내년도 대통령 선거에 참여할 것이라고 선언했다.

出场

1. 배우가 (공연하기 위해) 무대에 오르다. 2. (운동선수가 경기에) 출장, 출전하다.

[예문1] 韩国队出场的时候, 观众席上响起了热烈的掌声。 한국팀이 출전했을 때 관중석에서는 뜨거운 박수소리가 울려왔다.

[예문2] 因为出场费太低, 那位明星拒绝参加演出。 출장비용이 너무 낮아 그 배우는 공연 참가를 거절했다.

• (경기에서 반칙으로 인해) 퇴장 당하다.

[예문1] 洪大辰在比赛中严重犯规, 因此被红牌出场。 홍대진은 시합에서 심한 반칙 때문에 레드 카드를 받고 퇴장 당했다.

• 이 단어는 대명사 뒤에 놓여 명사의 성격을 띨 수 있다.

[예문1] 刘翔的出场让现场的观众十分激动。 류샹의 출전은 현장의 관중들을 무척 흥분케 했다.

属于

~(의 범위)에 속하다. ~에 소속되다.

[예문1] 这块土地属于美国。 이 땅은 미국에 속한다.

[예문2] 我们相信 : 最后的胜利一定属于我们! 우리는 최후의 승리는 반드시 우리의 것이라고 믿는다.

确实

1. 형용사로, 확실하다. 틀림없다.

[예문1] 明天是否要上课, 我们还没有得到确实消息。 내일 수업을 할지는 아직 확실한 소식을 듣지 못했다.

[예문2] 这件事情是他亲眼所见, 说得确确实实。 이 일은 그가 직접 눈으로 본 것이라 확실하게 말했다.

2. 부사로, 틀림없이. 확실히. 정말로. 참으로.

[예문1] 这件事情确实不是他干的。 이 일은 확실히 그가 한 것이 아니다.

[예문2] 最近, 洪大辰的学习确实有很大进步。 최근 홍대진의 학습에 확실히 커다란 진보가 있다.

露面

(어떤 상황이나 장소에) 나타나다. 출현하다. 등장하다. 얼굴(모습)을 드러내다. 흔히 "공개적으로 모습을 드러내다(公开露面)", "아직 모습을 드러내지 않다(尚未露面)" 등의 말과 어울려 표현된다.

[예문1] 自从去年退休之后, 金社长一直没有在公司露面。 작년에 퇴직한 뒤로부터 김 사장은 줄곧 회사에 모습을 드러내지 않았다.

[예문2] 怎么回事?洪大辰连个面儿都没露, 他不是说要来开会的吗? 어떻게 된 거야? 홍대진은 얼굴도 안 보이는데, 회의하러 온다고 하지 않았었니?

[예문3] 金社长最近很忙, 昨天的会议, 他露了下面儿就走了。 김 사장은 요즘 무척 바빠 어제 회의도 얼굴만 잠깐 비추고 바로 갔다.

牛

강하다. 대단하다.

[예문1] 哇!洪大辰太牛了, 考试得了100分! 와! 홍대진 너무 대단하구나, 시험 100점 맞았어!

[예문2] 洪大辰是个牛人, 每次考试都是100分! 홍대진 참 대단한 사람이야, 매번 시험마다 100점인걸!

兴奋

흥분하다. 감격하다. 감동하다. 흔히 "~에 감격하다(对……感到兴奋)" 등의 문장으로 표현된다.

[예문1] 听说儿子中了大奖, 洪大辰十分兴奋。 아들이 대상에 당첨됐다는 말을 듣고 홍대진은 무척 흥분했다.

[예문2] 洪大辰对下周的中国之行感到十分兴奋。 홍대진은 다음 주 중국 여행에 무척 흥분되어 있다.

凭借

~에 기대다. ~를 통하다. ~에 의지하다. 흔히 "A가 B를 통해 ~하다(A凭借B)"라는 문장으로 표현되는데, 여기서 A는 주어이고, B는 방법, 수단, 도구 등을 나타낸다.

[예문1] 仅仅凭借一双手, 是不可能完成这么艰巨的任务的。 겨우 두 손에 의지해 이렇게 힘든 임무를 완수하는 건 불가능하다.

[예문2] 凭借着他的超人智慧, 他还是解决了这个问题。 그의 초인적인 지혜에 기대 그래도 그는 이 문제를 해결해냈다.

冲刺

1. (육상, 스케이팅, 수영 등의 스포츠 종목에서) 막판 역주(力走)하다. 역영(力泳)하다. 라스트 스퍼트(last spurt) 하다. 흔히 "전력으로 역주하다(全力冲刺)", "있는 힘을 다해 역주하다(奋力冲刺)" 등의 말과 어울려 표현된다.

[예문1] 最后50米时, 洪大辰开始全力冲刺。 마지막 50미터 때 홍대진은 전력으로 역주하기 시작했다.

[예문2] 进入冲刺阶段时,大家都用尽了全身力气。막판 역주하는 단계 때 모두들 전력을 다했다.

2. (정했던 목표에 도달하기 직전에) 막판 전력투구하다. 마지막 힘을 쏟다.

[예문1] 这项工程已经进入最后的冲刺阶段。 이 공사는 이미 마지막 전력투구할 단계로 접어들었다.

• 이 단어는 대명사, 형용사 뒤에 놓여 명사의 성격을 띨 수 있다.

[예문1] 博古特的冲刺非常有力。 볼트의 라스트 스퍼트는 무척 힘이 있다.

[예문2] 凭借有力的冲刺，博古特最终轻松夺冠。 힘찬 막판 역주로 볼트는 마침내 가볍게 우승을 차지했다.

阶段

(사물이 발전해나가는) 단계. 흔히 "시작 단계(起步阶段)", "초급 단계(初级阶段)", "발전 단계(发展阶段)" 등의 말과 어울려 표현된다.

[예문1] 植物的成长分为四个阶段：萌芽阶段、成长阶段、成熟阶段、衰老阶段。 식물의 성장은 맹아 단계, 성장 단계, 성숙 단계, 노쇠 단계 네 단계로 나뉜다.

[예문2] 别急，公司还处于发展阶段，以后慢慢会好起来的。 조급해마라, 회사는 아직 발전 단계에 있어 이후에 서서히 좋아질 것이다.

率先

앞장서서. 먼저. 흔히 "앞장서서 출발하다(率先出发)", "먼저 발언하다("率先发言)", "먼저 실현하다(率先实现)" 등의 말과 어울려 표현된다.

[예문1] 大会刚开始，洪大辰就率先发言。 대회가 막 시작되자 홍대진은 먼저 발언했다.

[예문2] 这家公司率先采用最新科技，研制的产品深受好评。 이 회사는 최신 과학기술을 앞장서서 도입해 연구제작한 생산품은 깊은 호평을 받았다.

遗憾

1. 형용사로, 유감스럽다. 아쉽다. 흔히 "~에 대해 유감스러움을 느끼다/깊이 느끼다/ 깊이 나타내다(对……感到/深感/表示遗憾)" 등의 문장으로 표현된다. 이런 문장은 외교에 있어 항의와 불만 등을 나타낼 때 자주 쓰인다.

[예문1] 很遗憾，没能见到洪大辰最后一面，等我到达机场时，飞机已经起飞了。 유감스럽게도 홍대진의 마지막 모습을 보지 못했는데, 내가 공항에 도착했을 때 비행기는 이미 이륙했다.

[예문2] 我们对这件事情感到非常遗憾。 우리는 이 일에 대해 무척 유감스러움을 느꼈다.

2. 명사로, 유감. 아쉬움. 흔히 "영원한 아쉬움(永远的遗憾)", "가장 큰 유감(最大的遗憾)" 등의 말과 어울려 표현된다.

[예문1] 去了中国, 可是没有去长城, 这成了洪大辰中国之行的最大遗憾。 중국에 갔지만 만리 장성에 가지 않았는데, 이는 홍대진이 중국여행에서의 가장 큰 유감이 됐다.

[예문2] 没能嫁给心爱的男朋友, 这是她的终生遗憾。 마음으로 사랑하는 남자친구한테 시집 가지 못한 것이 그녀의 평생 아쉬움이다.

获得

획득하다. 얻다. 흔히 "칭찬을 받다(获得表扬)", "일등을 차지하다(获得第一名)", "표창을 받다(获得奖励)" 등의 말과 어울려 표현된다.

[예문1] 在那次比赛中, 洪大辰获得了第一名。 그 시합에서 홍대진은 일등을 차지했다.

[예문2] 洪大辰工作非常努力, 因此获得金社长的表扬。 홍대진은 업무에 무척 열심이어서 김 사장님의 칭찬을 받았다.

不止

1. (계속) 그치지 않다. 흔히 "큰 웃음이 그치지 않다(大笑不止)", "통곡이 그치지 않다(大哭不止)", "피가 멈추지 않고 흐르다(血流不止)" 등의 말과 어울려 표현된다.

[예문1] 看到妈妈走了, 小朋友开始大哭不止。 엄마가 떠나는 것을 보고 아이는 울음을 멈추지 않기 시작했다.

2. ~에 그치지 않다. ~를 넘다. 어떤 수 또는 범위를 넘어섬을 나타낸다.

[예문1] 昨天迟到的同学不止10位。 어제 지각한 학우들은 열 명에 그치지 않는다.

[예문2] 老先生恐怕不止70岁了。 노선생께선 일흔 살을 넘지 않았을까 싶다.

본문 문장구조 익히기

1. **为……而来** ~하기 위해 왔다.

昨晚的观众上座率为开赛以来最多, 都为刘翔而来。 어제 저녁 관중 입장률은 개장 이래 최대였는데, 전적으로 류샹을 보기 위해 온 것이었다.

• 이 문장구조는 어떤 목적을 달성하기 위해 특별히 왔다는 것을 나타낸다.

[예문1] 这次的中国之行, 洪大辰是为拜访王先生而来。 이번 중국여행에서 홍대진은 왕 선생을 만나뵙기 위해 왔다.

[예문2] 金老师您好, 我是为洪大辰的学习问题而来的, 您辛苦了。 김 선생님 안녕하세요, 저는 홍대진의 학습 문제 때문에 왔습니다, 수고 많으십니다.

2. **刚……, 就……** ~하자마자 곧 ~하다. ~하기만 하면 ~하다.

身披1715号码的刘翔刚露面, 起点附近的观众就送以不间断的掌声和呼喊。 몸에 1715번을 단 류샹이 모습을 갓 드러내자 출발점 부근의 관중들은 끊임없는 박수와 함성을 보냈다.

• 이 문장구조는 "一……, 就……"와 마찬가지로 한 동작이 발생한 뒤에 이어서 다른 동작이 곧 발생함을 나타낸다.

[예문1] 小朋友刚看见妈妈, 就高兴地大叫起来。 어린 아이는 엄마를 보자마자 기쁘게 소리쳤다.

[예문2] 洪大辰刚躺下就睡着了。 홍대진은 눕자마자 곧 잠들었다.

3. **尽管……, 但是……** 설령 ~라 하더라도. ~에도 불구하고. 비록 ~일지라도.

尽管在最后冲刺阶段稍稍放慢了速度, 但仍以13秒34率先冲过终点。 막판 스퍼트 단계에 다소 속도를 늦췄음에도 여전히 13초 34로 제일 먼저 결승점을 주파했다.

[예문1] 尽管他只有5岁, 但他会熟练地使用计算机。 그는 겨우 5살밖엔 안됐지만, 익숙하게 컴퓨터를 쓸 줄 안다.

[예문2] 尽管他是个亿万富翁, 但他一向非常低调。 그는 억만장자임에도 줄곧 떠벌리지 않고 무척 조용하다.

加内特又能飞了

가넷은 또 날 수 있다

北京时间10月15日和10月19日，凯尔特人分别和猛龙在主、客场进行了两场比赛。这两场比赛凯尔特人都取得了胜利。令球队更为兴奋的是，加内特的状态越来越好。

在主场战胜猛龙队的比赛中，加内特两度上演空中接力。看到加内特这样的表现，板凳上的队友都不禁站起来为他欢呼。皮尔斯兴奋地说："他在场上跑得很开心，经常可以看到他在篮圈之上飞来飞去。我们已经有阵子没看到这个了。"

在10月19日，客场挑战猛龙时，加内特继续保持着自己出色的竞技状态，在27分钟的上场时间里，加内特砍下21分。

在这场胜利之后，有两项数据更为值得关注。加内特在比赛的第一节和第三节分别上场10分17秒和11分17秒。加内特几乎打满了这两节，这也和常规赛加内特的出场时间是相吻合的。这意味着加内特已经可以进入常规赛时间。“能坚持这么长时间是我没有想到的，上场之后就要想到如何去执行比赛。”加内特表示。

里弗斯也已经开始打算逐渐增加加内特的上场时间，“他看上去很不错，他已经为更长的比赛时间做好准备了。”里弗斯表示。

常规赛还有一周就要开打了。一个健康的加内特就是凯尔特人开始新赛季的最好征兆。

在新赛季的训练营和季前赛中，加内特依然表现得十分谨慎。不过在场上找到感觉之后，加内特逐渐放开了自己，他甚至已经可以在训练中进行火爆的空中接力扣篮。在看到加内特这样的表演之后，凯尔特人十分振奋。加内特也兴奋地宣布：“我的翅膀回来了。”

《中国体育报》2009年10月20日

본문 단어 익히기

主场［名］zhǔ chǎng 홈구장. 홈그라운드(home grounds).

客场［名］kè chǎng 상대팀 그라운드. 원정 구장.

战胜*［动］zhàn shèng (전쟁이나 시합에서 싸워) 이기다. 승리하다.

度［量］dù 차례. 번.

上演［动］shàng yǎn (연극, 무용 등을) 상연(上演)하다. 공연하다.

接力［动］jiē lì (하나씩) 교대로 진행하다. 릴레이(relay)하다.

板凳［名］bǎn dèng (등받이가 없는) 긴 나무 걸상. 벤치(bench).

队友［名］duì yǒu 팀 동료. 조직의 동료.

不禁［副］bù jìn 참지 못하게. 견디지 못하게. 자기도 모르게. 참을 수 없을 정도로.

篮圈［名］lán quān (농구 골대의) 림(rim).

阵*［量］zhèn 일이나 동작이 거쳐서 간 단락을 나타낼 때 쓰임.

挑战* [动] tiǎo zhàn 도전하다.

继续 [动] jì xù 계속하다.

保持* [动] bǎo chí (원래의 상태를) 유지하다.

出色* [形] chū sè 출중(出衆)하다. 뛰어나다. 특별히 좋다. 훌륭하다. 탁월하다.

竞技 [动] jìng jì (각종) 운동 경기.

上场 [动] shàng chǎng (배우가) 무대에 오르다. (운동선수가) 출장하다. 출전하다. 경기장에 나서다.

砍 [动] kǎn (도끼로) 찍다. 패다.

项* [量] xiàng 조목(條目)의 사물을 나누는 데 쓰임.

几乎* [副] jī hū 1. 거의. 2. 하마터면. 자칫하면. 자칫 잘못했더라면.

吻合* [形] wěn hé 완전히 부합(符合)하다. 꼭 들어맞다.

常规赛 [名] cháng guī sài 페넌트 레이스(pennant race). 프로야구, 프로축구, 프로농구처럼 장기간에 걸쳐 펼치는 많은 게임을 통해 우승을 겨루는 시합.

执行* [动] zhí xíng (정책, 법률, 명령, 계획 등을) 집행하다.

打算* [动] dǎ suàn 계획하다. 고려하다.

开打 [动] kāi dǎ (중국의 전통극에서 배우가) 치고받고 싸우다. 격투(格鬪)하다. 박전(搏戰)하다.

征兆 [名] zhēng zhào 조짐(兆朕). 징조(徵兆). 전조(前兆). 징후(徵候).

训练营 [名] xùn liàn yíng 훈련 캠프(Camp). 트레이닝 캠프(Training camp).

季前赛 [名] jì qián sài 연습 게임. 평가전.

谨慎* [形] jǐn shèn 신중하다. 조심스럽다.

放开 [动] fàng kāi 1. 크게 하다. 2. 놓아주다. 석방하다. 방면하다. 3. 길게 하다. 펴다. 넓히다.

火爆* [形] huǒ bào 1. (성미가) 급하다. 불같다. 성급하다. 2. 왕성하다. 한창이다.

扣篮 [动] kòu lán 덩크 슛.

振奋* [形] zhèn fèn 1. (정신이) 고무적이다. 활기차다. 2. 북돋우다. 활기차게 하다. 진작시키다.

翅膀 [名] chì bǎng 날개.

加内特 [专名] jiā nèi tè 케빈 가넷(Kevin Garnett). 미국 NBA 농구 보스턴 셀틱스(Boston Celtics)에서 포워드로 활동 중인 선수.

凯尔特人 [专名] kǎi ěr tè rén 보스턴 셀틱스(Boston Celtics). 1946년 창단 후 16차례 우승 차지.

猛龙 [专名] měng lóng 토론토 렙터스(Toronto Raptors). 미국 동부콘퍼런스 애틀랜틱디비전 프로농구팀으로, 1995년에 창단했음.

战胜

(전쟁이나 시합에서 싸워) 이기다. 승리하다. 흔히 "맞수와 싸워 이기다(战胜对手)", "적과 싸워 이기다(战胜敌人)" 등의 말과 어울려 표현된다.

[예문1] 昨天的棒球比赛中, 韩国队战胜了日本队。 어제 야구시합에서 한국팀은 일본팀을 이겼다.

[예문2] 洪大辰最终战胜了对手, 赢得了冠军。 홍대진은 마침내 맞수와 싸워 이겨서 우승을 차지했다.

- 현재 이 단어는 "자신과 싸워 이기다(战胜自我)", "질병과 싸워 이기다(战胜病痛)", "암세포와 싸워 이기다(战胜癌细胞)" 등처럼 생활의 각종 영역에 걸쳐 보편적으로 쓰인다.

阵

일이나 동작이 거쳐서 간 단락을 나타낼 때 쓰임. 흔히 "요즘(这阵儿)", "그 무렵(那阵儿)", "한바탕 비가 내리다(下一阵雨)", "한바탕 울다(哭一阵)" 등의 말과 어울려 표현된다.

[예문1] 好长一阵子没有看到洪大辰了, 他到哪里去了? 한참 동안이나 홍대진을 못 봤는데, 그는 어디로 간 걸까?

[예문2] 洪大辰忽然感到胸口一阵剧痛, 等他醒来的时候, 发现自己已经躺在医院里了。 홍대진은 갑자기 가슴에 극심한 통증을 한 차례 느꼈는데, 그가 깨어났을 때 이미 자신이 병원에 누워있는 것을 발견했다.

挑战

도전하다. 흔히 "도전을 하다(发起挑战)", "도전을 받아들이다(迎接挑战)", "도전에 맞서다(面对挑战)", "자신에게 도전하다(挑战自我)" 등의 말과 어울려 표현된다.

[예문1] 洪大辰向对手发起挑战, 可对手竟不理会。 홍대진은 맞수에게 도전했지만, 맞수는 거들떠보지도 않았다.

[예문2] 公司的发展遇到了巨大的挑战, 希望大家一定要团结。 회사의 발전이 커다란 도전에

부딪치게 됐으니 여러분 반드시 단결하길 바랍니다.

● 이 단어는 대명사, 형용사 뒤에 놓여 명사의 성격을 띨 수도 있다.

[예문1] 对手竟没有理会洪大辰的挑战。 맞수는 홍대진의 도전에 아랑곳하지도 않았다.

[예문2] 这次, 洪大辰面对的是一个巨大的挑战。 이번에 홍대진이 맞선 것은 커다란 도전이다.

保持

(원래의 상태를) 유지하다. 흔히 "연락을 유지하다(保持联系)", "안정을 유지하다(保持稳定)", "냉정을 유지하다(保持冷静)", "체중을 유지하다(保持体重)", "침묵을 유지하다(保持沉默)" 등의 말과 어울려 표현된다.

[예문1] 中国政府指出: 香港的现行制度将保持50年不变。 중국정부는 홍콩의 현행제도가 장래 50년 동안 불변할 것이라고 밝혔다.

[예문2] 经济专家认为, 未来近几年, 全球经济将保持下降趋势。 경제전문가는 미래 몇 년 동안은 글로벌 경제가 하강 추세를 유지할 것이라고 보고 있다.

出色

출중(出衆)하다. 뛰어나다. 특별히 좋다. 훌륭하다. 탁월하다. 흔히 "활약이 뛰어나다(表现出色)", "업무가 탁월하다(工作出色)", "상태가 훌륭하다(状态出色)" 등의 말과 어울려 표현된다.

[예문1] 在昨天的比赛中, 洪大辰的表现非常出色。 어제 시합에서 홍대진의 활약은 무척 뛰어났다.

[예문2] 洪大辰是一位出色的足球运动员。 홍대진은 훌륭한 축구선수이다.

项

조목(條目)의 사물을 나누는 데 쓰임. 흔히 "기록 하나(一项纪录)", "한 종목의 경기(一项比赛)", "한 차례의 교역(一项交易)", "임무 하나(一项任务)" 등의 말과 어울려 표현된다.

[예문1] 金社长对洪大辰提出一项要求: 每天早晨提前半个小时到达公司。 김 사장은 홍대진에게 매일 아침 30분 일찍 회사에 오라고 요구를 하나했다.

[예문2] 洪大辰正在处理一项重要的任务, 你们等会儿再来找他吧。 홍대진은 지금 중요한 임무를 하나 처리하고 있으니 좀 있다가 그를 찾아오도록 해라.

几乎

1. 거의.

[예문1] 今天到会的几乎有五百人。 오늘 회의에 참석한 사람이 거의 500명은 된다.

[예문2] 关于这个问题, 我几乎一无所知。 이 문제에 관해 나는 거의 아는 바가 없다.

2. 하마터면. 자칫하면. 자칫 잘못했더라면.

[예문1] 路太滑了, 我几乎摔倒。 길이 미끄러워서 하마터면 넘어질 뻔 했다.

[예문2] 十年过去了, 洪大辰的变化太大了, 我几乎认不出来他了。 10년이 지나 홍대진의 변화는 너무 커서 하마터면 그를 몰라볼 뻔 했다.

吻合

완전히 부합(符合)하다. 꼭 들어맞다. 흔히 "서로 꼭 들어맞다(互相吻合)", "무척 부합되다(非常吻合)", "고도로 부합되다(高度吻合)" 등의 말과 어울려 표현된다.

[예문1] 洪大辰所说的与我见到的完全吻合。 홍대진이 말한 것은 내가 본 것과 완전히 부합된다.

[예문2] 洪大辰的观点与我的观点并不吻合。 홍대진의 관점은 내 관점과 결코 부합되지 않는다.

执行

(정책, 법률, 명령, 계획 등을) 집행하다. 흔히 "임무를 집행하다(执行任务)", "계획을 집행하다(执行计划)", "명령을 집행하다(执行命令)", "엄격하게 집행하다(严格执行)" 등의 말과 어울려 표현된다.

[예문1] 战士决心严格执行上级的命令。 전사는 상부의 명령을 엄격하게 집행하기로 결정했다.

[예문2] 洪大辰正在执行金社长交给他的任务, 请不要打扰他。 홍대진은 김 사장이 그에게 넘긴 임무를 집행하고 있으니 방해하지 말아라.

打算

1. 동사로서, 계획하다, 고려하다.

[예문1] 洪大辰打算下个月去中国旅游。 홍대진은 다음 달에 중국 여행을 갈 계획이다.

[예문2] 金社长打算离开公司, 重新创业。 김 사장은 회사를 떠나 다시 새로 창업할 계획이다.

2. 명사로서, 계획. 생각. 흔히 "업무계획(工作打算)", "초보적인 계획(初步打算)", "가장 나쁜 계획(最坏的打算)" 등의 말과 어울려 표현된다.

[예문1] 新的一年到了, 我的打算是: 在今年找到一份好工作! 새로운 한 해가 와서 나의 계획은 올해 좋은 직장을 찾는 것이다!

[예문2] 洪大辰已经做好了辞职的打算。 홍대진은 이미 사직할 생각을 굳혔다.

谨慎

신중하다. 조심스럽다. 흔히 "신중하게 대하다(谨慎对待)", "겸허하고 신중하다(谦虚谨慎)" 등의 말이나 "~에 대해 무척 신중하다(对……十分谨慎)", "~에 신중하게 대하다(谨慎对待……)" 등의 문장과 어울려 표현된다.

[예문1] 他对这个计划十分谨慎。 그는 이 계획에 대해 무척 신중하다.

[예문2] 他告诉洪大辰要谨慎对待这个计划。 그는 홍대진한테 이 계획에 신중하게 대하라고 알려줬다.

火爆

1. (성미가) 급하다. 불같다. 성급하다. 흔히 "불같은 성미(火爆脾气)", "급한 성격(火爆性子)" 등의 말과 어울려 표현된다.

[예문1] 洪大辰脾气火爆, 经常得罪人。 홍대진은 성미가 불같아서 자주 남의 미움을 산다.

2. 왕성하다. 한창이다. 흔히 "굉장한 장면(场面火爆)", "한창인 지대(火爆地带)" 등의 말과 어울려 표현된다.

[예문1] 昨天, 那位歌星在这里举行了见面会, 场面十分火爆。 어제 그 가수는 여기서 만남의 자리를 열었는데, 장면이 무척 굉장했다.

[예문2] 这几年, 老百姓都有钱了, 日子越过越火爆了。 요 몇 년 동안 서민들 모두가 돈이 있어 생활이 갈수록 한창 좋다.

- 요즘 이 단어는 여성의 몸매가 무척 좋음을 형용할 때에도 자주 쓰인다.

[例1] 这个演员身材真火爆! 이 배우 몸매가 정말 좋은걸!

振奋

1. (정신이) 고무적이다. 활기차다. 흔히 "정신이 활기차다(精神振奋)" 등의 말과 어울려 표현된다.

[예문1] 队员们个个精神振奋, 决心拿下比赛。 팀원들마다 정신을 활기차게 해서 시합에서 이길 것을 결심했다.

2. 북돋우다. 활기차게 하다. 진작시키다.

[예문1] 这个消息真是振奋人心啊! 이 소식은 정말 사람의 마음을 북돋운다.

[예문2] 听到这个振奋人心的好消息后, 大家都高兴地叫了起来。 이 사람의 마음을 북돋우는 희소식을 듣고서 모두들 기쁘게 환호하기 시작했다.

본문 문장구조 익히기

1. **为……欢呼** ~에/~을 위해 환호하다.

看到加内特这样的表现, 板凳上的队友都不禁站起来为他欢呼。 가넷의 이같은 활약을 본 벤치의 팀 동료들은 기립을 금치 못하고 그에게 환호를 보냈다.

[예문1] 让我们为胜利欢呼! 우리 승리를 위해 환호합시다!

[예문2] 让我们为刘翔的到来而欢呼! 우리 류샹의 도래를 위해 환호합시다!

2. **看上去很……** 보기에 무척 ~해 보인다.

他看上去很不错, 他已经为更长的比赛时间做好准备了。 보기에도 참 괜찮은 것 같습니다. 그는 더 많은 출전시간을 뛸 준비를 이미 다 해놨지요.

[예문1] 今天, 老王看上去很精神。 오늘 왕 형은 보기에 무척 준수해 보인다.

[예문2] 穿上西装, 洪大辰看上去很像一个领导。 양복을 입으니 홍대진은 보기에 무척 리더같이 보인다.

종합연습 [练习]

Ⅰ. 다음 빈칸에 들어갈 알맞은 단어를 고르시오.

1.证据表明，这件事情______是洪大辰做的。

A.好像　　B.确实　　C.应该　　D.可能

2.小王的手受伤了，血流______。

A.成河　　B.不停　　C.不止　　D.不多

3.我______到家，就收到了洪大辰的电话。

A.马上　　B.恰巧　　C.已经　　D.刚

4.洪大辰是一位______的歌手，走到哪里，都有他的粉丝。

A.失败　　B.出色　　C.普通　　D.不错

5.老王的脾气十分______，经常和同事吵架。

A.火爆　　B.马虎　　C.温和　　D.焦急

6.洪大辰______很轻松的样子，应该没什么问题的。

A.看上去　　B.听说　　C.有点儿　　D.实际上

Ⅱ. 다음 질문에 간단하게 답하시오.

1.和其他运动员相比，刘翔的优势体现在哪一点？

2.比赛结束后，刘翔把什么东西送给了现场观众？

3.从课文来看，NBA常规赛大约在什么时候开始？

Ⅲ. 다음 주제에 대하여 중국어로 토론하시오.

1.您喜欢刘翔吗？原因是什么？

2.您最喜爱哪种运动？平常，你是以什么方式参与到这种运动中来的？

사랑과 우연, 기록의 역사 현장 시안(西安)

시안 비림

세상에는 절대적인 진리와 필연적인 법칙이 있다지만, 그 선택은 변덕스런 인간에게 달려있기에 우리가 역사를 보면 우연으로 가득 차 있는 것을 발견하게 된다. 더욱이 남녀의 사랑이나 전쟁의 경우라면? 인류가 역사의 기록을 남기는 이유도 그만큼 불완전한 인간에게 최대한 우연을 줄여보라는 바램에서 비롯된 것이리라. 그렇지만 러브스토리나 전쟁사가 오랜 세월이 지나도 사람들에게 두고두고 얘기되는 까닭은 아무래도 삶의 우여곡절이 가져다주는 재미 때문일 것이다. "자손들이 오래도록(長) 평안하기를(安) 바란다"는 모두의 염원을 담아 이름 붙여졌던 천 년의 도읍지 장안(長安). 하지만 이 도읍지는 훨씬 이전부터 밖으로는 북방과 서역의 줄기찬 공격과 약탈에 시달렸고, 안으로는 여러 왕조가 갈리고 정권 다툼이 빈번했기에 붙여진 이름이었다. 그만큼 오늘날 시안(西安)은 역사의 온갖 우여곡절과 역사의 기록을 새긴 현장이 간직된 곳이다. 그 중 당 현종과 양귀비의 러브스토리 무대이자 중국 근대사의 물줄기를 바꾸었던 곳 화청지(華淸池)와 인류의 보편 진리의 교훈을 담아 기록한 중국 최대의 석조문고(石彫文庫) 비림(碑林)을 찾았다.

시안 시내에서 버스를 타고 북동쪽으로 30분가량 가니 여산(驪山)자락 아래 자리한 화청지가 보였다. 이곳은 산세가 뛰어나고 온천수가 풍부해 주나라 때부터 무려 3천 년 동안 온천 휴양지로 각광을 받아왔다. 하지만 화청지는 온천지보다 당나라의 현종(玄宗)과 양귀비(楊貴妃)가 사랑을 나눈 장소로 더 많이 알려져 있는데, 이는 사랑과 권력, 현실과 이상의 갈등이 마치 한 편의 드라마처럼 장소와 어우러진 까닭이다. 서시, 왕소군, 초선과 더불어 중국의 4대 미인으로 손꼽히는 양귀비는 어려서부터 노래와 춤, 특히 비파를 연주하는데 뛰어났으며, 총명하면서도 용모가 천하절색이었다. 양귀비는 원래 현종의 아들인 수왕(壽王)의 비(妃)로 17살의 꽃다운 나이에 궁궐에 들어갔지만, 이내 시아버지인 현종의 눈에 먼저 들게 된다. 어느날 술자리에서 자기의 며느리가 추는 예상우의무(霓裳羽衣舞)를 보고 그 요염한 자태에 마음을 통째로 빼앗긴 현종은 시아버지란 체통을 망각하고 그녀를 후궁으로 들이고 싶어 하는데, 이는 도의를 중시하는 중국에서는 있을 수 없는 일이었다. 현종은 이를 무마하기 위해 양귀비를 도교의 승으로 일단 출가시킨 뒤 다시 궁으로 불러들이는 편법을 동원해 마침내 그녀를 차지한다. 현종은 양귀비를 위해 태진궁(太眞宮)을 지어주며 이곳을 그들만의 사랑의 보금자리로 삼았고, 역대 제왕의 행궁별장이었던 여궁(驪宮)을 크게 넓혀 '화청궁(華淸宮)'이라 이름 하였다. 현종은 매년 10월 즈음이면 추위를 피하기 위해 양귀비와 이곳에 와서 겨울을 보냈고, 이듬해 봄이 되어서야 장안으로 돌아갔다. 화청궁 온천의 수질은 매우 깨끗하고 수온은 항상 43℃를 유지하며 다량의 광물질을 함유하고 있어서 피부미용과 관절염, 신경통 등에 효험이 있다고 한다. 양귀비가 장기간 미모를 유지한 것과 당태종이 고령의 나이에도 여전히 정력이 왕성했던 것도 화청지에서 장기간 온천

시안 화청지 안쪽 정원궁

시안 화청지 양귀비 입상

욕을 한 덕분이라 한다. 하지만 현종이 양귀비에게 푹 빠져 국정을 소홀히 한 탓에 나라는 기울게 되고, 급기야 '안사의 난'이 일어나 사천성까지 피난가야 하는 수모를 겪게 된다. 호위병사들은 이내 현종에게 나라를 파탄 지경으로 내몬 양귀비를 죽일 것을 강요하고, 결국 현종은 사랑하는 양귀비에게 스스로 목을 맬 비단천을 내주고 만다.

입구에 들어서자 현종과 양귀비가 사랑을 맹세했던 장생전(長生殿)이 있고, 그 안으로 당시의 화려했던 풍경을 상상한 모형이 전시되어 있었다. 중국 역사상 가장 태평성세로 기억되는 당시 성당(盛唐)의 위용도 그러하지만, 양귀비의 생일날 주변 각국의 외신들이 줄지어 선물을 바치고 있는 모습은 승승장구하며 막강한 권세를 휘둘렀던 그녀의 위상을 짐작케 한다. 다음으로 현종이 화청궁 안에서 양귀비와 처음 술을 마시는 장면을 담은 벽화를 봤다. 90여 개의 한백옥으로 조성된 길이 9.15m, 높이 3.6m인 이 대형벽화는 수많은 궁궐대신들과 궁녀들에 둘러싸여 음주가무 속에 서로의 사랑을 나누는 호사스러움 그 자체였다. 그 뒤로 이어지는 정원에 들어서니 연못중앙에 흰색의 대리석으로 조각한 높이 3m의 반라의 양귀비 입상(立像)이 있었다. 여우 가죽을 걸치고 몸을 반쯤 노출한 양귀비가 약간 머리를 숙인 요염한 자태로 천천히 욕탕에 들어가는 모습이다. 예로부터 절세미인은 나라를 기울게 하는 '경국지색(傾國之色)'이라 했던가? 과연 양귀비의 출현은 우연이었지만 그것은 역사를 바꾸어 놓았다.

양귀비의 전용 목욕탕이었던 해당탕(海棠湯)과 현종의 전용 목욕탕 연화탕(蓮華湯), 그리고 양귀비와 현종이 목욕 후 머리를 말리며 여산의 낙조(落照)를 감상하던 양발대(凉髮臺)를 주마간산격으로 지나치며 그 규모만 짐작한 채, 곧장 시안사변(西安事變)의 현장인 오간청(五間廳)으로 향했다. 북적이는 인파 속에서 당시를 상상하기도 어차피 힘들었지만, 역사의 유물인 욕탕이 한낱 관광객들이 던진 동전들로 채워지는 모습에 이내 기분이 잡쳐버린다. 화청지 안쪽 끝에 위치한 오간청은 1936년 일본이 중국 침략을 한창 노골화하던 때 공산당 토벌을 명하러 온 장제스(蔣介石)가 국공합작(國共合作)을 주장하던 짱쉐량(張學良)에게 쫓겨 숨어 있다가 결국 체포되어 국공합작이 이루어졌던 장소이다. 공산당을 섬멸한 뒤 일본에 대항한다는 원칙을 고수하며 항일 호소를 수차례 외면해온 장제스는 시안 북쪽의 공산당 최전선을 시찰하며 공산당 토벌을 독려하러 왔다가 군벌이 파견한 병사들에게 체포되어 구금 당하게 된다. 이것이 바로 중국 근대사의 전환점이 된 '시안사변'인데, 이 사건으로 인해 장제스는 "공산당 섬멸보다는 항일이 우선"이라는데 마지못해 동의하고 공산당과 항일전선을 구축하게 된다. 이 사건을 계기로 섬멸 위기에 놓였던 공산당은 극적으로 회생하여 전열을 가다듬게 되었고, 무엇보다도 공산당의 지지기반을 폭넓게 확보하게 되었다. 이후 일본이 패망하자

시안 근대사의 물줄기를 바꾼 장소인 오간청

시안 국공합작을 강요하며 장제스를 감금한 곳

국민정부와 공산당은 다시 적대관계로 돌아가 국공내전을 벌이게 되고, 결국 국민정부는 타이완으로 패퇴하고 공산당은 1949년 중화인민공화국을 수립하게 되었다. 오간청 내부를 보니 당시 장제스가 머물렀던 침실과 응접실, 회의실 등이 있고, 그가 사용했던 생활용품 일부와 시안사변 때의 각종 자료, 사진 등이 전시되어 있었는데, 바깥 유리창문에는 아직도 두 개의 총탄 자국이 남아있어 당시 긴박하면서도 살벌했던 상황을 짐작케 한다. '시안사변', 이 우연은 이렇게 누구도 예상치 못한 근대사의 물줄기를 바꾸어놓았다.

마지막으로 중국의 역대 명필과 경전 등이 한데 모여 비석의 숲을 이룬 곳, '비림'을 찾았다. 비림은 당 현종을 비롯한 안진경, 구양순, 왕희지 등 명사들의 친필이 보존되어 있는 중국 서예 예술의 보고(寶庫)이자 고대 문헌 비석과 비석의 조각 도안 등이 집대성되어 있고, 대외 문화교류의 내용까지 기록되어 있어 그 역사적 가치는 헤아릴 수 없을 만큼 대단하다. 비림의 입구에는 비림에서 가장 큰 규모라 자랑하는 석대효경비(石臺孝經碑)가 우뚝 서있는데, 이는 현종이 친필로 공자와 그의 제자인 증자가 효에 대해 문답을 나눈 경서인 『효경 孝經』을 비석에 새긴 것이다. 양귀비와의 열애 때문에 현종은 역사에서 그리 좋은 평가를 받지 못하지만, 그는 시와 서예, 음악에 능하고 미술애호가인 다재다능한 인물이었다. 비림에는 약 3,000여 개의 비석이 7개의 전시실로 나뉘어 전시되고 있는데, 가장 중요한 비석들은 대개 1, 2, 3실에 전시되어 있었다. 제1실의 개성석경(開成石經)은 주역(周易), 상서(尙書), 시경(詩經) 등 12개의 경전을 새긴 것으로, 옛날 과거를 준비하던 유생들은 이 석경을 견본 삼아 자신의 실사본이 틀린 군데가 없는지 확인했다고 한다. 그동안 하도 많이 탁본을 해서인지 비석이 심하게 마모되어 지금은 유리로 싸서 보관하고 있다. 제2실에 가니 당나라 안진경의 필체부터 구양순체, 왕희지체 등을 볼 수 있는 다양한 비석들이 있었는데, 고대 서예 대가들의 각종 글씨체로 이루어진 비석들은 과연 비림이 서예 연구에 절대적인 위치를 차지하고 있는 이유를 충분히 짐작케 한다. 또한 제2실에 있는 '대진경교유행중국비(大秦景教流行中國碑)'는 동양에서 가장 오래된 기독교 관련 유물로 고대 동방기독교의 전파를 알려주는 유물이다. 781년 세워진 이 비는 로마를 '대진', 기독교를 '경교'라고 표기한 것으로, 머리 부분에는 '대진경교유행중국비'라는 아홉 자가 3행으로 새겨져 있고, 본체에는 한자와 고대 로마어로 당나라 때 기독교가 전파된 내용과 교회가 생기게 된 과정, 교리 등이 씌어져 있었다. 제3실로 접어드니 진시황제가 처음 중국을 통일한 후 문자를 일체화하면서 내세운 전서(篆書)로 쓴 비석하며 예서(隸書)나 초서(草書) 같은 다양한 문자 형태를 볼 수 있었다. 초서는 이백과 더불어 장안의 기인(奇人)으로 불리던 광초화초가 창안한 글씨인데, 술이 없으면 글씨를 쓰지 못하는 화초가 어느날 술에 취해 자기 머리를 풀어서 갈겨 쓴 글씨가 초서가 되었다고 하는 재밌는 이야기도 전한다. 제4실에는 글이 아닌 그림으로 표현한 공자상, 궁전 도면, 달마대사 초상화 등이 새겨진 비석들이 있어 옛날의 문화 형태를 파악할 수 있다. 그밖에 제5, 6, 7실에는 비교적 현대에 만들어진 비석들이 전시되어 있었는데, 관람하는 내내 탁본을 뜨려는 사람들과 탁본을 고르는 사람들로 장사진을 이룬 모습이 확실히 서예 예술의 최고 위상을 실감케 하였다. 고대 바빌론과 이집트, 인도와는 달리 세계 문명 고국(古國) 중에서 유일하게 오늘날까지 남아있는 중국. 중단되지 않은 역사 속에는 이렇게 기록을 소중히 여길 줄 아는 문화적인 노력이 있었기에 가능했던 것이 아니었을까?

여기서 양귀비와 관련한 중국의 '얼짱 신드롬' 이야기 하나. 양귀비의 무덤은 다른 무덤과는 달리 벽돌로 덮여 있는데, 그 이유는 양귀비 무덤의 흙으로 팩을 하면 예뻐진다는 소문 때문에 너도나도 흙을 마구 퍼갔기 때문이라고 한다. 예나 지금이나 예뻐지고 싶은 욕망은 참 말리기 힘든가보다.

08

과학기술정보 科技信息

冬季宜多吃大白菜

겨울철엔 배추 많이 먹어야

中国移动携手日韩公司海外推广TD-SCDMA技术

차이나 모바일, 한국과 일본 회사와 제휴해 해외로 TD-SCDMA기술 확대

冬季宜多吃大白菜
겨울철엔 배추 많이 먹어야

入冬后，冬储白菜又成为我们日常生活最常见的蔬菜，白菜炖豆腐是许多市民饭桌上的首选菜肴。不过，你知道白菜的营养价值在哪里吗，怎么吃才能更营养呢？

大白菜的口味相对偏甜，含糖量比别的菜略高些，但和甜食比是有天壤之别的。大白菜升血糖能力很弱，含有阻断糖吸收的成分，糖尿病人可以把它当作主菜。因为大白菜含水量很高（约95%），而热量很低，是减肥的极好食品。

胃溃疡患者宜多吃大白菜，大白菜含有丰富的钙，一杯熟的大白菜汁能够提供几乎与一杯牛奶一样多的钙，而且大白菜汁的钙磷配比比牛奶更接近母乳，因此大白菜中的钙比牛奶更容易吸收，是果蔬中最佳的钙来源，而且大白菜是含锌冠军，锌能促进人体对钙的吸收，减少钙的排放和流失。难怪中医中有大白菜“强筋壮骨”一说。

大白菜是最佳的纯天然补锌剂，大白菜是所有蔬菜中的含锌冠军，锌是人体发育所需的重要元素，摄入足量的锌可以使女人的皮肤细白，男人的精液充沛。而且，大白菜含有一种化合物，能够帮助分解与乳腺癌有关的雌激素，这种物质的含量约占大白菜重量的1%。中国妇女的乳腺癌发病率比西方妇女低得多，这与中国人吃大白菜比较多有一定关系。大白菜还含有能保护胃溃疡黏膜的维生素U，所以有溃疡病的人，常吃大白菜有益。

《上海科技报》2009年11月17日

본문 단어 익히기

宜 [助] yí 마땅히. 응당. 반드시.

日常 [形] rì cháng 일상적인. 일상의.

蔬菜 [名] shū cài 야채. 채소.

炖 [动] dùn 1. (약한 불에 장시간) 고다. (푹) 삶다. 2. 데우다. 덥히다.

市民 [名] shì mín 시민.

饭桌 [名] fàn zhuō 식탁.

首选* [动] shǒu xuǎn 첫 번째로 뽑다. 우선적으로 선택하다.

菜肴 [名] cài yáo 요리. 반찬.

价值* [名] jià zhí 가치.

口味* [名] kǒu wèi 1. (음식의) 맛. 2. 입맛. 구미. 3. (개개인의) 취향. 기호.

相对* [形] xiāng duì 상대적인. 비교적인.

偏* [动] piān (어떤 표준과 비교하여) 차이가 나다. 격차가 나다.

含糖量 [名] hán táng liàng 당분 함유량.

略* [副] lüè 조금. 약간.

甜食 [名] tián shí (맛이) 단 식품. 단것.

天壤之别 [成语] tiān rǎng zhī bié 천양지차(天壤之差). 엄청난 차이.

血糖 [名] xuè tang 혈당.

弱 [形] ruò 약하다. 뒤처지다. 뒤떨어지다. 못하다.

含有 [动] hán yǒu (어떤 물체를) 가지다. 함유하다.

阻断 [动] zǔ duàn (흐름, 추세 따위를) 막다. 저지하다.

吸收* [动] xī shōu 1. (물체가 외부의 어떤 물질을) 흡수하다. 빨아들이다. 2. (유기체가 조직 외부의 물질을 조직 내부로) 빨아들이다. 흡수하다. 받아들이다. 3. (물체가 어떤 현상이나 작용 등을) 완화시키다. 약화시키다. 사라지게 하다. 소실되게 하다. 4. (조직이나 단체에서 어떤 사람을 구성원으로) 받아들이다. 끌어들이다. 5. (어떤 지식, 경험, 사상 등을) 받아들이다. 흡수하다. 얻다.

糖尿病 [名] táng niào bìng 당뇨병.

主菜 [名] zhǔ cài 주된 요리.

含水量 [名] hán shuǐ liàng 수분 함유량.

极* [副] jí 아주. 매우. 극히. 대단히. 지극히. 몹시.

胃 [名] wèi 위. 위장.

溃疡 [名] kuì yáng 궤양.

丰富* [形] fēng fù (물질, 학식, 경험 등이) 풍부하다.

钙 [名] gài 칼슘(calcium).

汁 [名] zhī 즙. 주스(juice).

磷 [名] lín 인(燐, phosphorus).

配比 [名] pèi bǐ 배분율(配分律). 배합률(配合律). 조합률(組合律). 혼용률(混用律).

母乳 [名] mǔ rǔ 모유.

最佳* [形] zuì jiā 최적이다. 가장 적당하다.

来源 [名] lái yuán 근원. 기원. 출처.

锌 [名] xīn 아연(亞鉛).

人体 [名] rén tǐ 인체. 몸.

排放 [动] pái fang (폐기, 폐수, 폐기물 등을) 내보내다. 배출(排出)하다.

流失 [动] liú shī 없어지다. 유실되다.

难怪* [副] nán guài 1.어쩐지. 과연. 당연히. 그러니. 2. 나무라기 어렵다. 꾸짖을 수 없다.

中医 [名] zhōng yī 중국 의학. 중의학 의사.

强筋壮骨 [成语] qiáng jīn zhuàng gǔ 몸이 강인하다.

纯 [形] chún 1. 순수하다. 깨끗하다. 청정하다. 2. (어떤 일에) 익숙하다. 능수능란하다. 능숙하다.

天然 (名) tiān rán 천연.

补 [动] bǔ 动词 1. 보수하다. 첨가하다. 때우다. 깁다. 2. 보충하다. 메우다.

剂 [名] jì 배합하여 만든 약. 조제하여 만든 약.

发育 [动] fā yù 발육하다. 자라나다.

元素 [名] yuán sù 요소. 원소.

摄入 [动] shè rù 섭취하다.

足* [形] zú 충분하다. 넉넉하다.

细白 [形] xì bái 희고 부드럽다.

精液 [名] jīng yè 정액(精液).

充沛 [形] chōng pèi (충분하여) 왕성하다. 넘치다.

化合物 [名] huà hé wù 화합물.

分解 [动] fēn jiě 분해하다.

乳腺癌 [名] rǔ xiàn ái 유방암.

雌 [形] cí 암컷의.

激素 [名] jī sù 호르몬(hormone). 내분비물(內分泌物).

物质 [名] wù zhì 물질.

含量 [名] hán liàng 함량.

发病率 [名] fā bìng lǜ 발병률.

黏膜 [名] nián mó 점막(粘膜). 점액막(粘液膜).

维生素 [名] wéi shēng sù 비타민(vitamin).

본문 단어 자세히 익히기

首选

첫 번째로 뽑다. 우선적으로 선택하다. 흔히 이 단어 뒤에는 명사가 나와 선택한 목표 또는 내용을 나타낸다.

[예문1] 如果寒假出去旅游, 我首选海南岛。 겨울방학 때 여행 간다면 나는 우선적으로 하이난다오로 선택할꺼야.

[예문2] 啤酒嘛, 我首选青岛牌。 맥주라면 난 칭다오 브랜드가 첫 번째야.

• 이 단어는 인칭대명사 뒤에 놓여 명사의 성격을 띨 수 있다.

[예문1] 青岛啤酒, 清爽可口, 爱酒人士的首选! 칭다오 맥주는 시원하고 입에 잘 맞아 애주가들의 첫 번째이다!

价值

가치. 흔히 "참고 가치(参考价值)", "경제 가치(经济价值)", "이용 가치(利用价值)", "실용 가치

(实用价值)", "인생 가치(人生价值)", "투자 가치(投资价值)" 등의 말과 어울려 표현된다.

[예문1] 对我们来讲, 这则新闻具有很高的商业价值。 우리에게 이 뉴스는 참 높은 상업 가치를 갖고 있다.

[예문2] 新产品的投资价值非常高。 신상품의 투자 가치는 무척 높다.

口味

1. (음식의) 맛.

[예문1] 这道菜的口味很辣。 이 요리의 맛은 참 맵다.

[예문2] 这道菜的口味很不错。 이 요리의 맛은 참 괜찮다.

2. 입맛. 구미. 흔히 "A는 B의 입맛에 잘 맞는다/안 맞는다/무척 잘 어울린다(A很对/不对/很适合B的口味)"란 문장으로 표현되는데, 여기서 A는 음식을 나타내며, B는 사람을 나타낸다.

[예문1] 这道菜不对我的口味。 이 요리는 내 입맛에 안 맞는다.

[예문2] 妈妈烧的菜很适合客人的口味。 엄마가 해주신 요리는 손님의 입맛에 무척 잘 맞았다.

[예문3] 四川人的口味偏辣。 쓰촨 사람의 입맛은 매운데 편향되어 있다.

3. (개개인의) 취향. 기호. 흔히 "A는 B의 취향에에 잘 맞는다/안 맞는다/무척 잘 어울린다(A很对/不对/很适合B的口味)"란 문장으로 표현되는데, 여기서 A는 일 혹은 어떤 사물을 나타내며, B는 사람을 나타낸다.

[예문1] 这场演出很不适合我的口味, 我看得快要睡着了。 이 공연은 내 취향에 무척 안 어울려 나는 보다가 잠들었다.

[예문2] 他的穿衣风格很不对我的口味, 我很不喜欢。 그의 의상 풍격은 내 기호와 무척 안 맞아 나는 매우 싫어한다.

相对

1. 상대적인. 흔히 "상대적인 높이(相对高度)", "상대적인 우세(相对优势)", "상대적인 습도(相对湿度)" 등의 말과 어울려 표현된다.

[예문1] 每个人都应当合理利用自己的相对优势, 努力实现自己的人生目标。 사람마다 자신의 상대적인 우세를 합리적으로 이용해서 자신의 인생 목표를 실현하도록 노력해야 한다.

[예문2] 景山的相对高度是45.7米。경산의 상대적인 높이는 45.7미터이다.

2. 비교적인. 흔히 "비교적 안정적이다(相对稳定)", "비교적 낙관적이다(相对乐观)" 등의 말과 어울려 표현된다.

[예문1] 最近的天气相对稳定了很多。 요즘 날씨는 비교적 많이 안정됐다.

[예문2] 对于这件事情, 我持相对乐观的态度。 이 일에 대해 나는 상대적으로 낙관적인 태도를 갖고 있다.

偏

(어떤 표준과 비교하여) 차이가 나다. 격차가 나다. 이 단어 뒤에는 흔히 "차이가 나게 높다(偏高)", "차이가 나게 말랐다(偏瘦)", "차이가 나게 키가 작다(偏矮)", "차이가 나게 빠르다(偏快)", "차이가 나게 느리다(偏慢)" 등의 말처럼 특징적인 형용사가 붙는다.

[예문1] 洪大辰身高180cm, 体重65kg, 有点儿偏瘦。 홍대진은 키가 180cm이고, 체중은 65kg으로 약간 차이가 나게 말랐다.

[예문2] 和往年相对, 今年夏天有些偏热。 지난해와는 상대적으로 금년 여름은 약간 차이가 나게 덥다.

略

조금. 약간. 흔히 뒤에 역시 "약간, 조금"을 의미하는 "一些"나 "一点儿" 등의 말과 어울려 표현된다.

[예문1] 和去年相比, 今年夏天略热了一点儿。 작년과 비교해 올해 여름은 약간 덥다.

[예문2] 最近, 物价略降了一些。 요즘 물가가 약간 내렸다.

吸收

흡수하다. 받아들이다. 흔히 "충분히 흡수하다(充分吸收)", "완전히 흡수하다(完全吸收)", "흡수하기 어렵다(不易吸收)" 등의 말과 어울려 표현되며, 또 흔히 "A가 B를 흡수하다(A吸收B/A把B吸收了)", "B는 A에 흡수됐다(B被A吸收了)" 등의 문장으로 표현된다.

[예문1] 不到几秒钟, 海绵就把杯子里的水彻底吸收了。 몇 초도 안돼서 해면은 컵 안의 물을

철저히 흡수했다.

- 이 단어는 어떤 단체나 조직이 어떤 사람을 구성원으로 받아들인다는 뜻으로 "입당을 받아들이다(吸收入党)", "새로운 구성원으로 받아들이다(吸收新成员)" 등과 같은 말로도 표현된다.

[예문1] 昨天，社民党召开全国大会，决定开始吸收新成员。 어제 사민당은 전국대회를 개최해 새로운 구성원을 받아들이는 것을 시작하기로 결정했다.

极

아주. 매우. 극히. 대단히. 지극히. 몹시. 흔히 뒤에 "대단히 빠르다(极快)", "매우 신선하다(极新鲜)" 등과 같은 형용사와 어울려 표현된다.

[예문1] 他说话的速度极快，我们根本听不懂他在说什么。 그는 말하는 속도가 몹시 빨라 우리는 도무지 그가 무엇을 말하는지 알아들을 수가 없다.

[예문2] 新款的手机外表极其难看，很多人都不喜欢它。 새로 출시된 휴대폰은 외관이 영 보기에 안 좋아 많은 사람들이 싫어한다.

丰富

1. 형용사로, (물질, 학식, 경험 등이) 풍부하다. 흔히 "물산이 풍부하다(物产丰富)", "영양이 풍부하다(营养丰富)", "풍부하고 다채롭다(丰富多彩)" 등의 말과 어울려 표현된다.

[예문1] 这个地区藏有丰富的石油资源。 이 지역은 풍부한 석유자원이 매장되어 있다.

[예문2] 老教授知识丰富，讲起课来，得心应手。 노교수는 학식이 풍부해 수업을 하면 매우 능숙하고 자유자재롭다.

2. 동사로, 풍부하게 하다. 흔히 "생활을 풍부하게 하다(丰富生活)", "경험을 풍부하게 하다(丰富经验)" 등의 말과 어울려 표현된다.

[예문1] 这所大学经常举办各种，丰富学生们的业余生活。 이 대학은 학생들의 과외활동을 풍부하게 하는 각종의 것들을 자주 개최한다.

[예문2] 几年的海外生活，极大丰富了他的社会经验。 몇 년 동안의 해외생활로 그는 사회 경험을 무척 풍부하게 했다.

最佳

최적이다. 가장 적당하다. 흔히 "최적의 선택(最佳选择)", "가장 적당한 위치(最佳位置)", "최적의 합작(最佳拍档)" 등의 말과 어울려 표현된다.

[예문1] 我认为:去中国学习汉语是你的最佳选择。 나는 네가 중국에 중국어를 공부하러 가는 것이 제일 적당한 선택이라고 생각한다.

[예문2] 洪大辰被评为这次比赛的最佳选手。 홍대진은 이번 시합에서 최적의 선수로 평가됐다.

难怪

1. 어쩐지. 과연. 당연히. 그러니. "怪不得"와 같이 쓰인다.

[예문1] 他今天被老师批评了, 难怪很不开心的样子。 그는 오늘 선생님한테 혼났는데, 어쩐지 기분이 안 좋은 모습이다.

[예문2] 难怪他这么高兴, 原来他中了大奖。 어쩐지 그가 이렇게 기뻐하더니, 대상에 당첨됐구나.

2. 나무라기 어렵다. 꾸짖을 수 없다.

[예문1] 这也难怪, 他才9岁, 很多事情都不知道如何处理。 그는 겨우 아홉 살인데 많은 일들을 어떻게 처리할지 모르는 것도 나무랄 수 없잖니.

[예문2] 这也难怪老王, 他对这件事完全一无所知。 그가 이 일에 전혀 아무 것도 모르는 걸 나무랄 수도 없다.

足

충분하다. 넉넉하다. 흔히 "풍족하다(富足)", "충분하다(足够)", "넘쳐흐르다(十足)", "풍부하게 입고 충분히 먹다(丰衣足食)" 등의 말과 어울려 표현된다.

[예문1] 现在中国人民生活得丰衣足食, 生活质量大大提高。 지금 중국 국민생활은 풍부하게 입고 충분히 먹을 만큼 삶의 질이 크게 향상됐다.

[예문2] 做这道菜之前, 一定要在肉里面放入足量的淀粉。 이 요리를 만들기 전에 반드시 고기 안쪽에 충분한 양의 전분을 넣어야 한다.

본문 문장구조 익히기

1. A和B（相比）有（着）天壤之别 A는 B에 비하면 하늘과 땅 차이이다.

大白菜的口味相对偏甜，含糖量比别的菜略高些，但和甜食比是有天壤之别的。 배추의 맛은 상대적으로 달고, 당분함유량이 다른 요리에 비해 약간 높지만 맛이 단 식품에 비하면 하늘과 땅 차이이다.

- 이 문장구조는 "하늘과 땅 만큼이나 차이가 많이 난다(天壤之别)"는 성어와 결합된 것으로, 사물의 차이가 무척 크게 나는 것을 형용할 때 쓰인다.

[예문1] 电视上报导的这则新闻和实际情况有天壤之别。 텔레비전에서 보도한 이 뉴스는 실제 상황과 하늘과 땅만큼이나 차이가 난다.

[예문2] 我们的待遇和他们的相比，简直是天壤之别啊！ 우리들의 대우는 그들과 비교했을 때 거의 하늘과 땅만큼은 차이가 난다.

2. A与B有一定关系 A는 B와 일정한 관계가 있다.

中国妇女的乳腺癌发病率比西方妇女低得多，这与中国人吃大白菜比较多有一定关系。 중국 여성의 유방암 발병률이 서양의 여성보다 크게 낮은 것도 중국인이 배추를 먹는 것과 비교적 일정한 관계가 있다.

- 이 문장구조는 A와 B가 일정 정도에 있어 인과관계를 구성하고 있음을 나타낸다.

[예문1] 洪大辰脸色看上去不太好，这与他最近受伤有一定关系。 홍대진의 안색이 보아하니 그다지 좋지 못한데, 이는 그가 최근에 부상 당한 것과 어느 정도 관계가 있다.

[예문2] 洪大辰最近成绩下降与他老是上课睡觉有一定关系。 홍대진이 최근 성적이 떨어진 것은 그가 수업시간에 늘상 졸은 것과도 어느 정도 관계가 있다.

- A와 B의 인과관계가 무척 클 때 "A与B有很大（的）关系"라는 문장으로 표현할 수 있다.

[예문1] 洪大辰最近成绩下降得很厉害，这与他的失恋有很大关系。 홍대진이 최근 성적이 엄청나게 떨어진 것은 그가 실연 당한 것과 큰 관계가 있다.

[예문2] 美、日两国关系的日益僵化与两国剧烈的贸易冲突有很大关系。 미국과 일본의 관계가 갈수록 경색되는 것은 두 나라의 극심한 무역충돌과 큰 관계가 있다.

中国移动携手日韩公司海外推广TD-SCDMA技术

차이나 모바일, 한국과 일본 회사와 제휴해 해외로 TD-SCDMA기술 확대

据国外媒体今日报道，中国移动正在与日本和韩国合作伙伴共同测试TD-SCDMA网络，这是将中国自主研发的3G技术推广至国外的举措之一。

目前中国移动是全球唯一一家使用TD-SCDMA技术的移动运营商，但该公司希望更多的移动运营商能够试验这一3G技术。中国移动是全球用户最多的移动运营商。

中国移动董事长王建宙周四在深圳召开新闻发布会表示："我们正在非常努力地鼓励进行这些测试。"中国移动已经采取措施，促使网络设备和手机制造商支持这一技术，即便这些厂商已经普遍支持其他3G技术。

为了降低对外国技术的依赖，中国政府正鼓励发展TD-SCDMA等自主研发的3G技术，并通过提供研发补贴和行业发展基金帮助TD-SCDMA技术克服发展过程中的一些障碍。举例来说，中国移动数据部总经理高念书表示，一支意在推动

TD-SCDMA手机研发的特别激励基金促使各家手机厂商带来了11款新的智能手机。他表示，这些新智能手机包括摩托罗拉Snapper、三星GT-i8180C、LG GW880以及多普达8388等。这些手机目前都在进行测试，预计年底前可以上市。这些新手机中还包括了5款低价TD-SCDMA手机。

移动* [动] yí dòng 이동하다.

携手 [动] xié shǒu 서로 손을 잡다. 협력하다.

海外 [名] hǎi wài 해외. 국외.

推广* [动] tuī guǎng 널리 보급하다. 확충하다. 확대하다.

伙伴* [名] huǒ bàn 동료. 동업자. 동반자. 동지.

网络* [名] wǎng luò 1. (그물처럼 얽혀 있는) 조직. 체계. 계통. 시스템(system). 2. 네트워크(network). 회로망(回路網).

自主 [动] zì zhǔ (다른 사람에게 의지하지 않거나, 남의 간섭 또는 도움을 받지 아니하고 일을) 스스로 처리하다. 자주(自主)하다.

研发 [动] yán fā 연구 제작하여 개발하다.

举措 [名] jǔ cuò 1. 행동거지. 거동. 2. 대책. 조치.

唯一 [形] wéi yī 유일한. 오직 하나 밖에 없는.

运营商 [名] yùn yíng shāng 운영업체. 영업상.

用户* [名] yòng hù (어떤 설비, 상품, 서비스 등의) 사용자. 가입자. 고객.

董事长 [名] dǒng shì cháng 회장. 이사장.

发布会 [名] fā bù huì 기자회견.

采取* [动] cǎi qǔ (어떤 방침·정책·조치·수단·형식·태도 등을) 선택하여 실행하다. 취하다. 채택하다.

促使 [动] cù shǐ (~하도록) 재촉하다. (~하도록) 추진하다. 추진시키다.

设备 [名] shè bèi 설비. 시설.

制造商 [名] zhì zào shāng 제조업체.

即便 [连] jí biàn 설령 ~하더라도. 설사 ~할지라도.

降低 [动] jiàng dī 낮아지다. 떨어지다. 줄어들다. 인하하다. 내리다. 낮추다.

依赖* [动] yī lài 1. (사물이나 사람에) 기대다. 의지하다. 2. (각각의 사물이나 현상이) 불가분의 관계이다. 의존하다.

补贴 [名] bǔ tiē 보조금.

基金 [名] jī jīn 기금. 펀드(fund).

克服 [动] kè fú 1. (결점, 실수, 나쁜 현상, 불리한 조건, 적의 세력 등을) 극복하다. 이겨내다. 넘어서다. 2. (감정을) 참다. 견디다. 자제하다. 억제하다.

障碍 [名] zhàng ài 장애. 장애물.

举例 [名] jǔ lì 예거. 예시(例示).

厂商 [名] chǎng shāng 회사. 기업. 공장(주로 제조와 판매를 동시에 하는 것을 뜻함).

智能 [形] zhì néng 지혜와 능력. 지능.

上市* [动] shàng shì 1. (상품이) 시장에 나오다. 출시(出市)하다. 2. (주식, 채권 등이 증권거래소에) 상장(上場)되다.

TD-SCDMA [专名] 시분할 동기방식 3세대 이동통신규격(Time Division-Synchronous Code Division Multiple Access)으로, 현재 중국에서만 서비스되며, 다른 국가에서는 서비스 되지 않는다.

3G [专名] 3세대 이동통신. 이동통신 기술의 3세대를 칭하는 말로서 영어로는 3G 혹은 3-G라고 불린다. 3세대 서비스는 음성 데이터와 비음성 데이터(데이터 다운로드, 메일 주고 받기, 메시지 보내기 등)를 모두 전송할 수 있게 한다.

中国移动 [专名] zhōng guó yí dòng 차이나 모바일.(China Mobile 中国移动通信集团公司)

본문 단어 자세히 익히기

移动

이동하다. 흔히 "자리를 이동하다(移动座位)", "위치를 이동하다(移动位置)", "신속히 이동하다(迅速移动)", "천천히 이동하다(缓慢移动)" 등의 말과 어울려 표현되며, 또 "~방향/위치로 이동하다(向…… (方向、位置) 移动)"의 문장으로도 표현된다.

[예문1] 洪大辰回到家以后, 惊奇地发现, 家里的很多东西都被移动了位置。 홍대진은 집에 돌아온 뒤 집 안의 많은 물건들이 위치가 바뀐 것을 놀랍게 발견했다.

[예문2] 冷空气正在向南缓慢移动。 차가운 공기가 남쪽으로 천천히 이동하고 있다.

- 이 단어는 대명사 뒤에 놓여 명사의 성격을 띨 수 있다.

[예문1] 他们的移动太慢了, 半天才走了3公里。 그들은 이동이 너무 느려 반나절에 겨우 3킬로

미터 갔다.

- 이 단어는 현재 통신 분야에서의 "mobile"과 같은 의미로서의 단어로 정착되어 흔히 "차이나 모바일(中国移动)", "모바일 휴대폰(移动手机)", "이동통신(移动通讯)" 등의 말과 어울려 표현된다.

[예문1] 洪大辰在一家移动公司工作。 홍대진은 모바일 회사에서 근무한다.

推广

널리 보급하다. 확충하다. 확대하다. 흔히 "~한 경험을 확대하다(推广……经验)", "표준어를 널리 보급하다(推广普通话)", "~기술을 확대하다(推广……技术)", "~에게 ~을 확대하다(向……推广……)" 등의 말 또는 문장과 어울려 표현된다.

[예문1] 国家正在大力推广普通话。 국가에서는 표준어를 대대적으로 보급하고 있다.

[예문2] 韩国政府正在向全国推广汉语教育。 한국 정부에서는 전국적으로 중국어 교육을 확대하고 있다.

伙伴

동료. 동업자. 동반자. 동지. 흔히 "우호적인 동반자(友好伙伴)", "합작 파트너(合作伙伴)", "어린 친구(小伙伴)" 등의 말과 어울려 표현된다.

[예문1] 为了谋求更好的发展, 金社长打算向中国寻找新的合作伙伴。 더욱 나은 발전을 위해 김 사장은 중국에 새로운 합작 파트너를 찾을 계획이다.

[예문2] 真没想到, 昨天我在街上遇到了我儿时的小伙伴, 我们快20年没有见面了！ 어제 길에서 내 어렸을 적 친구를 만나리라고는 정말 생각지 못 했는걸, 우리 거의 20년 동안 만나지 못했거든!

网络

1. (그물처럼 얽혀 있는) 조직. 체계. 계통. 시스템(system). 흔히 "대중교통 시스템(公交网络)", "경제 체계(经济网络)", "관계 조직(关系网络)" 등의 말과 어울려 표현된다.

[예문1] 首尔的公交网络非常发达。 서울의 공공교통 시스템은 무척 발달해있다.

[예문2] 洪大辰才到这个城市半年, 就建立起了自己的关系网络。 홍대진은 이 도시에 온 지 겨우 반 년 만에 자신의 관계 조직을 세웠다.

2. 네트워크(network). 회로망(回路網). 흔히 “컴퓨터 네트워크(计算机网络)”, “통신 네트워크(通讯网络)”, “회로망 보호(网络维护)”, “네트워크 기술(网络技术)” 등의 말과 어울려 표현된다.

[예문1] 现在计算机网络技术已经非常发达。 지금 컴퓨터 네트워크 기술은 이미 워낙 발달해 있다.

[예문2] 洪大辰在网上发表了很多小说, 不久竟成了一名网络红人。 홍대진은 인터넷에서 많은 소설들을 발표해 얼마 되지 않아 네트워크 인기인이 됐다.

用户

(어떤 설비, 상품, 서비스 등의) 사용자. 가입자. 고객. 흔히 “새로운 고객(新用户)”, “단골 고객(老用户)”, “사용자 ID(用户名)”, “사용자 패스워드(用户密码)”, “가입자 정보(用户信息)”, “VIP 고객(VIP用户)” 등의 말과 어울려 표현된다.

[예문1] 找开这个网页以后, 你首先得输入用户名, 然后再输入用户密码, 最后才能登录。 홈페이지를 찾아 연 뒤 먼저 사용자 ID를 입력하고 사용자 패스워드를 입력한 뒤에야 로그인할 수 있다.

[예문2] 据说, 洪大辰是这家公司的高级用户, 每个月都会来消费好几万块钱。 홍대진은 이 회사의 고급 고객으로 달마다 몇 만 위안은 소비한다고 한다.

采取

1. (어떤 방침·정책·조치·수단·형식·태도 등을) 선택하여 실행하다. 취하다. 채택하다. 흔히 “조치를 취하다(采取措施)”, “행동을 취하다(采取行动)”, “~한 방법을 채택하다(采取……方法)”, “~한 수단을 선택하여 실행하다(采取……手段)” 등의 말이나 문장과 어울려 표현된다.

[예문1] 现在, 房价实在是太高了, 人们呼吁政府采取强力措施降低房价。 현재 부동산 가격이 정말 너무 높아 사람들은 정부가 강력한 조치를 취해 부동산 가격을 내려주기를 호소한다.

[예문2] 据说, 美国决定对伊朗采取军事行动。 미국은 이란에 군사행동을 실행하기로 결정했다고 한다.

2. 채취하다. 수집하다. 흔히 "표본을 채취하다(采取标本)", "지문을 채취하다(采取指纹)", "혈액을 채취하다(采取血液)" 등의 말과 어울려 표현된다.

[예문1] 警察正在命案现场采取指纹。 경찰은 살인사건 현장의 지문을 채취하고 있다.

[예문2] 医生们正在采取病人的血液标本进行研究。 의사들은 환자의 혈액 표본을 채취해 연구하고 있다.

依赖

1. (사물이나 사람에) 기대다. 의지하다. 흔히 "남에게 의지하다(依赖别人)", "~에 기대다(对……很依赖)" 등의 말이나 문장과 어울려 표현된다.

[예문1] 洪大辰对爸爸的依赖性很强, 做什么都要问爸爸。 홍대진은 아버지에게 의지하는 게 심해 무엇을 하든지 아버지한테 여쭤봐야 한다.

[예문2] 洪大辰的脚受伤了, 只能依赖轮椅行动了。 홍대진은 다리를 다쳐 휠체어에 의지해 행동할 수밖에 없다.

2. (각각의 사물이나 현상이) 불가분의 관계이다. 의존하다. 흔히 "서로 의존하다(互相依赖)" 등의 말과 어울려 표현된다.

[예문1] 在各个国家的经济体系中, 农业和工业都是相互依赖的。 각 나라의 경제 체계에 있어 농업과 공업은 불가분의 관계이다.

上市

1. (상품이) 시장에 나오다. 출시(出市)하다. 흔히 "시장에 나오기 시작하다(开始上市)", "대량으로 출시하다(大量上市)" 등의 말과 어울려 표현된다.

[예문1] 昨天, 我们的新产品正式上市了! 어제 우리 신상품이 정식으로 출시됐어!

[예문2] 昨天, 他们的新产品开始大量上市了。 어제 그들의 신상품이 대량으로 출시되기 시작했다.

(주식, 채권 등이 증권거래소에) 상장(上場)되다. 흔히 "주식이 상장되다(上市股票)", "회사

를 상장하다(上市公司)" 등의 말과 어울려 표현된다.

[예문1] 昨天, 我们的公司在香港上市了。 어제 우리 회사는 홍콩에 상장됐다.

[예문2] 这是一家上市公司, 他们的财产非常雄厚。 이것은 상장된 회사로 그들의 자산은 매우 풍부하다.

본문 문장구조 익히기

1. 为了……, (A)正…… ~를 위해서 A가 ~을 한다.

为了降低对外国技术的依赖, 中国政府正鼓励发展TD-SCDMA等自主研发的3G技术, 并通过提供研发补贴和行业发展基金帮助TD-SCDMA技术克服发展过程中的一些障碍。

외국 기술의 의존성을 낮추기 위해 중국정부에서는 TD-SCDMA 등 자체적으로 연구개발한 3G 기술이 발전하도록 독려하고 있고, 연구개발비 보조와 업체 발전기금 제공을 통해 TD-SCDMA 기술이 발전과정에 있어 일부 장애들을 극복하도록 돕고 있다.

- 이 문장구조는 A가 어떤 목적을 이루거나 효과를 거두기 위해 어떤 행위를 취하는 것을 나타낸다.

[예문1] 为了顺利通过考试, 洪大辰正在努力复习。 시험을 순조롭게 통과하기 위해 홍대진은 열심히 복습하고 있다.

[예문2] 为了方便居民, 市政府决定在河边建一座公园。 주민들의 편의를 위해 시정부에서는 하천가에 공원을 세우기로 결정했다.

종합연습 [练习]

I. 다음 빈칸에 들어갈 알맞은 단어를 고르시오.

1. 说到出国旅游，我的_____目的地是埃及。

A.首选　B.喜欢　C.热爱　D.选择

2. 根据中国人的习惯，吃姜的_____时间是早晨。

A.最早　B.良好　C.标准　D.最佳

3. 洪大辰在美国出生、长大，_____他不会用筷子。

A.原来　B.可惜　C.难怪　D.毕竟

4. 一些农民呼吁政府_____有力措施保护农业的健康发展。

A.运用　B.加强　C.实行　D.采取

5. 洪大辰从小就和爷爷奶奶住在一起，对老人们的依赖性非常_____。

A.强　B.多　C.少　D.小

II. 다음 질문에 간단하게 답하시오.

1. 为什么说大白菜是减肥的好食品?
2. 多吃大白菜，可以预防哪些疾病?
3. 中国政府为什么要大力发展TD-SCDMA?

III. 다음 주제에 대하여 중국어로 토론하시오.

1. 您知道用大白菜可以做成哪些食品吗?
2. 您觉得和日本相比，韩国的电子产业有哪些优势? 哪些劣势?

물과 길이 어울린 고전도시 샤오싱

샤오싱 오봉선

상하이(上海)에서 기차로 세 시간 남짓. 항쩌우만(杭州灣) 이남에 위치한 '물의 도시' 샤오싱(紹興)을 찾았다. 시가지 전체 면적의 10%가 운하일 정도로 '수향교도(水鄕橋都)'로 이름난 이곳은 운하가 시가지 외곽을 둘러싸고 있을 뿐 아니라, 시가지 곳곳에 수로가 거미줄처럼 연결되어 있어 예전부터 쑤쩌우(蘇州)와 함께 '동양의 베니스'란 찬사를 받아 왔다. 샤오싱은 물이 많고 아름다운 경치로 널리 알려지기도 했지만, 유구한 역사문화의 도시로서 수많은 명인을 배출한 곳이기도 하다. 2,500여 년 전 춘추전국시대 월(越)나라의 도읍지로 와신상담(臥薪嘗膽)이라는 고사의 현장인 샤오싱은, 20세기

에만도 중국 최고의 문호인 루쉰(魯迅)을 비롯해 '영원한 총리'로 추앙받는 쩌우언라이(周恩來), 여성혁명가 치우진(秋瑾), 학계의 대가 차이위엔페이(蔡元培) 등 걸출한 위인들을 배출했다. 때문에 샤오싱 사람들은 자기 고장에 대한 긍지가 남다르다.

항쩌우를 지나 샤오싱으로 가는 구간의 길은 남방 특유의 은은한 풍경이 펼쳐지는 듯 했다. 물과 땅의 경계 없이 만들어진 촌락의 모습은 과연 자연과 건축, 풍속 등이 한데 어우러져 지나가는 인문경관이었다. 샤오싱역을 나와 광장 끝 다리를 건너 중국의 8대 명주(名酒) 중 하나로 꼽히는 소흥가반주(紹興加飯酒)를 빚는 양조장 골목에 들어갔다. 약 2,400여 년의 역사를 가진 술로 월나라 왕이 오나라 왕에게 선물로 많이 보냈다는 샤오싱가반주는 멥쌀에 보리누룩을 섞고 샤오싱 교외에 있는 감호(鑑湖)의 언 물로 빚는데, 거북모양의 병 위에 진흙을 구워 병 입구를 밀봉한 것이 참 독특하다. 알콜도수가 약 15% 정도로 중국의 여타 술만큼 독하진 않지만 거무스름한 빛깔에 입안에 감기는 맛이 은근히 술기운이 돌게 한다. 이곳 사람들은 예전부터 이 술을 데워서 소금에 절인 죽순이나 누에콩에 회향(茴香)이란 향미를 넣어 찐 요리를 안주로 즐겨먹었다. 여행길의 기분을 잠시 돋우기에 괜찮은 것 같다. 양조장 골목을 나와 좁은 돌다리 사이로 구불구불 운하가 흐르는 고성으로 갔다. 샤오싱 고성은 사방이 물로 에워싸이고 성 내에 여러 갈래로 나뉜 작은 강이 흐른다. 즉 물 속에 성이 있고 성 안에 물이 흐르는데, 지금도 여전히 샤오싱 고성은 물과 길이 서로 어울려야 하는 도시 구조를 고집하고 있다. 운하 사이를 오가는 오봉선(烏蓬船)은 샤오싱만의 명물로서 예로부터 도시 곳곳을 연결하는 수단이다. 검게 칠한 지붕덮개 때문에 오봉선이라 이름 붙여진 이 배는 둥그스름한 지붕과 날렵하게 생긴 선체(船體) 덕에 좁은 운하 안에서도 방향과 속도를 마음대로 조절할 수 있는데, 지금은 베니스의 곤돌라처럼 관광객의 유람거리로도 많이 운행되고 있다. 발로 노를 젓는 모습도 매우 이채롭지만 방향을 바꾸거나 속도를 높일 때 손과 발을 능수능란하게 놀리는 품이 보는 이의 감탄을 자아낸다.

버스를 타고 중국 최초의 왕조인 하(夏)나라의 시조, 우(禹)왕의 무덤이라 전해지는 우릉(禹陵)으로 갔다. 태평성대로 기억되는 요순(堯舜)시대에도 물의 범람은 백성들에게 가장 큰 우환이었다. 요임금은 이에 곤(鯤)이라는 인물한테 치수(治水)를 명하였는데, 곤은 제방을 쌓아 물길을 잡으려고 했으나 홍수로 번번이 실패하였다. 그 뒤 순(舜)임금 시대에 곤의 아들인 우가 치수 책임을 맡게 되었는데, 우는 아버지와 달리 물을 터주는 방식으로써 마침내 물을 다스려 가업을 완성한다. 그때부터 치수는 주로 물길을 트는 방식으로 진행되었고, 이렇게 잘 조절된 물길은 농업과 생활용수로 활용되어 토지를 비옥하게 만들었다. 우는 무려 13년 동안 집에 들르지 않을 정도로 치수에 전념해 백성의 신망을 얻게 되고, 순임금은 결국 자신의 아들을 뒤로 하고 우에게 왕위를 넘겼다. 이렇게 치수는 농경을 근본으로 하는 인간이 자연과 조화를 이루는 사업으로 중국인은 예로부터 '물을 다스리는 것이 천하를 얻는 것'이라 할 정도로 치수를 치국(治國)의 근본으로 여겼고, 우는 애민정신의 상징으로 길이 받들어졌다. 우릉에 가보니 실제 무덤은 없고 대우릉(大禹陵)이라 새겨진 거대한 비석과 사원만 남아있었다. 하지만 우릉 일대로 드넓게 펼쳐진 벼농사 지대와 잔잔한 호수 사이로 드문드문 오가는 작은 배는 마치 오늘날까지 치수의 덕을 보는 듯 평온한 전원풍경을 자아낸다.

샤오싱 와신상담을 표현한 그림

다음으로 샤오싱 서쪽 회계산(會稽山)에 자리한 푸산(府山)공원을 찾았다. 샤오싱에서 가장 큰 공원으로 샤오싱 시내를 조망하기에도 좋은 이곳은, 원수를 갚거나 어떤 목적을 이루기 위해서 괴로움을 참고 견딘다는 의미의 와신상담 고사가 유래한 곳으로도 유명하다. 춘추전국시대 월왕 구천(句踐)에게 패해 전사한 오왕 합려(闔閭)의 아들 부차(夫差)는 장작더미 위에서 자며(臥薪) 사람들이 드나들 때마다 "부차야, 아비의 원수를 잊었느냐"하고 외치게 했다. 이 소식을 들은 월왕 구천은 오나라를 쳤지만 회계산에서 그만 사로잡히는 신세가 되고 말았다. 온갖 모욕을 겪은 끝에 영원히 오나라의

샤오싱 운하풍경

속국이 될 것을 맹세하고 겨우 풀려난 구천은 돌아오자 자리 옆에 항상 곰쓸개를 매달아 놓고 앉거나 눕거나 이 쓸개를 핥아 쓴 맛을 되씹으며(嘗膽) "너는 회계의 치욕을 잊었느냐"하며 자신을 채찍질하였다. 그렇게 하기를 20여 년, 구천은 다시 군사를 일으켜 오나라를 거꾸러뜨렸고 부차는 스스로를 찔러야했다. 월왕전(越王殿) 안 널찍한 실내에는 구천이 곰쓸개를 맛보는 벽화가 그려져 있는데, 검을 쥐고 결의에 찬 눈으로 복수를 다짐하는 구천의 모습이 실로 복수와 의지의 화신답다. 전쟁의 역사는 이렇게 복수가 복수를 낳는 비극의 연속이었으며, 구천의 복수와 의지는 한편 '복수는 십년 뒤에 해도 늦지 않다'는 중국 속담처럼 진정한 복수나 목적을 이루기 위해 기다릴 줄 아는 중국인의 정신세계 한 켠을 구성하고 있다. 용서는 어찌 보면 복수보다 훨씬 어려운 결단이리라.

월왕전을 나와 망해정(望海亭)에 올라 샤오싱 시내를 조망했다. 혼잡하고 빽빽한 상하이의 분위기와는 달리 전반적으로 탁 트이면서도 한적한 느낌이다. 크고 작은 수로(水路)가 가로세로로 마치 찻길처럼 뻗어있고, 이끼가 가득 자란 듯 녹음 짙은 물가 주위로 흰 벽과 까만 지붕으로 이루어진 민가의 모습들이 옛 도읍의 은은한 문화를 자랑하는 듯하다. 여기서 '물의 도시' 샤오싱의 오늘날 가장 큰 골칫거리 한 가지. 예로부터 물이 좋고 교통이 발달한 덕에 샤오싱은 개혁개방 이후 중국 최대의 원단 도매시장이자 방직산업 중심지로 제일 먼저 '부자동네'가 되었다. 하지만 염색폐수로 인한 오염 때문에 지금은 물 때문에 '가장 살기 나쁜 동네'가 되어버려 요즘엔 온갖 폐수정화시설을 갖추고 주야로 폐수단속을 하느라 부심하고 있다 한다. 예나 지금이나 중국에서 '물을 다스리는' 일은 어렵긴 마찬가지인가 보다.

09

화제의 인물 新闻人物

BBC女主播将到中国再就业　BBC방송 여성앵커 중국에서 재취업할 예정

吉林原省长调任农业部　지린성장 농업부로 이임

BBC女主播将到中国再就业

BBC방송 여성앵커 중국에서 재취업할 예정

原英国广播公司(BBC)新闻主播苏珊•奥斯曼即将在北京主持一档早间节目，因为随着年纪越来越大，她在英国已经找不到工作。

作为BBC资深新闻主播，51岁的苏珊在广播电台已经工作了28年，她曾在BBC主持《西方观点》长达14年，随后又在BBC布里斯托尔电台干了8年，目前作为自由职业者在BBC新闻频道和世界频道担任主播。此外，她在英国独立电视台和HTV电视台当过新闻主播和记者，还主持过天空卫视《今日欧洲经济》节目。

但是近年来苏珊发现，自己的年龄在老板们眼中，已经成了无法逾越的障碍。为此，她不得不出国找工作。苏珊表示，她在职位安排上总是被忽视，BBC布里斯托尔电台的一位主管甚至问她是不是更年期到了。

她说："这就是英国广播电视界对中老年女主播的态度。我有很多女同事都在40岁出头的时候失业。在英国，老女人在这个行业没什么地位。”

苏珊还说：“讽刺的是，当我刚开始在电视台工作的时候，我最担心的是怕不受重视，因为他们都说我太年轻。但是很多人没有意识到的是，当女主播的年纪越来越大的时候，她们更加不受重视。”

苏珊毕业于牛津大学的儿子马修去年曾到过中国，是他鼓励母亲到中国找工作的。苏珊说，自己做这个决定是因为对英国歧视中年女性主播的强烈不满。

最后她和中国国际广播电台签署了为期一年的合同，即将前往北京主持一档早餐时段的节目。

苏珊表示，英国女性在达到40岁以后，就会在广播电视界遭到歧视，而在亚洲一些国家，这个年纪的女性往往会受到尊敬。她说：“在中国，人们尊重经验。人越老，代表你的经验越多，因此越受尊敬。”

苏珊回忆在中国的面试经历说：“我感觉我将来的老板其实想找一个比我年纪更大的。由于我在英国的遭遇，我本来很不愿意说出我的年龄。但是，他并没有敷衍我，相反，他很高兴，还希望我能帮忙训练年轻记者。”

《人民日报海外版》2009年12月7日

본문 단어 익히기

主播［名］zhǔ bō 앵커(anchor).

新闻*［名］xīn wén 뉴스(news).

主持*［名］zhǔ chí 사회자. 진행자.

档［量］dàng 건. 가지(사건이나 일 등을 세는 단위. ‘件(jiàn)·桩(zhuāng)’에 상당함).

早间［名］zǎo jiān 아침. 조간.

节目*［名］jié mù 프로그램(program).

资深［形］zī shēn 경력이 오래된. 자격이 풍부한. 베테랑의.

广播［名］guǎng bō (라디오 방송국 또는 케이블로 송출하는) 방송.

电台［名］diàn tái 라디오 방송국.

干* [动] gàn (어떤 일을) 하다. 맡다.

自由职业者 [名] zì yóu zhí yè zhě 자유직업자. 프리랜서.

频道 [名] pín dào 채널(channel).

担任 [动] dān rèn 맡다. 담당하다.

此外* [副] cǐ wài 이 밖에. 이외에.

当* [动] dāng 맡다. 충당하다. 감당하다.

年龄 [名] nián ling 연령. 나이.

无法* [动] wú fǎ ~할 수 없다. ~할 방법이 없다. ~할 도리가 없다.

逾越 [动] yú yuè (일정한 범위나 표준을) 뛰어넘다. 앞지르다. 벗어나다. 초월하다.

职位 [名] zhí wèi 직위.

安排* [动] ān pái (조리 있게 일을) 처리하다. (인원을 적절한 곳에) 배치하다. 안배하다. 배정하다.

忽视 [动] hū shì 소홀히 하다. 경시하다. 주의하지 않다. 얕잡아 보다.

主管 [名] zhǔ guǎn (어떤 부문의) 주관자(主管者).

甚至* [副] shèn zhì (사실 또는 극단적인 사례 등을 강조하여) 심지어. ~까지도. ~조차도. ~마저.

更年期 [名] gēng nián qī 갱년기.

界 [名] jiè (직업, 일 또는 성별 등이 서로 같은 사회 구성원의 총체로서) 계(界).

出头* [动] chū tóu 1. 어려운 환경에서 벗어나다. 2. 나서다. 앞장서다. 3. (모습을) 드러내다.
4. 넘다. ~남짓되다.

失业 [动] shī yè 직업을 잃다. 실업하다.

行业* [名] háng yè 직업. 업계. 업무 분야.

地位 [名] dì wèi 지위. 위치.

讽刺 [动] fěng cì (비유, 과장 등의 수법으로) 풍자(諷刺)하다.

重视* [动] zhòng shì 중시(重視)하다. 중대시하다.

意识 [名] yì shí 의식(意識).

歧视 [动] qí shì 경시하다. 냉대하다. 푸대접하다.

中年 [名] zhōng nián 중년.

强烈 [形] qiáng liè 1. (힘이) 크다. 세차고 강하다. 강렬하다.
2. (어떤 정도가) 매우 높다. 명확하다. 선명하다. 뚜렷하다. 3. 강경하다. 치열하다. 격렬하다.

不满* [形] bù mǎn 불만스럽다. 불만족하다.

签署 [动] qiān shǔ (공문서, 조약, 증명서 등의 중요 문서에 정식으로) 서명하다. 조인하다.

为期 [动] wéi qī (~을) 약속한 날짜로 삼다. 기한(期限)으로 하다.

合同* [名] hé tong 계약. 협정.

即将* [副] jí jiāng 머지않아. 곧. 장차.

前往* [动] qián wǎng ~로 가다. ~로 향해 가다. ~로 나아가다. 전진하다. ~로 떠나가다.

时段 [名] shí duàn 황금시간대. 프라임타임(prime time).

遭到* [动] zāo dào (불행이나 불리한 일을) 만나다. 당하다.

受到* [动] shòu dào ~을 받다. ~을 입다.

尊敬 [动] zūn jìng 존경하다.

尊重 [动] zūn zhòng 존중하다.

经验* [名] jīng yàn 경험.

回忆 [动] huí yì 회상하다. 기억하다. 돌아보다.

面试 [动] miàn shì 면접시험을 치다.

经历* [名] jīng lì 경험. 체험.

感觉* [动] gǎn jué ~라고 느끼다. ~라고 생각하다.

遭遇* [名] zāo yù 일. 경우. 경험. 운명(주로 불행한 것을 가리킴).

敷衍 [动] fū yǎn 1. (일처리나 남을 대하는 것이) 대충하다. 적당히 얼버무리다. 성의 없이 대하다. 2. 억지로 유지하다. 억지로 버티다.

训练 [动] xùn liàn 훈련하다. 트레이닝(training)하다.

英国广播公司 [专名] yīng guó guǎng bō gōng sī 영국방송회사(British Broadcasting Corporation). 흔히 BBC로 줄여 부른다. 영국의 국영방송국이며 영국방송협회이다. 전세계를 대상으로 라디오, 텔레비전, 인터넷 방송을 하며 세계최대 방송국이다.

布里斯托尔 [专名] bù lǐ sī tuō ěr 브리스토(Bristo). 잉글랜드 서남부에 위치한 상업항구도시.

牛津大学 [专名] niú jīn dà xué 옥스퍼드대학교(University of Oxford).

본문 단어 자세히 익히기

新闻

뉴스(news). 이를 세는 양사(量詞)로는 "条" 또는 "则"을 쓴다. 흔히 "뉴스기자(新闻记者)", "기자회견(新闻发布会)", "뉴스보도(报道新闻)", "사회뉴스(社会新闻)", "정치뉴스(政治新闻)", "스포츠뉴스(体育新闻)", "~에 관한 뉴스(关于……的新闻)" 등의 말이나 문장과 어울려 표현된다.

[예문1] 刚才电视播报了一条关于伊拉克爆炸事件的新闻。 방금 텔레비전에서는 이라크 폭발 사건에 관한 뉴스를 보도했다.

[예문2] 国务院昨天上午在北京举行了新闻发布会。 국무원은 어제 오전 베이징에서 기자회견을 열었다.

• 이 단어는 최근에 발생한 재밌는 일을 나타내기도 한다.

[예문1] 老王, 听说你刚从韩国回来, 给我们讲讲那边的新闻吧。 왕 형, 한국에 방금 갔다왔다던데, 우리한테 거기 얘기 좀 해주세요.

主持

1. 동사로, 주관하다. 주재(主宰)하다. 진행하다. 흔히 "A가 B를 주관하다(A主持B)", "B를 A가 주관하다(B由A主持)" 등의 문장으로 표현되는데, 여기서 B는 주관하는 내용으로서 보통 프로그램, 공연, 활동, 회의, 파티 등을 나타내기도 한다.

[예문1] 昨天, 李明博总统主持了会议。 어제 이명박 대통령은 회의를 주재했다.

[예문2] 昨天的会议由李明博总统主持。 어제의 회의는 이명박 대통령이 주재했다.

2. 명사로, 사회자. 진행자.

[예문1] 昨天晚会的主持是洪大辰先生。 어제 저녁모임의 사회자는 홍대진 선생이었다.

[예문2] 大家都喜欢洪大辰做晚会的主持, 他这个人实在是太幽默了。 모두들 홍대진이 저녁모임의 사회자를 맡는 것을 좋아하는데, 그는 정말 너무 재밌다.

节目

프로그램(program). 흔히 "예능 프로그램(文艺节目)", "스포츠 프로그램(体育节目)", "오락 프로그램(娱乐节目)" 등의 말과 어울려 표현된다.

[예문1] 昨天晚上的节目非常精彩! 어제 저녁 프로그램은 무척 훌륭했다!

[예문2] 马上要到圣诞了, 大家应该准备点儿娱乐节目了。 크리스마스가 곧 다가오는데 모두들 오락 프로그램을 준비해야 할 것이다.

• 구어(口語)에서 이 단어는 모든 활동이나 계획 내용을 가리키는 뜻으로도 쓰일 수 있다.

[예문1] 老王, 这个周末有什么节目没有啊? 如果没有的话, 就到我家来喝酒吧。 왕 형, 이번 주

말에 무슨 계획 있어요? 없으면 우리 집에서 술 한 잔하지요.

干

(어떤 일을) 하다. 맡다. 흔히 "집안일을 하다(干家务)", "잡다한 일을 하다(干杂事)", "서기를 맡다(干书记)", "공장장을 맡다(干厂长)" 등의 말과 어울려 표현된다.

[예문1] 妈妈每天都在家里干很多家务, 实在是太辛苦了。 엄마는 매일같이 집에서 많은 집안일을 하시는데, 정말 너무 고생하신다.

[예문2] 天还没亮, 洪大辰就出去干活了。 날이 아직 밝지도 않았는데, 홍대진은 나가서 일한다.

[예문3] 洪大辰在食品厂干厂长快10年了。 홍대진은 식품공장에서 공장장을 맡은지 곧 10년이 된다.

此外

이 밖에. 이외에. 흔히 "除此以外", "除这以外", "除之以外", "除……以外" 등의 말로도 표현된다.

[예문1] 洪大辰说, 他下周六要去首尔参加一个会议, 此外, 还要去看望一个老朋友。 홍대진은 다음 주 토요일에 서울에 가서 회의에 참석하고, 이외에 오랜 친구를 만나보러 갈 생각이다.

[예문2] 洪大辰在明洞买了三瓶香水、两件大衣, 除此以外, 还买了一大堆的面膜。 홍대진은 명동에서 향수 세 병, 외투 두 벌, 그 외에 마사지 팩을 한 무더기 샀다.

当

맡다. 충당하다. 감당하다. 흔히 이 단어 뒤에는 "대표를 맡다(当代表)", "서기를 맡다(当书记)", "간부를 맡다(当干部)" 등과 같이 담당하고 있는 직위를 나타낸다.

[예문1] 洪大辰一入学就当了班长。 홍대진은 입학하자마자 바로 반장을 맡았다.

[예문2] 上大学的时候, 洪大辰当了四年的班长。 대학에 다닐 때 홍대진은 4년 동안 과대표를 맡았다.

[예문3] 他们选洪大辰当这个村的书记。 그들은 홍대진을 이 마을의 서기로 선출했다.

无法

~할 수 없다. ~할 방법이 없다. ~할 도리가 없다. 흔히 이 단어 앞에 그럴 수밖에 없는 원인을 나타낸다.

[예문1] 外面实在是太吵了, 我无法静下心来看书。 바깥이 정말 너무 시끄러워 나는 마음을 가라앉히고 책을 볼 수가 없다.

[예문2] 洪大辰竟然和客人打起来了, 这下子, 他无法向社长交代了。 홍대진은 고객과 싸워서 이번엔 사장한테 변명할 도리가 없다.

安排

(조리 있게 일을) 처리하다. (인원을 적절한 곳에) 배치하다. 안배하다. 배정하다. 흔히 "적당하게 처리하다(妥善安排)", "잘 처리하다(好好安排)", "전부 배정하다(安排一切)" 등의 말과 어울려 표현된다.

[예문1] 金社长让洪大辰安排我们参观公司的生产基地。 김 사장은 홍대진으로 하여금 우리가 회사의 생산기지를 참관하도록 안배했다.

[예문2] 金社长让洪大辰安排我们外出旅游。 김 사장은 홍대진으로 하여금 우리가 밖으로 관광하도록 안배했다.

[예문3] 金社长让洪大辰安排我们的午餐。 김 사장은 홍대진으로 하여금 우리가 점심식사를 하도록 안배했다.

• 이 단어는 형용사, 인칭대명사 뒤에 놓여 명사의 성격을 띨 수 있다.

[예문1] 洪大辰的安排让金社长非常满意。 홍대진의 처리는 김 사장이 무척 만족하게끔 했다.

[예문2] 金社长让洪大辰对这件事情做出妥善的安排。 김 사장은 홍대진이 이 일에 대해 적당한 처리를 하게끔 했다.

甚至

(사실 또는 극단적인 사례 등을 강조하여) 심지어. ~까지도. ~조차도. ~마저. 이 단어는 흔히 "A, 甚至B"의 문장으로 표현되는데, 여기서 B는 A보다 더 극심한 정도를 나타낸다.

[예문1] 洪大辰最近经常不回家吃饭, 甚至经常不回家睡觉。 홍대진은 요즘 항상 집에 가지 않

고 식사를 할 뿐 아니라, 심지어 집에 가지 않고 잠자기가 일쑤다.

[예문2] 报纸上有些字甚至连字典上也查不到。 신문에 어떤 글자들은 자전에서도 찾을 수 없다.

出头

1. 어려운 환경에서 벗어나다. 흔히 "고생한 끝에 살게 되다(熬出头)" 등의 말과 어울려 표현된다.

[예문1] 在这个鬼地方, 很难有升职的机会, 哪天才是出头之日啊? 이 해괴한 곳에서는 승진의 기회가 무척이나 어려운데, 언제야 비로소 고생스런 나날에서 벗어날 날이 올까?

[예문2] 洪大辰在公司做了十五年, 今天终于熬出头了, 社长提拔他当副社长了。 홍대진은 회사에서 15년이나 일하다 오늘에야 마침내 고생 끝에 보람이 있게 됐는데, 사장이 그를 부사장으로 발탁한 것이다.

2. (모습을) 드러내다.

[예문1] 最近, 洪大辰在娱乐界表现得非常抢眼, 常常出头露面, 制造新闻。 최근 홍대진은 오락분야에서 무척 눈길을 끌어 항상 모습을 드러내면서 뉴스를 만들어낸다.

[예문2] 我们班的文艺活动, 通常都是洪大辰出头搞的。 우리 반의 예능활동은 보통 홍대진이 모습을 드러내면서 만든 것이다.

3. 넘다. ~남짓되다.

[예문1] 金社长今年50出头了。 김 사장은 올해 50세 남짓된다.

[예문2] 工作三年了, 我的存款才10万元出头。 일한지 3년이 됐는데, 내가 저축한 건 겨우 10만 위안 남짓된다.

行业

직업. 업계. 업무 분야. 흔히 "서비스 직업(服务行业)" "금융업계(金融行业)", "~업무 분야에 종사하다(从事……行业的工作)" 등의 말이나 문장 등과 어울려 표현된다.

[예문1] 中国服务行业的服务质量还有待提高。 중국 서비스업계의 서비스 질은 아직 향상이 필요하다.

[예문2] 洪大辰从事电器行业方面的工作。 홍대진은 가전 업무 분야의 일에 종사한다.

重视

중시(重視)하다. 중대시하다. 흔히 "A가 B의 중시를 이끌다(…… (A) 引起…… (B) 的重视)", "A가 B의 중시를 받다(…… (A) 受到/倍受…… (B) 重视)" 등의 문장으로 표현되는데, 여기서 A는 중시되는 대상을 나타낸다.

[예문1] 洪大辰的报告引起了金社长的高度重视。 홍대진의 보고는 김 사장의 높은 중시를 이끌었다.

[예문2] 洪大辰的报告受到金社长的高度重视。 홍대진의 보고는 김 사장의 높은 중시를 받았다.

• 이 단어는 인칭대명사 뒤에 놓여 명사의 성격을 띨 수 있다.

[예문1] 市政府的重视让事情有了很快的进展。 시정부의 중시는 일의 빠른 진전이 있게 했다.

不满

불만스럽다. 불만족하다. 흔히 "A는 B에 대해 불만스럽다(…… (A) 对…… (B) 不满)", "A가 B에 대해 불만을 나타내다(…… (A) 对…… (B) 表示不满)" 등의 문장으로 표현되는데, 여기서 A는 불만의 주체이고, B는 불만스럽게 하는 내용을 나타낸다.

[예문1] 金社长对洪大辰的报告非常不满。 김 사장은 홍대진의 보고에 대해 무척 불만스럽다.

[예문2] 金社长对洪大辰的报告表示不满。 김 사장은 홍대진의 보고에 불만스러움을 나타냈다.

[예문3] 洪大辰的报告让金社长非常不满。 홍대진의 보고는 김 사장을 무척 불만스럽게 했다.

合同

계약. 협정. 흔히 "노동계약(劳动合同)", "매매계약(买卖合同)", "임대계약(租赁合同)" "유효협정(有效合同)", "~의 계약에 서명하다(签订/签署……合同)" 등의 말이나 문장과 어울려 표현된다.

[예문1] 法律规定用人单位必须和劳动者签订有效合同。 법률에서는 고용업체가 반드시 노동자와 유효계약에 서명하도록 규정하고 있다.

[예문2] 我们的合同马上就要到期了。 우리의 협정은 곧 만기가 된다.

即将

머지않아. 곧. 장차.

[예문1] 听说美国总统奥巴马即将到中国进行访问。 오바마 미국대통령이 머지않아 중국을 방문한다고 한다.

[예문2] 金社长突然辞职了, 这预示着公司即将发生重大人事变革。 김 사장이 돌연 사직했는데, 이는 회사가 곧 인사 대변동이 생길 것임을 예고하고 있다.

前往

~로 가다. ~로 향해 가다. ~로 나아가다. 전진하다. ~로 떠나가다. 이 단어 뒤에는 비교적 중요한 지점, 장소, 혹은 어떤 중요한 사건이나 중요한 인물과 직접적인 관계가 있는 장소가 나온다.

[예문1] 明天, 洪大辰等人将前往日本大使馆表示抗议。 내일 홍대진 등 여러 사람들이 일본대사관에 가서 항의를 나타낼 것이다.

[예문2] 洪大辰病了, 金社长决定亲自前往医院去看望他。 홍대진이 아파서 김 사장은 직접 병원에 그를 보러 가기로 결정했다.

遭到

(불행이나 불리한 일을) 만나다. 당하다. 흔히 "처벌을 받다(遭到处罚)", "치욕을 당하다(遭到羞辱)", "공격을 받다(遭到攻击)", "거절당하다(遭到拒绝)" 등의 말과 어울려 표현된다.

[예문1] 公司的网站经常遭到黑客的攻击, 金社长非常恼火。 회사의 홈페이지가 자주 해커의 공격을 받아 김 사장은 무척 화가 났다.

[예문2] 洪大辰向那个女生求爱, 却遭到了拒绝。 홍대진은 그 여학생에게 프로포즈했지만, 오히려 거절당했다.

受到

~을 받다. ~을 입다. 이 말은 앞의 "遭到"와는 달리 "칭찬을 받다(受到赞扬)", "인정받다(受到肯定)"처럼 불행이나 불리한 일 뿐만 아니라 좋은 일까지 폭넓게 쓸 수 있다.

[예문1] 洪大辰考试得了满分, 因此受到老师的表扬。 홍대진은 시험에 만점을 받아 선생님의

칭찬을 받았다.

[예문2] 昨天, 洪大辰上课又迟到了, 下课后, 他受到了老师的批评。 어제 홍대진은 수업에 또 지각해 수업한 뒤에 선생님한테 꾸중을 들었다.

经验

경험. 흔히 "경험이 풍부하다(经验丰富)", "풍부한 경험(丰富的经验)", "근무경험(工作经验)", "사회경험(社会经验)", "판매경험(销售经验)" 등의 말과 어울려 표현된다.

[예문1] 洪大辰一家美国公司工作了15年, 积累了丰富的工作经验。 홍대진은 미국회사에서 15년을 근무해 풍부한 근무경험을 쌓았다.

[예문2] 我从来没有出过国, 因此没有在国外生活的经验。 나는 여태껏 출국해본 적이 없어 해외생활의 경험이 없다.

• 이 단어는 동사로도 쓰일 수 있으며, 흔히 뒤에 목적어를 수반한다.

[예문1] 说句实在话, 这种事情, 我还从来没有经验过。 사실대로 말하자면 이러한 일은 여태껏 경험해 본 적이 없다.

[예문2] 我曾经亲身经验过他说的那种情况。 나는 일찍이 그가 말했던 그런 상황을 몸소 겪어봤다.

经历

1. 경력, 경험, 체험. 흔히 "생활경험(生活经历)", "근무경험(工作经历)", "성장경험(成长经历)", "잊지 못할 경험(难忘的经历)", "비슷한 경험(相同的经历)" 등의 말과 어울려 표현된다.

[예문1] 洪大辰的个人经历非常复杂, 当过兵, 作过司机, 开过公司, 还出过国。 홍대진의 개인경험은 무척 복잡한데, 군대도 갔다 왔고, 운전수도 해봤으며, 회사도 운영해봤고, 또 출국도 해봤다.

[예문2] 洪大辰谈过四个女朋友, 情感经历非常丰富。 홍대진은 여자친구를 넷이나 사귀어봐서 애정경험이 무척 풍부하다.

2. 동사로서, 겪다. 경험하다. 체험하다.

[예문1] 这种事情, 我真的还从来没经历过。 이런 일은 정말 여태껏 겪어본 적 없다.

[예문2] 经历了一系列的挑战之后, 洪大辰终于夺得冠军。 일련의 도전을 경험하고 난 뒤에 홍대진은 마침내 우승을 차지했다.

感觉

~라고 느끼다. ~라고 생각하다. 이 말은 몸이나 마음으로 느끼는 것 모두에 쓸 수 있다.

动词, "感觉"作动词时的意思是"觉得", 不过这种"觉得"有两种意思, 一是身体上的体验, 如"感觉有点儿冷"; 二是心理上的感受, "感觉很委屈"。

[예문1] 房间里面没有空调, 我感觉到有点儿热。 방 안에는 에어컨이 없어 좀 덥게 느껴진다.

[예문2] 洪大辰进来之后就没有说一句话, 我感觉事情有点儿不对劲儿。 홍대진은 들어와서는 말 한 마디도 하지 않아 일이 약간 잘되어 가지 않는 듯한 느낌이 든다.

遭遇

1. 명사로 일. 경우. 경험. 운명. 주로 불행한 것을 가리킨다.

[예문1] 洪大辰说他被绑架过, 没想到他竟然有这种遭遇。 홍대진은 납치 당한 적이 있다고 말했는데, 그가 이런 경험이 있을 줄은 몰랐다.

[예문2] 想起以前的遭遇, 洪大辰就会非常伤心。 이전의 일을 떠올리면 홍대진은 무척 슬퍼진다.

2. 동사로 (주로 불행한 일을) 겪다. 만나다. 당하다. 흔히 "불행한 일을 당하다(遭遇不幸)", "홍수를 만나다(遭遇洪水)", "좌절을 겪다(遭遇挫折)" 등의 말과 어울려 표현된다.

[예문1] 昨天晚上, 上海市遭遇了五十年一遇的洪水。 어제 저녁 상하이는 오십 년에 한 번 있는 홍수를 당했다.

[예문2] 今天在公交车上, 我遭遇到一位奇特的小偷。 오늘 공공버스에서 이상한 도둑을 만났다.

본문 문장구조 익히기

1. **不得不……** ~하지 않으면 안된다. 반드시 해야 한다.

为此, 她不得不出国找工作。 이 때문에 그녀는 해외로 일자리를 찾지 않으면 안됐다.

- 이 문장구조는 별다른 선택의 여지가 없는 상황이 생겼음을 나타낸다.

[예문1] 洪大辰的钱包和手机都被偷了, 他不得不向警察求助。 홍대진은 지갑과 휴대폰을 몽땅 도둑맞아 경찰에 도움을 요청하지 않을 수가 없었다.

[예문2] 敌人被包围了, 不得不举手投降。 적은 포위당해 손들고 투항할 수밖에 없었다.

2. **当……(A)的时候, ……(B)** A가 ~할 때 B는 ~했다.

当我刚开始在电视台工作的时候, 我最担心的是怕不受重视, 因为他们都说我太年轻。 제가 갓 방송국에서 일할 때 그들이 저를 보고 너무 젊다고 해서 중시 받지 못할까봐 제일 걱정됐었지요.

- 이 문장구조는 A의 동작이 진행될 때 B도 동일한 시간에 같이 발생됨을 나타낸다.

[예문1] 当我刚来到韩国的时候, 我一句韩语都听不懂。 내가 갓 한국에 왔을 때 난 한국어를 한마디도 알아듣지 못했다.

[예문2] 当洪大辰还是一个小孩子的时候, 他就能背诵很多诗歌了。 홍대진이 아직 어린아이였을 때 그는 많은 시가들을 암송할 수 있었다.

吉林原省长调任农业部

지린성장 농업부로 이임

时隔6年多，韩长赋又回到了农业部，继续从事他熟悉的农业工作。农业部官网显示，部领导栏里原来排名第一位的孙政才，已经被更换为韩长赋，他的身份是党组书记。4天前，吉林省人大常委会刚刚接受了韩长赋辞去省长职务的辞呈。

今年55岁的韩长赋长期从事农业和农村工作，上世纪80年代至90年代其在共青团中央工作时，曾任青农部副部长、部长，此后在中央财经领导小组办公室工作时，亦担任过农业组副组长。2001年，时年47岁的韩长赋已是农业部常务副部长，两年后调任国务院研究室常务副主任，他在这里工作了3年多之后，转任地方官，在本月2日前，一直在吉林省长任上。

韩长赋精通“三农”，在人民大学读本科的专业即为农业经济，他也是中国高级官员中日益增多的学者型官员之一。2003年其“三农”专著《中国现代化进程中的“三农”问题》出版，在这本400多页的书中，韩长赋认为，经验教训反复证明：什么时候农民有了积极性，农业就发展，农村就繁荣。什么时候农民的积极性受到了挫伤，农业就萎缩，农村就凋敝。这就需要有一个好的政策，而多予、少取、放活，是国情、是经验、是名言，对解决“三农”问题最管用。

《京华时报》2009年12月6日

본문 단어 익히기

省长 [名] shěng cháng 성장(省長).

调任 [动] diào rèn 전근하다. 이임(移任)하다.

农业部 [名] nóng yè bù 농업부.

时隔 [动] shí gé ~의 (시간, 세월) 동안.

熟悉* [动] shú xī 숙지하다. 잘 알다.

官网 [名] guān wǎng 정부 사이트. 공식 사이트(official site).

显示* [动] xiǎn shì 나타내 보이다. 드러내 보이다. 과시(誇示)하다.

栏 [名] lán (신문, 간행물 등의) 난(欄). (표에서 항목을 구분하기 위해 그은) 줄칸. 틀.

更换 [动] gēng huàn 바꾸다. 대체하다. 변환하다. 갈다.

身份* [名] shēn fèn 신분. 지위.

党组书记 [名] dǎng zǔ shū jì (중국 공산당의) 당 조직 서기.

接受* [动] jiē shòu 1. (물건 등을) 받다. 수령하다. 수취하다. 2. (어떤 사물을 거절하지 않고) 받아들이다. 수락하다. 포용하다.

辞 [动] cí 사직하다. 그만두다.

职务 [名] zhí wù 직무. 맡은 일.

辞呈 [名] cí chéng 사표. 사직서.

长期 [名] cháng qī 장기. 장기간

其 [代] qí 그. 그들. 그것. 그녀.

任 [动] rèn (어떤 일이나 책임 등을) 담임하다. 담당하다. 맡다.

财经 [名] cái jīng 재경(財經).

小组 [名] xiǎo zǔ (업무나 학습 등의 편리를 위해 구성한) 작은 단체. 소그룹. 서클(circle).

亦 [副] yì 〔書面語〕 ~도 역시. 또한. 마찬가지로.

时年［名］shí nián 올해. 금년도.

常务［形］cháng wù 상무(常務)의. 일상적인 업무인.

研究室［名］yán jiū shì 연구실.

转［动］zhuǎn 1. (방향, 위치, 형세, 상황 등을) 바꾸다. 돌리다. 전환하다. 2. (한쪽의 물품, 우편물, 의견 등을 다른 한쪽에) 전하다. 송달하다.

地方官［名］dì fāng guān 지방관. 현지관료.

精通［动］jīng tōng 정통하다. 능통하다.

本科［名］běn kē 본과(本科). 학부(學部)(대학이나 단과대학의 교육 과정 중 기본이 되는 과정).

增多［动］zēng duō (수량이 원래보다) 늘어나다. 증가하다.

学者［名］xué zhě 학자.

型［名］xíng 유형(類型).

专著［名］zhuān zhù 전문 저서.

教训*［名］jiào xùn 교훈.

反复［副］fǎn fù 반복하여. 되풀이해서.

证明*［动］zhèng míng 증명하다. 입증하다.

积极性［名］jī jí xìng 적극성.

挫伤［动］cuò shāng 상처를 입히다. 손상을 주다. 꺾다.

萎缩［动］wěi suō 1. (식물이) 마르다. 시들다. 오그라들다. (몸, 기관 등이) 위축(萎縮)되다. 2. (경제가) 부진(不振)하다. 쇠퇴(衰退)하다.

凋敝［动］diāo bì (생활이) 힘들다. 고생스럽다. (사업이) 쇠퇴하다. 부진하다.

予［动］yǔ 주다. ~하여 주다.

活［形］huó 활기차다. 생동적이다.

国情［名］guó qíng 국정(國情)(한 나라의 사회 성질, 정치, 경제, 문화 등 각 방면의 기본 상황과 특징을 가리킴).

名言［名］míng yán 명언(名言).

管用*［形］guǎn yòng 쓸모 있다. 유효하다. 유용하다. 효과적이다.

农业部［专名］nóng yè bù 농업부.

人大常委会［专名］rén dà cháng wěi huì '중국인민대표대회상무위원회(中國人民代表大會常務委員會)'의 준말.

共青团中央［专名］gòng qīng tuán zhōng yāng 중국공산주의청년단중앙위원회(中國共産主義青年團中央委員會)의 준말.

国务院研究室［专名］guó wù yuàn yán jiū shì 국무원연구실(國務院研究室).

熟悉

숙지하다. 잘 알다. 흔히 "상황을 잘 알다(熟悉情况)", "지형을 숙지하다(熟悉地形)", "~에 대해 (비교적) 잘 알다(对…… (比较) 熟悉)" 등의 말이나 문장과 어울려 표현된다.

[예문1] 洪大辰对北京比较熟悉。 홍대진은 베이징에 대해 비교적 잘 안다.

[예문2] 洪大辰比较熟悉首尔的地理情况。 홍대진은 서울의 지리상황을 비교적 잘 안다.

- 이 말 뒤에 "的"을 붙여 형용사로서 "잘 아는 사람(熟悉的人)", "익숙한 일(熟悉的事)", "익숙한 곳(熟悉的地方)" 등과 같은 말로도 표현할 수 있다.

[예문1] 再次回到老家, 洪大辰又遇到了很多熟悉的朋友, 回忆起很多美好的往事。 고향에 다시 돌아와 홍대진은 또 많은 익숙한 친구들을 만나 많은 아름다웠던 지난 일들을 회상하기 시작했다.

显示

나타내 보이다. 드러내 보이다. 과시(誇示)하다. 흔히 "효과를 나타내다(显示效果)", "위력을 드러내다(显示威力)", "결과를 나타내 보이다(显示结果)" 등의 말과 어울려 표현된다.

[예문1] 伊拉克战争期间, 美国的新式武器显示出强大的威力。 이라크 전쟁기간 동안 미국의 신식 무기는 막강한 위력을 보여줬다.

[예문3] 政府提供的数据显示, 最近失业率一直居高不下。 정부가 제공한 데이터에서는 최근 실업률이 줄곧 높은 곳에서 떨어지지 않고 있음을 보여주고 있다.

身份

신분. 지위. 흔히 "신분증(身份证)", "개인 신분(个人身份)", "사회 지위(社会身份)", "신분 소개(身份介绍)" 등의 말과 어울려 표현된다.

[예문1] 在中国, 做很多事情, 都会被要求出具个人身份证。 중국에서는 많은 일을 하는 데 있어 개인 신분증을 제출하도록 요구한다.

[예문2] 昨天晚上, 有一个身份不明的客人出现在晚会现场。 어제 저녁 신분이 불명확한 손님

이 저녁 모임 현장에 나타났다.

• 이 단어는 사람들에게 존경받는 지위로서 "신분지위가 대단한(身份显赫)", "지체 높은(身份很高)", "신분이 고귀한(身份高贵)" 등의 뜻을 나타내기도 한다.

[예문1] 洪大辰在大使馆工作期间, 遇到了很多身份显赫的人物。 홍대진은 대사관에서 근무하는 동안 많은 신분지위가 대단한 인물들을 만났다.

接受

1. (물건 등을) 받다. 수령하다. 수취하다. 흔히 "선물을 받다(接受礼物)", "기부금을 받다(接受捐款)" 등의 말과 어울려 표현된다.

[예문1] 地震过后, 这所小学接受了很多公司的捐款。 지진이 지난 뒤 이 초등학교는 많은 회사로부터 성금을 받았다.

[예문2] 她的建议如此疯狂, 没想到洪大辰竟然接受了。 그녀의 이같이 어처구니없는 건의를 홍대진이 받아들일 줄은 예상치 못했다.

2. (어떤 사물을 거절하지 않고) 받아들이다. 수락하다. 포용하다. 흔히 "도움을 받아들이다(接受帮助)", "임무를 수락하다(接受任务)", "비평을 받아들이다(接受批评)" 등의 말과 어울려 표현된다.

[예문1] 我们正在认真训练, 准备接受新的任务。 우리는 진지하게 훈련을 받으면서 새로운 임무를 받아들일 준비를 하고 있다.

[예문2] 洪大辰做错了事情, 正在办公室接受金社长的批评。 홍대진은 일을 잘못해 사무실에서 김 사장한테 꾸중을 받고 있다.

教训

교훈. 흔히 "교훈을 받아들이다(接受教训)", "쓰라린 교훈(惨痛的教训)", "잊지 못할 교훈(难忘的教训)" 등의 말과 어울려 표현된다.

[예문1] 洪大辰吸取了昨天的教训, 今天一直保持沉默。 홍대진은 어제의 교훈을 받아들이고 나서 오늘 줄곧 침묵을 지키고 있다.

[예문2] 昨天的失败给了洪大辰一个惨痛的教训。 어제의 실패는 홍대진에게 하나의 쓰라린

교훈을 줬다.

- 이 단어는 동사로서 흔히 "A가 B를 나무라다(A教训B)"의 문장으로 표현된다.

[예문1] 昨天, 洪大辰又迟到了, 王老师狠狠地教训了他一顿。 어제 홍대진은 또 지각해서 왕 선생님이 그를 호되게 나무랐다.

[예문2] 洪大辰被王老师教训了一通, 灰溜溜地回来了。 홍대진은 왕 선생님한테 한바탕 혼나고 나서는 풀이 죽어 돌아갔다.

证明

1. 동사로, 증명하다. 입증하다. 흔히 "A가 B를 입증하다(A证明B……)", "A가 B에게 ~을 증명하다(A向B证明……)" 등의 문장으로 표현된다.

[예문1] 洪大辰证明他昨天在宾馆看到了那个小偷。 홍대진은 그가 어제 호텔에서 그 도둑 본 것을 증명했다.

[예문2] 洪大辰向警察证明他昨天在宾馆看到了那个小偷。 홍대진은 경찰에게 그가 어제 호텔에서 그 도둑 본 것을 증명했다.

[예문3] 事实已经证明: 洪大辰说的话是对的。 사실은 홍대진이 말한 얘기가 맞다는 것을 이미 증명하고 있다.

2. 명사로, 증명. 흔히 "수입증명(收入证明)", "호적증명(户籍证明)", "재직증명(在职证明)", "~의 증명서를 소지하다(持(有)……证明)", "~의 증명서를 제출하다(出具……证明)" 등의 말이나 문장과 어울려 표현된다.

[예문1] 办理这项业务的时候, 对方会要求你出具工作证明。 이 업무를 처리할 때 상대방에서 네게 업무증명서를 제출하라고 요구할 것이다.

[예문2] 没想到洪大辰竟然持有韩国政府给他颁发的官方证明! 홍대진이 한국정부가 수여한 공식증명서를 소지하고 있을 줄은 몰랐다.

管用

쓸모 있다. 유효하다. 유용하다. 효과적이다. 흔히 "무척 유용하다(非常管用)", "그다지 쓸모 없다(不太管用)", "별로 쓸모 없다(不怎么管用)" 등의 말과 어울려 표현된다.

[예문1] 这个药非常管用, 洪大辰吃了以后, 病马上就好了。 이 약은 무척 효과가 있어 홍대진이 복용한 뒤에 병이 바로 나았다.

[예문2] 这个方法看来不太管用, 我们试了很多次, 都没有任何效果。 이 방법은 별로 쓸모가 없어 보이는데 우리는 여러 차례 시도했지만 아무런 효과가 없었다.

본문 문장구조 익히기

1. 什么时候……（A）, ……就……（B） 언제라도 A한다면 B하게 된다.

什么时候农民有了积极性, 农业就发展, 农村就繁荣。 언제라도 농민에게 적극성이 생기면 농업은 발전하고 농촌은 번영한다.

- 이 문장구조는 A가 발생하지 않는다면 B도 발생하지 않는다는 의미로서 B의 발생은 A의 발생을 전제 내지는 조건으로 한다는 것을 나타낸다.

[예문1] 什么时候我赚足了钱, 我就立刻去买栋房子。 언제라도 돈을 넉넉하게 번다면 바로 집을 살 것이다.

[예문2] 什么时候你有时间了, 我就请你去我家吃饭。 언제라도 네가 시간이 있으면 우리집에 식사 초대할께.

종합연습 [练习]

Ⅰ. 다음 빈칸에 들어갈 알맞은 단어를 고르시오.

1.来到公司以后，洪大辰努力工作，一_____就是20年。

A.勤奋 B.运行 C.出色 D.干

2.社长对他的表现非常_____，狠狠地批评了他。

A.满意 B.不满 C.不好 D.差劲儿

3.下个月的会议十分重要，社长一年前就_____洪大辰去国外学经验了。

A.安排 B.准备 C.免费 D.责令

4.他在上海住过十年，_____外滩十分熟悉。

A.由于 B.因此 C.面对 D.对

5.社长_____了我的建议，决定给同事们放两假。

A.接受 B.拒绝 C.接见 D.见面

6.医生_____警方证明：洪大辰昨天的确是病倒了，不可能在案发现场。

A.向 B.表示 C.要求 D.和

Ⅱ. 다음 질문에 간단하게 답하시오.

1.苏珊是哪一年开始在BBC工作的？

2.为什么苏珊的中国老板非常喜欢她？

3.韩长赋认为，促进农业发展的关键是什么？

Ⅲ. 다음 주제에 대하여 중국어로 토론하시오.

1.您觉得中老年女性适合从事新闻工作吗？为什么？

2.您认为，和中国、美国等国家相比，韩国农业的优势、劣势各有哪些？应当采取哪些措施促进韩国农业的发展？

인문정신이 스며든 물의 도시 샤오싱

샤오싱 유상곡수

'오월동주(吳越同舟)', '와신상담(臥薪嘗膽)' 고사가 유래한 곳. 그러나 정작 중국인들은 샤오싱(紹興)을 지독한 질시와 반목, 원수와 복수의 현장으로 기억하기 보다는 인문적(人文的) 향기가 가득한 '물의 도시'로 받아들인다. 중국 최고의 명필인 '서성(書聖)' 왕희지(王羲之), 아름다운 산수시인 사령운(謝靈運)은 이미 1,600여 년 전부터 이곳에 인문정신을 심었고, 우국충정(憂國衷情)의 애국시인 육유(陸游), 중국 최고의 문호 루쉰(魯迅) 등이 샤오싱의 훌륭한 인문 전통을 바탕으로 불세출의 명작을 남긴 까닭이다. 예로부터 수많은 인재들을 배출한 곳인 만큼 샤오싱은 곳곳마다 인문정신이 진하게 배

샤오싱 아지 석비

어 있고, 그들이 남긴 흔적은 화려하지는 않지만 정성스레 보존되어 있다. 그중 샤오싱의 자랑이자 중국 인문정신의 자존심인 난정(蘭亭)과 심원(沈園), 루쉰(魯迅)기념관을 찾았다.

시내버스를 타고 서남쪽으로 30분 남짓 가다보니 난저산(蘭渚山) 자락 아래로 난정이 보였다. 월왕 구천(句踐)이 이 일대에 난을 심었다고 해서 난정이라 이름 붙여진 이곳은 예전 왕희지가 가깝게 지내는 문인들을 초대해 유상곡수(流觴曲水)를 즐겼던 곳으로 유명하다. 유상곡수란 경주의 포석정(鮑石亭)과 같이 굴곡지게 만든 수로를 흐르는 물 위에 술잔을 띄워놓고, 이 술잔이 각자 앉은 자리에 오면 술을 마시고 시 한 수 지으며 즐겼던 시회(詩會)를 말한다. 이 모임을 통해 37수의 시가 모여졌고, 왕희지는 이 시들을 모아 책으로 만들고 모임에서 느낀 감상을 적어 서(序)를 지었는데, 이것이 유명한 『난정서 蘭亭序』이다. 이 '난정서'의 문장도 명문장이려니와, 그 보다도 이 '난정서'의 필체가 고금에 다시 없는 명필로서 왕희지 글씨 가운데서도 으뜸으로 알려져 있다. 아니나 다를까. '난정서'에 쓴 글씨는 부채나 도자기를 비롯해 온갖 관광상품으로 만들어져 손님을 기다리고 있었다.

대나무 숲 사이로 난 작은 오솔길을 따라 아지(鵝池)와 아지정(鵝池亭)으로 갔다. 왕희지는 난(蘭)과 거위(鵝)를 무척 좋아했는데, 왕희지의 필적이 새겨진 아지정 둘레로 대나무가 무성하고 그 앞쪽에 있는 아지에는 몇몇 거위들이 연못 위를 노닐고 있다. 왕

샤오싱 육유의 차두봉

희지는 거위가 부리를 목으로 돌리는 동작과 발로 물을 헤치는 모습을 세심히 관찰하고, 이를 붓으로 놀리는데 응용하여 마침내 우아하고 아름다운 글씨체로 쓰게 되었다고 한다. 이야기는 사실이 아닐지라도 그의 최고를 향한 집념을 충분히 엿볼 수 있는 대목이다. 아지정에는 '아지' 두 글자가 커다랗게 세로로 씌어진 석비가 세워져있다. 전하는 바에 의하면 왕희지는 거위를 기르기 위해 연못을 파고 그 옆에 돌을 세워 '아지' 두 글자를 쓰려했다. '아(鵝)'자를 쓰고 '지(池)'자를 쓰려 할 때 마침 황제의 성지(聖旨)가 하달되었다는 소식을 듣게 되어 붓을 놓고 나간 동안, 그의 아들 헌지(獻之)가 이어서 나머지 한 글자를 썼다고 한다. '아'자는 말랐지만 '지'자는 살찐 것으로 좋은 대비가 이루어진 이 비석을 사람들은 '부자비(父子碑)'라 부르는데, 부자 모두가 '완벽(完璧)'을 기한 아름다운 이야기이다.

다음으로 송나라 시대의 정원으로 애국시인 육유(陸游)의 애틋한 러브스토리가 담겨진 장소 심원(沈園)으로 갔다. 정원 건축물의 아기자기한 모습과 연녹색 가지를 늘어뜨린 버드나무 밑 연못에 무성한 연잎 사이로 연꽃을 머금은 풍경은 마치 그 옛날 사랑의 기억을 되살리는 듯하다. 육유는 지혜롭고 시문(詩文)에 능한데다가 얼굴도 예쁜 사촌여동생 당완(唐琬)과 스무 살에 결혼했다. 그들은 뭇사람들의 부러움을 살 정도로 금슬이 좋았지만, 육유의 어머니는 당완이 밖으로 나다니며 남자들과 학문을 토론하는 것이 늘 못 마땅해 걸핏하면 트집을 잡아 며느리를 궁지로 몰았고, 나중에는 아

샤오싱 루쉰기념관

이가 생기지 않는다는 이유로 둘이 헤어질 것을 강요한다. 당완과 결코 헤어질 수 없는 육유는 아내와 함께 무릎을 꿇고 빌었지만 완고한 어머니의 마음을 돌릴 수 없었고, '효'와 '사랑'의 갈림길에서 육유는 결국 '효'를 택할 수밖에 없었다. 이후 각기 다른 사람과 재혼한 그들은 세월이 훨씬 지난 10년 뒤 어느 화창한 봄날에 심원에 놀러갔다 우연히 만나게 된다. 둘의 눈이 마주치는 순간 마음속 깊이 숨겨두었던 지난 기억들이 아련히 떠올랐다. 당완은 남편에게 사촌오빠라고 소개하고 사람을 시켜 술과 안주를 가져오게 했다. 조용히 함께 술잔을 부딪치는 그들의 눈에서는 눈물이 하염없이 흘렀고 마음은 찢어지듯 아팠다. 짧은 해후를 마치고 남편과 떠나는 당완의 뒷모습을 보며 육유는 한참을 멍하니 서 있다가 감정을 억누르지 못하고 이내 붓을 들어 벽면에 지금도 인구에 회자되는 '채두봉(釵頭鳳)'이라는 사(詞)를 써내려갔다. 그 날의 만남은 특히 당완에게 너무도 큰 아픔이었고 결국 얼마 지나지 않아 죽고 만다. 육유는 만년에 이 심원에 들러 그녀를 그리는 수많은 글을 지었는데, '삼 일 동안 시를 짓지 못하면 답답함을 감당하지 못한다'던 그는 수많은 시를 남긴 것으로 유명하여 지금 남아있는 시만도 9,200여 수에 달한다. 나라를 잃은 비분강개와 우국충정(憂國衷情)의 마음을 담은 애국시인으로 존경받는 그이기도 하지만, 사랑과 이별의 아픔을 애틋하게 담아낸 인간 육유는 오늘날에도 감동의 러브스토리 주인공으로 기억되고 있다. 솟구쳐 오르는 옛 사랑의 기억을 억누르지 못하고 써내려간 세 수(首)의 시가 새겨진 벽면을 한참동안 보았다. 비극이 이내 지고한 사랑으로 정화(淨化)되는 느낌이 드는 건 확실히 오늘날까지 불후의 명작으로 사랑받는 까닭이리라.

마지막으로 심원에서 얼마 멀지 않은 거리에 있는 루쉰기념관으로 갔다. 루쉰의 생가 입구부터 많은 관광객들로 장사진을 이룬 광경이 과연 중국 최고 문호로서의 위상을 실감케 한다. 샤오싱에서 태어나 유년기를 이곳에서 보낸 루쉰은 근대교육을 받으러 난징(南京)으로 떠난 뒤 일본유학을 거쳐 1911년 신해혁명이 일어나기 직전에 귀국해 다시 샤오싱에서 몇 년 간 거주하였다. 루쉰 자신의 고향인 만큼 샤오싱은 작품 창작의 모태로서 그의 작품에 등장하는 인물과 고전, 지명의 대부분은 샤오싱에서 부여받은 것이다. 루쉰이 유복하고 평화로운 유년기를 보낸 백초원(百草園), 그가 다닌 동네 서당 삼미서옥(三味書屋) 등이 자리한 골목 양옆으로는 루쉰을 '브랜드'로 내세운 온갖 기념품들이 밀집해있다. 감수성이 한창 예민했던 청소년 시절 집안의 갑작스런 몰락으로 매정한 세사를 맛봤던 그가 그토록 벗어나고 싶어했던 고향 샤오싱. 그러나 오늘날 샤오싱은 루쉰의 대표작 『아Q정전』의 주인공 아Q가 쓴 이 지방의 고유 모자부터 샤오싱주와 용정차, 심지어는 루쉰의 입상(立像)이 들어간 샤오싱주까지 이른바 '루쉰 산업'으로 그의 덕을 톡톡히 보고 있다. 루쉰 생가 인근에 있는 '함형주점(咸亨酒店)'으로 갔다. 함형주점은 그의 단편소설 『공을기 孔乙己』의 무대를 모델로 한 술집으로 주인공 공을기의 이름을 딴 메뉴들이 한창 인기리에 성업중이었다. 함형주점 앞에는 시대 변화에 적응하지 못한 전통 지식인 공을기가 한갓 외상술꾼으로 전락한 비루하면서도 안쓰러워 보이는 조각상이 서 있고, 관광객들은 이를 배경으로 기념사진을 찍고 있다. "인간의 불행을 슬퍼하고, 중국인의 현실도피에 분노하며" 잠든 영혼을 일깨우려 고통스레 빚어낸 공을기 형상이 '구경거리'로 전락한 씁쓸한 광경이다. 그렇지만 이곳을 찾은 사람들은 중국 최고의 지성들이 살고 간 인문적 자취를 보았고, 또 한 번쯤은 고통스런 영혼의 의미를 생각하지 않을까? 애써 마음을 위로한 가운데 샤오싱의 저녁은 함홍주점의 왁자지껄한 분위기 속에서 그렇게 저물어간다.

10

그 때 그 시절 往事回忆

鲁迅的婚后生活

루쉰의 결혼 후 생활

1980年9月22日 两伊战争全面爆发

1980년 9월 22일 이란-이라크 전면 전쟁 발발

鲁迅的婚后生活

루쉰의 결혼 후 생활

许广平和鲁迅在一起，忍受了相当长时间的地下情侣的身份。直到许广平怀孕，他们才正式结婚。

婚后的生活非常琐碎，甚至感觉不到鲁迅对许广平的爱了。

婚前，鲁迅还带着许广平去杭州度假。在婚后，这样的日子几乎没有。鲁迅连公园也不愿去。鲁迅说：公园嘛，就是进了大门，左边一条道，右边一条道，有一些树。

那时，萧红是鲁迅家的常客，从法租界到虹口，搭电车也要差不多一个钟头，这么远，萧红还是常去，有时，坐到半夜十二点，车都没了。可鲁迅还是很愿与萧红聊天，甚至去楼上披了袄子下来接着聊。

不知为何，鲁迅不把这些时间分出一些给许广平。

为了萧红，鲁迅和许广平说话也很严厉，为了一条绸子是否好看，就嫌她把萧红打扮丑了，让许广平很尴尬。

萧红不怎么会做菜，可是在鲁迅家勉强做的韭菜合子，鲁迅会扬着筷子，要再吃几个。鲁迅太善待萧红了。而曾几何时，许广平未嫁他，只与他书信时，他又何尝不善待许广平。难道真是过日子了，就不用客套了。还是左手右手没感觉了。

总之，许广平与鲁迅结婚后，总是在忙碌。来了客人，都是许广平下厨房，菜食丰富，鱼肉齐全，少则四五碗，多则七八碗。鲁迅喜欢北方口味，许广平就提议请个北方厨子，十五元的工钱鲁迅觉得贵，请不得。此后依然许广平下厨。鲁迅生病，在楼上单吃，许广平每回送菜上楼时，都是在楼下仔细挑选的，要拣嫩的菜，只要叶，不要茎，鱼肉拣烧得软的，没刺的。鲁迅不陪的客人全由许广平代陪。

许广平带孩子，帮鲁迅抄写稿子，打毛线衣。在鲁迅深夜写作时，她则在一边躺下睡了，之所以早睡是第二天要早起忙家务。

萧红说："许先生（许广平）对自己忽略了，每天上下楼跑着，所穿的衣裳都是旧的，次数洗得太多，纽扣都洗脱了，也磨破了，都是几年前的旧衣裳……许先生冬天穿一双大棉鞋，是她自己做的。一直到二三月早晚冷时还穿着……许先生买东西也总是到便宜的店铺去买，再不然，到减价的地方去买。"

萧红与许广平在花园里照相，许广平衣上的纽扣掉了，让萧红站在她面前遮挡，省下的钱都印了书和画。

许广平忽略着自己，鲁迅也忽略着许广平。在鲁迅心情无法平复时，他只会在半夜躺在冰凉的阳台地板上，从未想过让许广平分担。

鲁迅与许广平共度十年，创作量超过了以往任何时候。鲁迅过世后，许广平除了抚养孩子，还解决了鲁迅的原配朱安与鲁迅母亲的部分经济问题。

做鲁迅的女人，真不是一般的辛苦！

《城市快报》2009年12月23日

본문 단어 익히기

忍受* [动] rěn shòu (고통, 어려움, 불행 등을) 견디다. 버티다. 참다.

相当 [副] xiāng dāng 꽤. 상당히. 제법. 퍽. 몹시. 매우.

地下 [名] dì xià 땅속. 지하.

情侣 [名] qíng lǚ 애인. 연인.

直到* [动] zhí dào 쭉 ~에 이르다(주로 시간을 가리킴).

怀孕 [动] huái yùn 임신하다.

正式 [形] zhèng shì 정식의. 정식적인.

琐碎 [形] suǒ suì 자질구레하고 번거롭다. 보잘것없고 너저분하다. 사소하고 잡다하다.

度假 [动] dù jià 휴가를 보내다.

常客 [名] cháng kè 단골손님. 단골.

搭 [动] dā (차, 배, 비행기 등을) 타다.

电车 [名] diàn chē 전차(電車).

愿 [动] yuàn (~하기를) 바라다. 희망하다. 원하다.

披 [动] pī (옷, 스카프, 장식물 등을 어깨에) 걸치다. 감다. 휘감다. 감싸다.

袄子 [名] ǎo zi (솜·털 등의) 안감을 댄 상의.

为何 [副] wèi hé 왜. 무슨 까닭으로. 어째서. 무엇 때문에.

严厉* [形] yán lì (어떤 정도 등이 매우) 심하다. 엄하다. 매섭다. 준엄하다.

绸子 [名] chóu zi (얇고 보드라운) 견직물. 비단.

嫌* [动] xián 혐오하다. 싫어하고 미워하다. 만족스럽게 생각하지 않다. 꺼리다. 마음에 맞지 않다.

打扮* [动] dǎ bàn 단장하다. 꾸미다. 치장하다. 분장하다.

尴尬 [形] gān gà 1. (입장이) 난처하다. 곤란하다. 2. (표정, 태도 등이) 부자연스럽다.

勉强* [形] miǎn qiǎng 1. 간신히(가까스로, 억지로) ~하다. 2. 마지 못하다. 내키지 않다. [动] 강요하다.

韭菜 [名] jiǔ cài 부추.

合子 [名] hé zi 소를 넣은 떡과 비슷한 식품.

筷子 [名] kuài zi 젓가락.

善待 [动] shàn dài 다정하게 대하다. 잘 대하다. 잘 다루다.

曾几何时 [成语] céng jǐ hé shí (시간이) 오래지 않아. 얼마 지나지 않아.

未 [副] wèi (일찍이)~한 적이 없다. 아직 ~하지 않다.

何尝 [副] hé cháng 언제 ~한 적이 있는가. 결코 ~가 아니다.

客套 [动] kè tào 공손한 말투. 겸손한 말투. 체면 차리는 말투. 사양하는 말투.

总之［连］zǒng zhī 한마디로 말하면. 총괄하자면. 요컨대.

忙碌*［形］máng lù (업무나 사무 등이 많아) 바쁘다. 분망하다.

下［动］xià (어떤 장소로) 가다. (어떤 장소에) 도착하다. 도달하다.

齐全［形］qí quán 완전히 갖추다. 완비(完備)하다.

提议［动］tí yì 제의하다. 건의하다.

请［动］qǐng (남을) 초청하다. 초빙하다. 초대하다. 모시다.

厨子［名］chú zi 요리사.

工钱［名］gōng qián 품삯. 급여. 노임.

此后［名］cǐ hòu 이후. 그 후.

依然*［副］yī rán 변함없이. 여전히. 예전 그대로.

下厨［动］xià chú 부엌에 내려가서 일하다.

单［副］dān 단지. 겨우.

仔细*［形］zǐ xì 1. 꼼꼼하다. 자세하다. 세심하다. 면밀하다. 2. 조심하다. 주의하다. 유의하다.

挑选*［动］tiāo xuǎn 고르다. 선택하다.

拣［动］jiǎn 1. 선택하다. 고르다. 가리다. 2. (남이 잃어버린 물건을) 줍다. 습득하다.

嫩*［形］nèn 1. (갓 생겨나서) 부드럽다. 연하다. 2. (씹기 좋게) 무르다. 부드럽다. 3. (색깔이) 연하다. 엷다. 4. 경험이 적다. 노련하지 못하다.

茎［名］jīng (식물의) 줄기.

刺［名］cì (바늘이나 가시 등과 같은) 뾰족한 물건.

陪*［动］péi (지위가 높은 사람이나 손님 등을) 모시다. 수행하다. 배석하다. 동반하다.

代［动］dài 대신하다.

抄写［动］chāo xiě (원문을 보고) 베끼다. 베껴 쓰다. 필사하다.

稿子［名］gǎo zi 원고(原稿).

打［动］dǎ (옷, 실 등을) 짜다.

毛线衣［名］máo xiàn yī 털옷. 스웨터.

深夜［名］shēn yè 깊은 밤. 심야.

写作*［动］xiě zuò 글을 짓다. 저작하다. 저술하다.

忙［动］máng (일을) 서둘러 하다. 바쁘게 하다.

家务［名］jiā wù 가사. 집안 일.

忽略［动］hū lüè 등한시하다. 경시하다. 간과하다. 소홀히 하다.

衣裳［名］yī shang 옷. 의복.

纽扣［名］niǔ kòu 소매 단추.

脱［动］tuō (털이나 피부, 껍질 등이) 빠지다. 벗어지다. 떨어지다.

磨［动］mó 1. 마찰하다. 비비다. 2. 갈다. 3. 고통스럽게 하다. 괴롭히다. 4. 치근거리다. 성가시게 하다. 귀찮게 하다. 5. (시간을) 헛되이 소비하다. 낭비하다. 지연하다. 끌다.

棉鞋［名］mián xié 털신. 면 신발.

减价［动］jiǎn jià 가격을 내리다. 인하하다.

照相［动］zhào xiàng 사진을 찍다. 촬영하다.

遮挡［动］zhē dǎng 막다. 가리다. 저지하다. 차단하다.

印［动］yìn (흔적을) 남기다(글이나 그림 등을 종이나 기물(器物) 위에 남기는 것을 가리킴).

平复［动］píng fù 1. 가라앉다. 평정을 되찾다. 평온해지다. 2. (질병, 상처 등이) 낫다. 회복되다.

阳台［名］yáng tái 발코니(balcony). 베란다(veranda).

地板［名］dì bǎn 마루. 바닥 널.

分担［动］fēn dān 나누어 맡다. 분담하다.

度 dù (시간을) 지내다. 보내다.

以往［名］yǐ wǎng 이왕. 이전. 종전.

过世［动］guò shì (사람이) 죽다. 세상을 떠나다. 사망하다. 작고하다. 서거하다.

抚养［动］fǔ yǎng 기르다. 부양하다.

原配［名］yuán pèi 본처. 정실.

一般*［形］yì bān 1. 어슷비슷하다. 같다. 마찬가지다. 2. 보통이다. 일반적이다.

辛苦*［形］xīn kǔ 고생스럽다. 수고스럽다. 고되다. 힘들다.

鲁迅［专名］lǔ xùn 루쉰(1881~1936). 중국의 저명 문학가, 사상가, 혁명가로 원명(原名)은 쩌우수런(周樹人)이고, 자는 예재(豫才)이며, 쩌장(浙江) 샤오싱(紹興)사람이다. 주요작품으로 『납함 吶喊』, 『방황 彷徨』, 『야초 野草』 등이 있다.

许广平［专名］xǔ guǎng píng 쉬광핑(1898~1960). 광동(廣東) 판위(番禺)사람으로, 현대 여성작가, 사회활동가이다. 저작으로 『위안이 되는 기념 欣慰的紀念』 등이 있다.

萧红［专名］xiāo hóng 샤오홍(1911~1942). 중국의 유명 현대 여성작가로, 헤이룽장성(黑龍江省) 후란센(呼蘭縣) 사람이다. 주요 작품으로 『삶과 죽음의 자리 生死場』 등이 있다.

租界［专名］zū jiè 조계(租界). 19세기 후반에 영국, 미국, 일본 등 8개국이 중국을 침략하는 근거지로 삼았던 개항 도시(開港都市)의 외국인 거주지.

虹口［专名］hóng kǒu 홍커우(虹口). 상하이(上海) 중심지역 동북부에 위치한 상업지역.

忍受

(고통, 어려움, 불행 등을) 견디다. 버티다. 참다. 흔히 "고난을 견디다(忍受苦难)", "고통을 참다(忍受痛苦)", "참기 힘들다(难以忍受)", "견딜 수 없다(无法忍受)" 등의 말과 어울려 표현된다.

[예문1] 离开祖国快10年了, 洪大辰每天都要忍受无尽的相思之苦。 조국을 떠난 지 10년이 되는데, 홍대진은 매일같이 끝없는 그리움의 고통을 견뎌야한다.

[예문2] 外面的噪声实在是太大了, 我真的忍受不住了。 바깥 소음이 정말 너무 커서 난 정말 참을 수 없다.

直到

쭉 ~에 이르다. 흔히 "어제까지 줄곧("直到昨天)", "지난주에 이르기까지 줄곧(直到上周)" 등의 말과 어울려 표현된다.

[예문1] 洪大辰已经辞职一周了, 直到昨天, 我才知道这个消息。 홍대진은 사직한 지 벌써 일주일이 됐는데, 어제 들어서야 비로소 이 소식을 알게 됐다.

[예문2] 直到今天, 洪大辰依然怀念他在中国生活过的日子。 오늘까지도 홍대진은 여전히 그가 중국에서 생활했던 나날들을 그리워한다.

严厉

(어떤 정도 등이 매우) 심하다. 엄하다. 매섭다. 준엄하다. 흔히 "엄격한 처벌(严厉的处罚)", "매서운 비평(严厉的批评)", "준엄한 경고(严厉警告)" 등의 말과 어울려 표현된다.

[예문1] 政府将采取严厉措施, 打击各种盗版行为。 정부에서는 준엄한 조치를 취해 각종 불법 복제 행위를 단속할 것이다.

[예문2] 洪大辰上课老是迟到, 今天上午, 崔老师严厉批评了他一通。 홍대진은 수업에 항상 지각해 오늘 오전에 최선생님이 그를 호되게 한 바탕 나무랐다.

嫌

혐오하다. 싫어하고 미워하다. 만족스럽게 생각하지 않다. 꺼리다. 마음에 맞지 않다. 흔히 이 말 뒤에는 혐오하는 내용이 나온다.

[예문1] 洪大辰嫌公司给他的工资太低, 他决定下个月就辞职。 홍대진은 회사가 그한테 주는 임금이 너무 적은데 불만스러워 다음 달에 사직하기로 결정했다.

[예문2] 没想到, 洪大辰竟会嫌自己的妈妈长得太胖! 홍대진이 자기 엄마가 너무 뚱뚱하다고 싫어할 줄은 생각지 못했다.

打扮

1. 동사로, 단장하다. 꾸미다. 치장하다. 분장하다.

[예문1] 出门面, 林智慧好好地打扮了一下自己。 문을 나서면서 임지혜는 자신을 잘 치장했다.

[예문2] 马上就要到新年了, 广场被打扮得格外漂亮了。 곧 새해가 다가오면서 광장은 각별히 아름답게 단장됐다.

2. 명사로, 분장. 단장. 차림. 치장.

[예문1] 洪大辰今天的打扮很时髦。 홍대진은 오늘 차림새가 참 현대적이다.

[예문2] 洪大辰一向不重视自己的形像, 每天的打扮都非常随便。 홍대진은 줄곧 자신의 모습에 신경 쓰지 않아 매일 같이 차림이 무척 제멋대로이다.

勉强

1. 형용사로, 간신히(가까스로, 억지로) ~하다. 흔히 억지로 버티다(勉强坚持) 등의 말과 어울려 표현된다.

[예문1] 洪大辰才9岁, 让他扛这么重的东西, 实在是有点儿勉强。 홍대진은 겨우 아홉 살인데, 그더러 이렇게 무거운 걸 매라고 하면 정말 좀 억지인 것 같다.

[예문2] 虽然洪大辰已经很累了, 但他还是勉强坚持了下来。 비록 홍대진은 이미 지쳤지만, 그래도 억지로 버텨나갔다.

2. 형용사로, 마지 못하다. 내키지 않다. 흔히 "마지 못해 승낙하다(勉强答应)", "마지 못해 대응하다(勉强应付)" 등의 말과 어울려 표현된다.

[예문1] 洪大辰已经看过那部电影了, 但是女朋友想再去看一遍, 他只好勉强答应了。 홍대진은 이미 그 영화를 봤지만, 여자친구가 다시 한 번 보러가고 싶다고 해서 어쩔 수 없이 마지 못해 승낙했다.

[예문2] 公司给的工资太低了, 洪大辰每天都勉强应付着, 他想下个月就辞职。 회사가 주는 급여가 너무 적어 홍대진은 매일 마지못해 응대하고 있는데, 다음 달쯤엔 사직할 생각이다.

3. 동사로, 강요하다.

[예문1] 他不想去, 你就不要勉强他了。 그는 가고 싶어하지 않으니 그한테 강요하지 말아라.

[예문2] 他不想去, 你就不要勉强他去了。 그는 가고 싶어하지 않으니 그더러 가라고 강요하지 말아라.

忙碌

(업무나 사무 등이 많아) 바쁘다. 분망하다.

[예문1] 洪大辰一天到晚非常忙碌的样子, 不知在忙些什么。 홍대진은 하루종일 무척 바쁜 모습인데, 뭘로 바쁜지 모르겠다.

[예문2] 为了生活, 洪大辰每天都忙忙碌碌。 생활 때문에 홍대진은 매일같이 분망하다.

- 이 단어는 동사로도 쓸 수 있지만 목적어를 수반하지 않는다.

[예문1] 洪大辰在房间一个上午都没出来, 不知道他在忙碌些什么。 홍대진은 방에서 오전 내내 나오지 않는데, 무엇하느라 바쁜지 모르겠다.

[예문2] 整整一个上午, 洪大辰都在忙碌着不停。 오전 내내 홍대진은 쉼없이 분주하다.

依然

변함없이. 여전히. 예전 그대로. 흔히 "예전 그대로이다(依然如故)", "여전히 이와 같다(依然如此)", "변함없이 소탈하다(依然潇洒)" 등의 말과 어울려 표현된다.

[예문1] 三年没见洪大辰了, 这次见面, 我发现他依然是老样子。 3년이나 홍대진을 못 봤지만 이번에 만났을 때 그는 여전한 모습임을 알았다.

[예문2] 一个星期过去了, 事情依然没有任何进展。 일주일이 지났지만 일은 예전 그대로 아무런 진전이 없다.

仔细

1. 꼼꼼하다. 자세하다. 세심하다. 면밀하다. 흔히 "자세히 관찰하다(仔细观察)", "꼼꼼히 살펴보다(仔细查看)" 등의 말과 어울려 표현된다.

[예문1] 生活中, 洪大辰是一个很仔细的人。 생활에서 홍대진은 매우 꼼꼼한 사람이다.

[예문2] 上课的时候, 你一定要仔细听老师说的每一句话, 仔细观察老师的每个动作。 수업할 때는 반드시 선생님의 말씀 한 마디 한마디 자세히 들어야 하며, 선생님의 매 동작마다 자세히 관찰해야 한다.

2. 조심하다. 주의하다. 유의하다.

[예문1] 下雪了, 路很滑, 你要仔细点儿哦。 눈이 내려 길이 미끄러우니 조심 좀 해라.

挑选

고르다. 선택하다. 흔히 "정성들여 선택하다(精心挑选)", "진지하게 고르다(认真挑选)" 등의 말과 어울려 표현된다.

[예문1] 圣诞节马上就要到了, 洪大辰精心挑选了一件礼物, 想送给心爱的女朋友。 크리스마스가 곧 다가와 홍대진은 정성들여 선물 하나를 골라 사랑하는 여자친구한테 줄 생각이다.

[예문2] 哇! 这么多的衣服, 我一定要好好挑选挑选! 와! 이렇게 많은 옷을 난 제대로 골라야겠구나!

嫩

1. (갓 생겨나서) 부드럽다. 연하다. 흔히 "부드러운 잎사귀(嫩叶)", "연한 싹(嫩芽)" 등의 말과 어울려 표현된다.

[예문1] 幼苗才刚发芽, 叶子很嫩, 最好不要去碰它。 새싹이 갓 틔워져 나와 잎이 참 연하니 건드리지 않는 게 좋겠다.

[예문2] 孩子还小, 细皮嫩肉的, 不要动不动就打他。 아이가 아직 어려 피부도 얇고 살이 아직 연하니 걸핏하면 때리지 마라.

2. (씹기 좋게) 무르다. 부드럽다.

[예문1] 妈妈做的红烧肉非常嫩, 洪大辰一口气吃了七块。 엄마가 만드신 홍샤오러우가 무척

부드러워 홍대진은 단숨에 일곱 덩어리나 먹었다.

[예문2] 这道菜炒得可真嫩啊！ 이 요리는 정말 부드럽게 볶았구나!

4. 경험이 적다. 노련하지 못하다.

[예문1] 洪大辰刚刚参加工作, 处理起事情来还嫩了点儿。 홍대진은 갓 일을 시작해 일 처리하는데 아직 노련하지 못하다.

陪

(지위가 높은 사람이나 손님 등을) 모시다. 수행하다. 배석하다. 동반하다. 흔히 "손님을 모시다(陪客人)", "술자리에 배석하다(陪喝酒)", "(인사말로) 먼저 실례하겠습니다(失陪)" 등의 말과 어울려 표현된다.

[예문1] 洪大辰正在陪客人, 你暂时不要打电话给他了。 홍대진은 손님을 모시고 있으니 잠시 동안만 그한테 전화하지 마십시오.

[예문2] 洪大辰正在陪客人聊天儿, 你最好不要打电话给他。 홍대진은 손님과 얘기 중이니 될 수 있으면 그한테 전화하지 마십시오.

写作

글을 짓다. 저작하다. 저술하다. 흔히 "글 쓰는 기교(写作技巧)", "글을 짓는 생각(写作思路)", "저술에 종사하다(从事写作)" 등의 말과 어울려 표현된다.

[예문1] 洪大辰热爱写作, 已经公开发表了很多诗歌。 홍대진은 글 쓰기를 무척 좋아해 이미 많은 시가들을 공개 발표했다.

[예문2] 很多诗人的写作思路实在是让人捉摸不透。 많은 시인들의 글 짓는 생각은 사람을 정말 종잡을 수 없게 한다.

一般

보통이다. 일반적이다. 흔히 "보통 수준(一般水平)", "일반화(一般化)", "보통 사람(一般人)" 등의 말과 어울려 표현된다.

[예문1] 一般情况下, 我不太喜欢在周末出去旅游。 일반적인 상황에서 나는 주말에 나가 여행

하는 것을 별로 안 좋아한다.

[예문2] 这道菜做得很一般, 可能是厨师的水平很一般吧。 이 요리는 일반적이라 아마 요리사의 수준도 보통일 것이다.

辛苦

1. 형용사로, 고생스럽다. 수고스럽다. 고되다. 힘들다.

[예문1] 洪大辰连续工作了9个小时没有休息, 真是太辛苦了。 홍대진은 9시간 동안 쉬지도 않고 계속 일해 정말 너무 수고스럽다.

[예문2] 天气这么冷, 工人们还辛苦地在室外施工。 날씨가 이렇게 추운데, 노동자들은 고생스럽게 실외에서 시공하고 있다.

2. 동사로, 고생하다. 수고하다.

[예문1] 这么远的路程, 您还亲自把东西送过来了, 真是辛苦您了。 이렇게 먼 길 오시면서 물건까지 직접 보내오시느라 정말 수고하셨습니다.

[예문2] 最近我不在家, 辛苦您照顾一下我的小狗好吗? 요즘 내가 집에 없으니 고생스럽겠지만 제 강아지 좀 돌봐주시겠습니까?

본문 문장구조 익히기

1. **直到……A 才……B** A에 이르러서야(A가 되어서야) (비로소) B했다.

直到许广平怀孕, 他们才正式结婚。 쉬광핑이 임신했을 때야 그들은 정식으로 결혼했다.

- 이 문장구조는 A가 발생할 때가 되어서야 B도 발생할 수 있다는 상황, 조건을 나타낸다.

[예문1] 直到昨天, 我才知道洪大辰已经去美国了。 어제가 되어서야 나는 홍대진이 벌써 미국에 갔다는 것을 알게 됐다.

[예문2] 直到洪大辰亲口告诉我, 我才知道金社长已经辞职了。 홍대진이 나한테 알려주고 나서야 김 사장이 이미 사직했음을 알게 됐다.

2. **连……A 也……B** A는커녕 B조차도 ~하지 않다.

鲁迅连公园也不愿去。 루쉰은 공원조차도 가지 않으려 했다.

- 이 문장구조는 평소에 좀처럼 발생하지 않는 일이나 상황을 묘사할 때 쓰인다.

[예문1] 房间里太热了, 洪大辰连上衣也没有穿呢。 방이 너무 뜨거워서 홍대진은 웃옷조차도 입지 않고 있다.

[예문2] 洪大辰得了金牌, 这是他连做梦也不会想到的事情! 홍대진이 금메달을 딴다는 건 꿈에서조차도 상상하기 힘든 일이다!

[예문3] 昨天晚会现场来了很多嘉宾, 连平日不怎么出现的金社长也露面了。 어제 저녁 모임 현장에 많은 귀빈들이 왔었는데, 평소에는 좀처럼 보이지 않던 김 사장도 모습을 보였다.

[예문4] 洪大辰很懒, 连洗衣服也要请别人帮忙。 홍대진은 게을러서 빨래하는 것조차도 다른 사람한테 도와달라고 한다.

3. **从……A 到……B** A에서 B까지. A로부터 B까지.

从法租界到虹口, 搭电车也要差不多一个钟头。 프랑스 조계지에서 홍커우(虹口)까지 전차를 타고 거의 한 시간은 와야 한다.

- 이 문장구조에서 A와 B는 사람, 물건, 동작이나 시간과 장소에 모두 쓸 수 있다.

[예문1] 从洪大辰到金社长, 大家都不认识这个人。 홍대진에서 김 사장까지 모두 이 사람을 모른다.

[예문2] 昨天, 从9点到18点, 我一直在看电影。 어제 9시부터 18시까지 나는 줄곧 영화를 봤다.

[예문3] 从大田到首尔, 坐KTX大约需要一个小时。 대전에서 서울까지 KTX 타고 대략 1시간 정도 걸린다.

1980年9月22日 两伊战争全面爆发

1980년 9월 22일 이란-이라크 전면 전쟁 발발

两伊战争，伊拉克和伊朗长期以来存在着领土纠纷、民族和教派矛盾。1975年两国曾为解决双方之间的争端签署了阿尔及尔协议，伊朗同意停止支持伊拉克库尔德反政府力量；伊拉克则同意将阿拉伯河南段102公里中心线定为两国水界。1979年2月霍梅尼在伊朗执政后，两伊关系日趋恶化，不断发生边界冲突。1980年9月17日，伊拉克宣布废除阿尔及尔协议，收回阿拉伯河的主权。

22日，伊拉克出兵伊朗，导致两伊战争爆发。战争初期，伊拉克军队占领伊朗约2万多平方公里的领土和一些城镇。1982年4月，伊朗大举反攻，收复了大部分领土。6月，伊拉克单方面宣布停火并将其军队撤至边界。7月以后，伊朗在两伊边界不同地段多次越界发动攻势，但进展不大，战争基本上在两伊边界一带进行，同时双方不断炮击和空袭对方的边界城镇。1984年初起，双方互有攻守，战争不断升级，并向波斯湾水域和双方平民区扩展，展开“油轮战”和“袭城战”。尽管双方伤亡惨重，但战场全局形势未有重大改观。1987年7月20日，安理会通过第598号决议，要求两伊立即停火，毫不延迟地将所有军队撤到国际公认的边界线内，尽快遣返战俘，呼吁双方与秘书长合作就所有悬而未决的问题达成一项全面、公正、体面、并为双方接受的解决办法。此决议带有一定的强制性。1988年8月20日，伊拉克、伊朗正式停火。但战争状态并未结束。据统计，两国损失至少达9000亿美元(据1991年伊朗宣布，直接、间接损失653530亿里亚尔，约9340亿美元)。1990年8月，伊拉克宣布接受阿尔及尔协议，10月两伊复交。1991年12月，联合国秘书长报告确定伊拉克为两伊战争的发动者。

본문 단어 익히기

战争 [名] zhàn zhēng 전쟁.

全面* [形] quán miàn 전면적이다. 전체적이다. 전반적이다. 보편적이다.

爆发 [动] bào fā (어떤 일이 갑자기) 폭발하다. 일어나다. 발생하다. 터지다.

存在 [动] cún zài 존재하다.

领土 [名] lǐng tǔ 영토.

纠纷 [名] jiū fēn 분규. 다툼. 분쟁.

民族 [名] mín zú 민족.

教派 [名] jiào pài 교파. 종파.

矛盾* [名] máo dùn 모순.

曾 [副] céng 일찍이. 이미. 이전에.

争端 [名] zhēng duān 싸움의 발단. 다툼의 실마리. 분쟁.

协议 [名] xié yì 협의. 합의.

段 [名] duàn 단위(段位). 단(段).

定 [动] dìng 결정하다. 확정시키다.

执政 [动] zhí zhèng 집권하다. 정권을 잡다.

日趋 [副] rì qū 나날이. 날마다.

恶化* [动] è huà 악화되다. 악화하다.

边界 [名] biān jiè (지역과 지역 사이의) 경계선.

冲突* [动] chōng tū 충돌하다.

宣布* [动] xuān bù 선포하다. 공표하다. 선언하다. 발표하다.

废除 [动] fèi chú (법령, 제도, 조약 등을) 폐지하다. 취소하다.

收回 [动] shōu huí 회수하다. 몰수하다. 거둬들이다. 되찾다.

主权 [名] zhǔ quán 주권.

出兵 [动] chū bīng 출병(出兵)하다. 군대를 (전투에) 내보내다.

初期 [名] chū qī 초기.

占领 [动] zhàn lǐng (무력으로 진지나 영토를) 점령하다.

城镇 [名] chéng zhèn 도시와 마을. 도시와 촌.

大举 [副] dà jǔ 대거(大擧). 대규모로. 대대적으로.

反攻 [动] fǎn gōng 반격하다. 역습하다. 역공하다.

收复 [动] shōu fù (잃어버린 영토·진지를) 수복(收復)하다. 회수하다. 되찾다.

单 [形] dān 하나의. 홀수의.

停火 [动] tíng huǒ 정전하다. 휴전하다. 전쟁을 멈추다.

撤 [动] chè 1. 제거하다. 없애다. 2. 물러나다. 물러서다. 후퇴하다. 퇴각하다.

地段 [名] dì duàn 구역. 구간. 지역.

攻势 [名] gōng shì 공세.

一带 [名] yí dài 일대(一帶). 일원(一圓).

炮击 [动] pào jī 대포를 쏘다. 포격(砲擊)하다.

空袭 [动] kōng xí (비행기, 미사일 등으로) 공중에서 습격하다. 공습하다.

攻守 [名] gōng shǒu 공수. 공격과 방어.

升级* [动] shēng jí 1. (등급, 계급, 학년 등이) 올라가다. 승급하다. 2. (컴퓨터) 업그레이드(upgrade)하다. 3. (전쟁의 규모나 사태의 긴장 등이) 확대되다. 깊어지다.

水域 [名] shuǐ yù 수역(水域).

平民 [名] píng mín 평민. 일반인. 일반 사람.

扩展 [动] kuò zhǎn (물체의 크기나 세력, 범위 등이) 확장하다. 신장하다.

油轮 [名] yóu lún 유조선.

袭 [动] xí 기습하다. 습격하다.

伤亡 [名] shāng wáng 사상자(死傷者).

惨重 [形] cǎn zhòng (손해나 손실 등이) 막대하다. 막심하다.

战场 [名] zhàn chǎng 전쟁터.

全局 [名] quán jú 대세. 전체의 국면. 대체의 형세.

改观［动］gǎi guān 원래의 모습을 새롭게 바꾸다. 면모를 일신하다. 변모하다.

立即［副］lì jí 즉시. 즉각. 바로.

延迟［动］yán chí (시간이나 기한 등을) 미루다. 물리다. 늦추다. 연기하다.

公认［动］gōng rèn 공인(公認)하다. 모두가 인정하다.

尽快［副］jǐn kuài 조속히. 되도록 서둘러. 되도록 빨리. 가능한 한 빨리.

遣返［动］qiǎn fǎn 송환(送還)하다. 돌려보내다.

战俘［名］zhàn fú 전쟁 포로.

悬而未决［成语］xuán ér wèi jué 해결되지 않고 남아 있다. 현안(懸案)으로 남아 있다.

达成［动］dá chéng (주로 상담 후, 어떤 결과에) 이르다. 얻다. 달성하다.

公正*［形］gōng zhèng 공정하다. 공평하다. 공명정대하다.

体面［形］tǐ miàn 떳떳하다. 어엿하다. 당당하다. 체면이 서다.

强制［动］qiáng zhì (정치적인 힘 또는 경제력으로) 강박하다. 강요하다. 강제하다. 강압하다.

性［名］xìng ～성(性). (물질이 가지고 있는 어떠한 성질.)

统计*［动］tǒng jì 통계하다. 합산하다.

损失［名］sǔn shī 손실. 손해.

至少［副］zhì shǎo 최소한. 적어도.

直接［形］zhí jiē 직접의. 직접적인.

间接［形］jiàn jiē 간접의. 간접적인.

复交［动］fù jiāo 1. 우의를 회복하다. 2. 외교 관계를 회복하다.

阿尔及尔协议［专名］ā ěr jí ěr xié yì 알제(Algiers)협정.

库尔德［专名］kù ěr dé 쿠르드족.

阿拉伯河［专名］ā lā bó hé 샤트알아랍 강(Shatt al-Arab).

霍梅尼［专名］huò méi ní 호메이니(Ruhollah Khomeini. 1902～1989). 이란의 시아파 종교지도자.

波斯湾［专名］bō sī wān 페르시아 만(Arabian Gulf).

里亚尔［专名］lǐ yà ěr 리알.(Rial. 이란의 화폐단위.)

본문 단어 자세히 익히기

全面

전면적이다. 전체적이다. 전반적이다. 보편적이다. 흔히 “전면적인 폭발(全面爆发)”, “전반적인 회고(全面回顾)", "전체적인 탈퇴(全面退出)" 등의 말과 어울려 표현된다.

[예문1] 会上, 金社长全面回顾了公司去年的发展情况。 회의에서 김 사장은 작년 회사의 발전 상황을 전반적으로 회고했다.

[예문2] 新流感最初并不严重, 可是短短一周之后就全面爆发了。 신종 플루가 처음에는 심각하지 않았지만, 짧은 일주일이 지나고서 전면적으로 폭발했다.

矛盾

모순. 흔히 "사회 모순(社会矛盾)", "기본 모순(基本矛盾)", "주요 모순(主要矛盾)", "감정 모순(情感矛盾)" 등의 말과 어울려 표현된다.

[예문1] 洪大辰和金成民两人之间矛盾重重。 홍대진과 김성민 두 사람 사이에는 여러 모순이 겹쳐있다.

[예문2] 现在这个国家十分动荡, 国内各种矛盾都被激化了出来。 지금 이 나라는 무척 불안정해 국내적으로 각종 모순들이 격화되어 표출되고 있다.

恶化

악화되다. 악화하다. 흔히 "날이 갈수록 악화되다(日益恶化)", "계속 악화되다(继续恶化)", "심각하게 악화되다(严重恶化)" 등의 말과 어울려 표현되며, 어떤 환경, 위기, 어떤 형세 혹은 관계 등을 묘사할 때 쓰인다.

[예문1] 全球环境形势正在不断恶化。 전지구적인 환경 형세가 계속 악화되고 있다.

[예문2] 现在这个国家十分动荡, 国内形势日益恶化。 지금 이 나라는 무척 불안정해 국내 상황이 갈수록 악화되고 있다.

冲突

1. (갈등이 표면으로 드러나 격렬한 싸움이 발생하는 동작을 가리키는 말로) 충돌하다. 흔히 "무장 충돌하다(武装冲突)", "군사적으로 충돌하다(军事冲突)" 등의 말과 어울려 표현된다.

[예문1] 现在这个国家十分动荡, 武装冲突时有发生。 지금 이 나라는 무척 불안정해 무장충돌이 발생한다.

[예문2] 他们两人因为意见不和而发生了言语冲突。 그들 두 사람은 의견이 합치되지 않아 언쟁이 생겼다.

2. (상호 모순 혹은 조화되지 않아) 충돌하다. 흔히 "A와 B가 충돌하다(A与B冲突)"의 문장으로 표현된다.

[예문1] 我的休假计划与公司的工作时间冲突了。 내 휴가계획은 회사의 근무시간과 상충했다.

[예문2] 洪大辰的论文前后冲突, 观点不一, 受到老师的批评。 홍대진의 논문은 앞뒤가 모순되고, 관점이 일관되지 않아 선생님의 비판을 받았다.

• 이 단어는 대명사, 형용사 뒤에 놓여 명사의 성격을 띨 수 있다.

[예문1] 现在, 整个公司的人都知道了他们的冲突。 지금 회사 전체 모두가 그들의 충돌을 알았다.

[예문2] 现在, 整个公司的人都知道他们之间存在严重的冲突。 지금 회사 전체 모두가 그들 사이에 심각한 마찰이 있음을 알고 있다.

宣布

선포하다. 공표하다. 선언하다. 발표하다. 흔히 "공개적으로 선포하다(公开宣布)", "정식으로 공표하다(公开宣布)", "A가 B에게 ~을 선언하다(A向B宣布……)" 등의 말이나 문장과 어울려 표현된다.

[예문1] 洪大辰公开宣布, 他下个月要和女朋友结婚! 홍대진은 다음달에 여자친구와 결혼할 것이라고 공개적으로 발표했다.

[예문2] 洪大辰向大家宣布他已经和女朋友分手了。 홍대진은 모두에게 이미 여자친구와 헤어졌다고 선포했다.

升级

1. (등급, 계급, 학년 등이) 올라가다. 승급하다. 흔히 "고속승진하다(快速升级)", "전반적으로 등급이 올라가다(全面升级)", "A가 B를 ~으로 올리다(A把B升级为/到……/A升级到/为……)" 등의 말 또는 문장으로 표현된다. 또한 (컴퓨터) 업그레이드(upgrade)하다란 의미로서, 흔히 "소프트웨어 업그레이드(升级软件)", "프로그램 업그레이드(升级程序)" 등의 말로도 표현된다.

[예문1] 中俄两国决定把互相间的关系升级为战略合作伙伴关系。 중러 양국은 상호 간의 관계를 전략적인 합작파트너의 관계로 격상하기로 결정했다.

[예문2] 洪大辰刚才把杀毒软件升级到了最新版本。 홍대진은 방금 백신프로그램을 최신판으로 업그레이드했다.

2. (전쟁의 규모나 사태의 긴장 등이) 확대되다. 깊어지다.

[예문1] 这次地区冲突最终升级为一场战争。 이번 지역 충돌은 결국 전쟁으로 확대됐다.

公正

공정하다. 공평하다. 공명정대하다. 흔히 "공평한 결과(公正的结果)", "공정한 언론(公正的言论)", "공평한 태도(公正的态度)" 등의 말과 어울려 표현된다.

[예문1] 洪大辰做事一向公公正正, 从来不搞小动作。 홍대진은 일하는데 있어 줄곧 공명정대하며, 딴짓한 적이 없다.

[예문2] 洪大辰做事公正, 不会偏袒任何人。 홍대진은 일하는데 있어 공명정대해서 어떤 사람에게도 치우치는 일이 없다.

[예문3] 金社长保证：在这件事情上, 他一定会给大家一个公正的态度、一个公正的结果。 김사장은 이 일에 있어 그는 모두에게 반드시 공정한 태도와 공정한 결과로 임할 것이라고 보장했다.

统计

1. 통계하다. 흔히 "데이터를 통계하다(统计数据)", "통계하여 보고하다(统计报告)", "통계하여 분석하다(统计分析)" 등의 말과 어울려 표현된다.

[예문1] 统计数据显示：最近失业率在不断上升。 통계한 데이터에서는 최근 실업률이 끊임없이 상승하고 있음을 보여주고 있다.

[예문2] 科学家们经过统计分析后发现：以前的数据都是错误的。 과학가들은 통계한 분석을 거친 뒤 예전의 데이터가 전부 틀렸음을 발견했다.

2. 합산하다. 흔히 "인원수를 합산하다(统计人数)", "업적을 합산하다(统计业绩)" 등의 말과 어울려 표현된다.

[예문1] 到达目的地后, 大家统计了一下人数, 发现洪大辰不见了。 목적지에 도달한 뒤 모두 인원수를 합산하고 나서야 홍대진이 없어진 것을 발견했다.

[예문2] 公司正在统计每个员工的工作业绩。 회사는 사원들마다의 근무 업적을 집계하고 있다.

• 이 단어는 대명사, 형용사 뒤에 놓여 명사의 성격을 띨 수 있다.

[예문1] 事实证明: 他们的统计是错误的! 그들의 통계가 틀렸음을 사실이 증명하고 있다.

[예문2] 为了更快搞清市场行情, 他们进行了精心的统计。 시장의 정세를 더욱 빨리 파악하기 위해 그들은 세심한 통계를 하고 있다.

본문 문장구조 익히기

1. ……A, **同时**……B ~한 것과 동시에. ~와 같은 때에.

战争基本上在两伊边界一带进行, 同时双方不断炮击和空袭对方的边界城镇。 전쟁은 기본적으로 양국 경계선 일대에서 진행됨과 동시에 쌍방은 상대방 경계선의 도시마을에 계속 포격과 공습을 가했다.

• 이 문장구조는 A와 B의 상황이 동일한 때에 발생함을 나타낸다.

[예문1] 会上, 洪大辰和金社长主要讨论了新产品的开发问题, 同时他们还说了一些私人问题。 회의에서 홍대진과 김 사장은 주로 신상품의 개발문제를 토론함과 동시에 일부 사적인 문제들을 언급했다.

[예문2] 洪大辰太饿了, 一口气吃了两斤牛肉, 同时还吃了七个馒头, 喝了三碗鸡汤。 홍대진은 너무 배가 고파 단숨에 소고기 두 근과 함께 찐빵 일곱 개를 먹었고, 닭고기 스프 세 접시를 마셨다.

종합연습 [练习]

I. 다음 빈칸에 들어갈 알맞은 단어를 고르시오.

1.洪大辰已经离开韩国快半年了，直到昨天，他的妈妈_____知道这个消息。

A.才　B.又　C.不　D.还

2.老王的地理知识非常差，_____喜马拉雅山在哪儿也不知道。

A.连　B.又　C.对　D.向

3.这个小镇没啥名气，_____人都不知道它在哪儿。

A.什么　B.一般　C.大家　D.少数

4.洪大辰和金南瑾的关系很不好，两人的矛盾很_____。

A.强　B.好　C.少　D.深

5.昨天，洪大辰通过网络向粉丝们_____：他下个月8号要结婚了。

A.告白　B.发言　C.宣布　D.通知

II. 다음 질문에 간단하게 답하시오.

1.鲁迅和许广平的婚后生活非常平淡，课文用什么来比喻二人的婚后关系？

2.和鲁迅在一起生活了十年，许广平的最大贡献是什么？

3.伊朗、伊拉克为什么会接受安理会第598号决议？

III. 다음 주제에 대하여 중국어로 토론하시오.

1.您读过鲁迅的作品吗？其中，印象最为深刻的是哪一篇？您对课文中的许广平有何评价？

2.谈一谈您对宗教与政治关系的看法。

우국충정을 담은 역사도시 청두(成都)

청두 무후사 입구

요리의 진수, 사천요리의 고향. 삼국지의 배경, 2,000년의 역사도시. 중국의 국보 동물 팬더곰이 서식하는 곳. 예로부터 사천(四川)지방은 주위가 높은 산과 큰 하천으로 둘러싸인 분지로 되어 있어 고산준령을 넘지 않으면 외부와 통할 수 없고, 물산이 풍부한 천혜의 요지여서 영웅들이 웅비(雄飛)한 역사 고장이기도 하다. 우리가 잘 아는 『삼국지』의 유비는 이곳에서 촉(蜀)나라를 세웠고, 그보다 훨씬 이전에 한(漢)나라의 유방도 초(楚)나라 항우의 핍박에서 벗어나 이곳에서 재기의 터전을 닦았다. 또한 깊고 높은 산이 많다보니 수려한 경치도 많은데다 풍부한 물산 덕분에 중국요리를 대표하는 고장으로 자리 잡았다. 사천요리는 사천고추의 매운맛과 독특한 향신료가 어우러져 자극적인 매운맛을 내는데, 이 맛이 한국사람 입맛에도 잘 맞아 이곳을 찾는 우리 관광객들에게 잊지 못할 매력을 선사하기도 한다. 그리고 온화한 기후에 강우량이 풍부해 대나무가 자라기에도 더없이 좋아 팬더곰의 낙원이다. 전국시대부터 있어온 2,000년 역사의 문화도시로서 '완벽한 도읍지(成都)'란 뜻에서 이름 붙여진 만큼 청두에는 많은 사적과 유적지가 있는데, 그 중 중국에서 가장 유명한 삼국시대의 사당(祠堂)인 무후사(武侯祠)와 중국을 대표하는 시인 두보(杜甫)가 피난와서 시를 지었던 곳 초당(草堂)을 찾았다.

무후사 입구에서는 두보 초당 입장권도 같이 팔았는데, 무후사 관람 뒤 그곳까지 무료로 차를 태워준다 해서 사는 김에 그곳 표도 샀다. 무후사는 삼국시대를 풍미한 전설의 전략가 제갈공명을 기념한 사당으로, 무후사란 제갈공명이 죽은 후의 시호인 충무후(忠無侯)에서 유래된 이름이다. 제갈공명은 후한 말, 관직에 오르지 않았을 때도 명성이 높아 와룡선생(臥龍先生)이라 일컬어졌고, 이후 유비로부터 초빙되어 천하삼분지계(天下三分之計)를 진언하며 군신수어지교(君臣水魚之交)를 맺었다. 이듬해 오(吳)나라의 손권과 연합하여 조조 군대를 대파하는 등의 수많은 공을 세워 유비가 제위에 오를 때 재상이 되었다. 유비가 죽은 후에는 어린 후주(後主)인 유선을 보필해 재차 오나라와 연합, 위(魏)나라와 대항하였으며, 위나라와 싸울 때 올린 〈출사표〉는 읽고 울지 않는 자가 없다고 할 정도로 천고(千古)의 명문이다. 또 제갈공명은 유비가 그를 초빙하기 위해 보잘 것 없는 초가에 세 번 갔다는 삼고초려(三顧草廬)와 "신은 본래 평민으로서 몸소 밭갈이하며 구차히 어지러운 세상에 목숨을 이어가려 했을 뿐…"으로 시작하는 〈출사표〉, 그의 용병술, 용인술을 대표하는 읍참마속(泣斬馬謖), 칠종칠금(七縱七擒) 등의 친숙한 고사성어를 만들어내기도 하였다.

무후사 입구로 들어서니 '한소열묘(漢昭烈廟)'라는 현판이 먼저 눈에 띄었다. '소열'이란 유비의 시호로서, 원래 이곳은 유비의 묘소였다. 앞서 말했듯 유비와 제갈공명의 관계는 물과 물고기로 비유되어, 후세 사람들은 유비묘 곁에 제갈공명을 추모하기 위해 무후사를 세웠다. 그런데 오랜 세월이 흐르면서 사람들은 이곳을 한소열묘라 부르기보다는 무후사라 부르며 신하인 제갈공명을 황제인 유비보다 더 높이 받들게 되었다. 제갈공명은 뛰어난 재략과 덕망을 지녔지만 단 한 번도 황제의 자리를 넘보지 않았고, 오로지 삼고초려까지 하여 자신을 알아준 유비 곁에서 평생 보필하였다. 이러한 그의 뛰어난 책략과 충직을 세상은 알아준 것이다. 정문을 들어서니 무후사에서 가장 높은 건물인 유비전과 마주하였다. 유비전 안 중앙에는 황금의 유비상이 안치되어 있고, 벽에는 제갈공명의 정치, 군사상의 전략사항으로 유명한 융중대(隆中對)의 액자가 걸려 있었다. 그리고 관우, 장비를 비롯한 문무관(文武官) 28인상은 옆 기둥에 있고, 벽에는 그들의 문장과 업적을 기리는 액자가 가지런히 걸려 있었다. 한(漢)왕실을 부흥시킨다는 대의명분 아래 의형제를 맺고 생사고락을 함께 할 뿐만 아니라, 부하 장수와도 신의로써 교우하며 성심껏 대하는 모습도 감동이거니와, 크고 작은 전쟁 속에 매번 다른 병법과 지모(智謀)가 등장하는 장면은 오늘까지도 손에 땀을 쥐게 한다.

유비전을 나와 제갈공명전으로 갔다. 이곳은 유비전보다 조금 아래에 자리하고 있는데, 이는 신하가 황제와 같을 수 없기에 그렇게 설계되었다 한다. 하지만 계단을 내려갈 때는 고개를 숙이기 마련이므로 자연 예의를 갖추게 된다. 황제에 대한 예의와 제갈공명에 대한 흠모를 잠시나마 느끼게 한다. 대전 한 가운데에는 머리에 윤건을 쓴 제갈공명 상(像)이 자리하고 있는데, 그의 모습은 최고의 책략가답게 사뭇 진지하고 차분해 보인다. 제갈공명의 손에는 거위깃털 부채가 들려있고, 부채 안으로는 뭔가 빼곡히 글씨가 씌어 있다. 그것은 제갈공명 하루의 일정을 그의 아내가 적어놓은 것으로, 그는 밖에서 안으로 부채를 부치며 일정을 점검하였던 것이다. 제갈공명의 뛰어남 속에는 이렇게 아내의 숨은 내조가 있었다.

무후사 뒤편으로는 도원결의를 기념한 삼의묘(三義廟)와 제갈공명이 남쪽으로 정벌할 때 낮에는 그 북을 두드려 밥을 짓고, 밤에는 그것을 두드려 경고를 보냈다는 '제갈고(諸葛鼓)'라 불리던 동고(銅鼓)가 있고, 문장, 서법, 석각이 모두 뛰어나 '삼절(三絶)'로 꼽히는 높이 3.6m에 둘레가 1m에 달하는 당비(唐碑), 제갈량의 충과 덕을 기리는 글인 명비(明碑) 등이 있어 지난 영웅들의 기개와 지혜를 담아 후세의 귀감으로 자리하고 있다.

무후사를 나와 그쪽에서 제공해준 차를 타고 두보 초당으로 갔다. 두보 초당은 천재 시인 이백(李白)과 더불어 '시성(詩聖)'이라 불리던 두보가 청두에 잠시 있을 때 기거하던 곳이다. 평생 관직 진출에 뜻을 두었음에도 그 뜻을 제대로 이루지 못했던 두보가 안사의 난을 피해 청두에 왔을 때, 그는 절친한 친구 엄무(嚴武)의 도움으로 서쪽 교외의 경치 아름다운 호숫가에 초가집을 짓고 살 수 있었다. 두보는 이곳에서 4년여 동안 살았는데, 이 때 지은 시중에서 현재 전해지는 시만 240여 수가 넘는다. 정문에 들어서 두보 초당의 중심인 시사당(詩史堂)으로 갔다. 풍부한 인간애로써 당시 사회현실을 침울하고 비장하게, 그리고 성실하고 근엄한 필치로 그려낸 그의 시를 후세 사람들은 '시사(詩史)'라는 최고의 찬사로 그를 추앙하였다. 앞뒤로 문이 없이 탁 트인 구조로 지어진 시사당의 양쪽으로는 진열실이 대칭을 이루고 있고, 회랑(回廊)으로 통하게 되어 있었다. 양쪽 진열실에는 두보의 생애와 관련된 자료와 창작자료가 풍부하고도 잘 정리되어 있었다. 전세계에서 발행된 두보 관련 서적의 진열 중에는 한국에서 펴낸 번역본과 연구서들도 적잖이 있어 눈길을 끈다. 조국과 겨레는 물론 조국에 자라나는 풀

두보 초당의 두보 석상

도자기 조각을 붙여 만든 두보 초당 현판

한 포기, 나무 한 그루도 사랑한 그의 시정신은 이렇게 시공(時空)을 넘어 많은 사람들에게 감동을 주며, 항상 조명되는 것이다. 회랑 중앙에는 당시 조각가 류개량이 조각한 두보의 반신상이 있는데, 두보에 대한 경의를 자못 불러일으킨다.

시사당을 나와 뒤쪽 정원을 지나 비석이 새겨진 정자로 갔다. 가는 길 내내 서로 연결된 작은 다리 아래로 둥글게 흐르는 물길과 대나무와 매화나무들이 울창하게 우거져 난 숲길은 자연과 인간의 조화를 잘 이룬 듯하다. 20여 헥타르의 우거진 대나무 숲과 호사스런 식물들로 이루어진 현재의 두보 초당은 두보의 시적인 은신처였던 원래 보습보다 훨씬 확장된 것이다. 입장료를 올리기 위해서라도 중국의 관광지는 계속 확장될 거라는 주위의 말에 한편 씁쓸한 마음이 든다. 잠시 후 도착한 비석에는 '소릉초당(少陵草堂)'이란 네 글자가 크게 씌어 있었다. 이는 청나라 옹정제의 동생 공친왕이 황제의 명을 받아 직접 쓴 것인데, 이곳은 이미 두보 초당의 중점으로 사람들이 기념사진을 찍으려 부산한 풍경을 이루고 있었다.

돌아오는 길에 〈출사표〉전문이 적힌 기념품을 하나 샀다. 중국을 넘어 동양의 고전이 된 『삼국지』와 두보의 시를 회상하러 이곳을 찾은 많은 사람들. 나도 그들과 마찬가지로 내 인생의 한 시절에 읽었던 책의 주인공들을 다시금 추억하는 가운데 청두의 하루는 그렇게 저물어간다.

부록1 | 본문 해석

01. 일면기사

아르헨티나, 신종 플루로 일백 명 사망

아르헨티나 보건부는 11일 보고에서 신종 플루로 사망한 병례가 이미 100건에 달한다고 발표했다. 전문가들은 아르헨티나가 미국과 멕시코를 넘어 세계에서 신종 플루로 사망한 병례가 가장 많은 국가가 될 가능성이 높다고 예측하고 있다. 아르헨티나 보건부는 현재 신종 플루 사망으로 의심되는 99건의 병례가 아직 검사 결과를 기다리고 있어 아르헨티나의 신종 플루 사망 병례수가 더 오를 것으로 예측된다고 밝혔다. 세계보건기구가 공포한 수치에 따르면, 지금 아르헨티나 신종 플루 사망 병례수는 전 세계 범위 내에서 겨우 미국과 멕시코 다음이다. 관련 전문가들은 뒤의 두 개 국가의 신종 플루 전염병 발생 상황은 이미 완화되는 추세인 반면 아르헨티나는 신종 플루가 마침 폭발적으로 증가하는 절정기에 놓여 있기 때문에 아르헨티나 신종 플루 환자 사망자 수가 결국에는 미국과 멕시코를 앞지를 것으로 보고 있다. 아르헨티나는 남미 지역 신종플루 기습의 '심각한 재해지역'이다. 아르헨티나의 수도 부에노스 아이레스와 전국의 부분 성(省)들은 이미 6월 말 보건 긴급 상태에 들어갔다.

항저우 해상(海上)대교 전 노선 개통

6월 26일, 항저우만(杭州湾)을 잇는 해상(海上)대교 전 노선이 개통됐다. 세계에서 가장 긴 이 해상대교는 북으로 쩌장(浙江) 쟈싱하이옌(嘉興海鹽) 현(縣)에서 남으로 쩌장 닝뽀츠시(寧波慈溪) 시(市)까지 전체 길이 36㎞의 항저우 만 전체를 가로지르며, 공사 총투자액이 약 118억 위안이 들었다. 이 해상대교는 쌍방향 6차선 고속도로로 설계됐고, 시속 100㎞에 사용 수명도 100년 이상으로 설계되어, 완공 후 닝뽀에서 상하이(上海) 간 육로 거리 120㎞를 단축시킬 것이다.

02. 시사정치

후진타오, G8국가 및 개발도상국 정상들과 회담 및 연설

G8국가와 중국, 인도, 브라질, 남아프리카 공화국과 멕시코 등 5개 개발도상국 정상들과의 회담이 9일 일본 홋카이도에서 거행됐다. 후진타오 국가주석이 회의에 참석했다.

현재 글로벌 경제 상황과 관련해 후진타오는 근래 들어 글로벌 경제성장 가운데 불확정적이고 불안정한 요소가 증가하고, 금융시장이 지속적으로 불안정해지면서 에너지원, 자원 가격이 상승했고, 곡물 안전 문제가 대두되어 글로벌 통화 팽창의 압력이 커지고 있다고 지적했다. 이에 모두가 협력해 공동으로 도전에 대처해야 한다고 말했다. 후진타오는 글로벌 경제의 균형, 협조, 지속적인 발전 등의 문제에 대해 몇몇 건의를 제시했다. 세계 곡물의 안전문제에 관해 후진타오는 근래 곡물가격의 상승이 이미 국제사회가 보편적으로 관심을 갖는 문제가 됐다고 지적했다. 곡물문제는 각 나라의 경제와 민생과도 관련됐을 뿐만 아니라, 전세계의 발전과 안전에도 관련된 문제라고 언급했다. 현재 전세계의 8억여 명이 기아의 위협에 여전히 직면하고 있으며, 곡물가격의 상승은 이 숫자의 대폭적인 증가를 가져오게 해 이는 세계의 오랜 평화와 공동의 번영을 실현해나가는 데 불리할 것이라고 지적했다.

후진타오는 현재 곡물가격 상승은 여러 가지 요소가 복합적으로 작용한 결과라면서 전세계 곡물 수요의 증가를 개발도상국 발전의 탓으로 돌리는 것은 사실과 부합되지도 않을뿐더러 문제 해결의 건설적인 태도도 아니라고 지적했다. 인류사회의 농업생산력이 전에 없이 향상된 오늘날 우리는 식량 문제를 해결할 방법이 결코 없는 것이 아니며, 관건은 함께 발전해나가자는 이념과 세계 곡물 안전을 함께 지켜나가자는 데 기초해야 한다고 강조했다.

후진타오는 연설 마지막에 각국 스포츠 건아들의 베이징 올림픽 참가를 환영하며, 각국 국민들의 베이징 올림픽경기 관람을 환영한다고 밝혔다.

중국인민정치협상회의 제11회 2차 회의 베이징에서 개막

3월 3일 15시, 중국인민정치협상회의 제11회 전국위원회 제2차 회의가 베이징 인민대회당에서 개막됐다. 인민대회당에 오성홍기가 나부꼈고, 일만 인 대강당의 불빛은 휘황찬란했다. 전국 각 민족의 단결을 상징하는 정협회 휘장이 주석 테이블 정중앙에 걸려있고, 양쪽 열 면에는 선명한 오성홍기가 줄 지어 있었다.

전국정협주석 쟈칭린 등이 주석 테이블 앞줄 자리에 앉았다. 당과 국가지도자 후진타오, 우방궈, 원쟈바오, 리창춘, 시진핑, 리커창, 허궈창, 쩌우융캉 등이 주석 테이블에 앉아 대회의 개최를 축하했다.

쟈칭린은 정협 제11회 전국위원회 상무위원회를 대표해 대회에 업무보고를 했다. 쟈칭린은 여섯 개 방면에 걸쳐 지난 일 년 동안 인민정협의 업무를 총결했다. 그는 2008년이 당과 국가 사업발전 과정 가운데 예사롭지 않고 평범하지 않았던 일 년이자 제11회 전국정협의 첫 해였다고 지적했다. 인민정협은 애국주의, 사회주의의 기치를 높이 들어 단결과 민주 양대(兩大) 주제를 확고하게 붙잡고, 중국 특색의 사회주의 정치 발전의 노선을 견지해나가며, 협조 관계의 충분한 발휘, 역량 집결, 전체국면에 걸친 복무에 중요한 역할을 함으로써 조국과 국민의 호흡과 운명을 같이 하고, 중대한 시련을 한 고비 한 고비 견뎌내며, 소강(小康)사회를 전면적으로 건설하고 사회주의 현대화 추진을 가속화하며, 조국 평화통일의 대(大)사업을 추진해나가는데 중요한 공헌을 하기위해 이번 정협 회의에서 좋은 시작을 실현했다고 밝혔다.

쟈칭린은 새로운 한 해에 인민정협에서는 과학적인 발전관으로 업무를 힘껏 지도, 추진하고, 경제 안정, 발전의 가속화를 힘껏 추진하며, 민생의 개선과 사회의 조화, 안정을 추진하고, 홍콩, 마카오, 타이완 동포의 단결과 연합을 힘껏 강화하며, 인민정협의 대외우호 왕래를 힘껏 확대하고, 인민정협의 자기 건설을 힘껏 강화해 중국 특색의 사회주의 정치 발전노선에 인민정협의 사업을 부단히 전진해나가도록 할 것이라고 지적했다.

중공중앙, 국무원의 관련 부서 책임자는 요청에 응해 대회 개막식에 참석했다. 각국 주중 사절단들도 요청에 응해 대회 개막식을 방청했다.

03. 사회민생

"참 맛없는 집"이란 뜻밖의 이름을 지은 식당

어제 양저우 시내에 한 서양식 간이음식점이 개업하자마자 지나가던 많은 시민들의 발걸음을 멈추게 하는 '진기한' 일이 있었다. 알고보니 사람들의 눈길을 끈 것은 가게의 맛있는 음식이 아니라

"참 맛없는 집"이란 그 가게의 이름이었다.

이 식당은 양저우(揚州)의 번화가 양쯔강(揚子江) 베이루(北路)에 위치한 곳으로, 널찍한 유리문 위로 "참 맛없는 집(원문은 '賊難吃')"이라 커다랗게 쓰인 붉은 색 세 글자가 무척 눈길을 끈다. 가게 주인의 소개에 따르면, 이 서양식 간이음식점은 밀크티, 아이스크림, 서양식 간식 등을 주로 판다. 가게 주인은 당시에 괜찮은 가게 이름을 지으려고 무척 신경을 쓰다 마침내 지금 보기에 놀랄 만한 이 이름을 짓기로 결정했다고 한다. 그는 "쩨이(賊)"란 말은 동베이(東北)사투리로 표준어의 "헌(很 '매우'의 의미)"과 같은 뜻으로, 현재 인터넷에서 유행하는 말이라 했다. 맛있는 음식을 오히려 "맛없다(원문은 难吃)"고 한 것은 정반대의 뜻으로서 젊은이들의 반역심리와 부합된다고 했다. 그는 지금 그와 같은 간이음식점들이 갈수록 많아지고 있다면서 어떻게 경쟁에서 이길지 관건은 창의성에 달려 있는 만큼 가게 이름은 첫 번째 인상이라고 알려줬다. 많은 사람들이 이 '놀라운' 가게 이름에 이끌리는 것은 바로 그가 바라던 효과이다. 좋은 가게 이름으로 인기를 끈다지만 이 '놀라운' 가게 이름은 합법적인 것일까? 가게 주인은 일찌감치 공상 부서에 등록해두었다고 기자에게 알려줬다. "공상국의 업무자가 그 때 이 이름은 참 재밌는 거라 아무도 등록하지 않아 위법이 아니라던데요."

누이동생은 뱃머리에 앉으시고, 형님, 전 '고생' 좀 하겠습니다.

"누이동생은 뱃머리에 앉으시고, 형님, 전 '고생' 좀 하겠습니다." 시후(西湖)의 뱃사공들이 익살맞게 농담하는 동안 새로 만든 노 젓는 배의 볼록한 중간 배 부분에 앉은 관광객들은 널찍하고 편안한 느낌을 즐기고, 노 젓는 뱃사공들의 팔뚝 근육은 갈수록 발달하기 시작했다.

서호의 노 젓는 배에는 10여 명이 탈 수 있고, 건국기념일의 긴 휴가 동안 온 가족이 유람하기에 가장 알맞다. 긴 휴가를 아직 며칠 앞둔 때를 틈 타 항저우 호반 관리처에서는 서둘러 새로운 배로 20여 척 바꿨는데, 어제 호수에서 시험 운행을 하면서 관광객들의 지지를 금세 받으리라고는 예상치 못했다.

"우리는 이 새 배를 탈 거예요!" 오후 1시경 충칭(重慶)에서 온 8 명의 관광객들은 러우와이러우(樓外樓)에서 갓 식사를 마치고 나오다 새 배를 보고서 첫 눈에 마음에 들어 했는데, 그 배는 원래 동쪽 면 두 번째에 줄 서 있었던 것으로, 먼저 앞에 오래된 배가 한 척 있었다. 관광객들은 새 배에 올라타고는 오래된 배의 사공에게 손을 흔들며 미안함을 나타냈다.

황(黃)씨는 한숨을 쉬며 "오늘은 내내 장사가 안 되네요. 장사한 게 적으면, 보너스도 적어지지요." 하고 말했다.

부두에는 모두 7, 8척의 새 배와 2, 3척의 오래된 배가 있었는데, 새 배는 새로운 것을 탐내는 관광객들한테서 앞 다투어 출항했고, 오래된 배는 그저 구석진 곳에서 썰렁하게 있었다. 오래된 배의 사공들은 스스로를 놀리면서 또 한편으로는 그다지 걱정하지 않는 말로 "국경절을 전후해 오래된 배들은 전부 퇴출되고 새 배로 바뀔 겁니다."하고 얘기했다.

기자는 신형의 배를 타면서 등 뒤로 파란 꽃무늬 천으로 만든 편안한 솜 쿠션이 있고, 서호 배 아가씨들의 차림새와 서로 비추며 짙은 강남의 풍토와 인정이 묻어남을 알아챌 수 있었다. 구식 배의 지붕 덮개 아래 양쪽의 목질 얼룩무늬는 대나무질로 바뀌었는데, 원래 지붕 덮개는 그저 목판이었지만, 지금은 대나무로 엮은 지붕으로 바뀌어 풍격도 무척 산뜻했다.

베이징에서 온 관광객 리(李) 아가씨는 새 배를 어루만지며 손을 떼지 못하면서 "서호의 산수(山水)를 감상했을 뿐 아니라, 우연하게도 이 대나무잎의 은은한 향내를 맡을 수 있었네요."하고 말했다.

서민들은 억만장자의 증가에 기뻐할까?

2007년 '중국 500대 부호 랭킹 차트'가 며칠 전 홍콩에서 발표됐는데, 게시된 부호 500명의 몸값 총액은 43,428억 위안에 달했다. 광동(廣東)에 게시된 부호가 87명으로 숫자가 제일 많았다. 통계에 따르면 중국은 이미 억만장자 숫자가 두 번째 순위인 국가로 고작 미국의 다음이었다. 그 밖에 자산이 10억 달러를 넘는 중국 부호는 146명에 달했는데, 일 년 전에는 85명이었다.

일 년 사이에 자산이 10억 달러를 넘는 중국 부호가 61명이나 증가한 것은 좋은 일이라 해야 하는데, 국가 재정수입이 1.2조가 증가한 분위기 아래 부호의 자산도 그에 따라 늘어나야 하기 때문이다. 하지만 이 소식이 일반 서민들을 기쁘게 하기에 어려운 것은 중국의 부호들이 대폭 증가하긴 했어도 서민들의 수입은 오히려 부호들의 재산만큼 증가가 빠르지 않았다는데, 이는 물가의 상승 때문에 일부 근로자들의 실제수입은 오히려 하락했기 때문이다. 이러한 배경 아래 500명 부호의 몸값 총액이 43,428만 위안에 달한 것은, 2007년 전국 국고에 귀속된 세수입과 겨우 600억 위안 밖에 차이가 안 나 중국의 부호들이 재산을 모은 속도가 갈수록 빨라졌다는 것만 설명해줄 수 있을 뿐이다. 사회 자산의 증가는 일반 근로자들이 더 많은 실제 이익을 보게 해줘야 하는데, 만약 자산 총액의 증가가 단지 몇 십 명의 억만장자들의 증가만 의미할 뿐 서민과는 아무런 관계가 없다면 무슨 기뻐할 만한 일이겠는가?

'중국은 억만장자의 숫자가 두 번째를 차지한 나라이다'라는 랭킹을 마주 대하면서 필자는 '중국은 가난한 사람의 수치가 세계에서 몇 번째인가'도 보며 각성해야 한다고 생각한다. 지금 세계의 일각에서는 '중국이 너무 부유해졌다'고 여기는데, 첫째는 중국의 억만장자 숫자가 세계에서 두 번째를 차지한다는 점에서, 둘째는 중국이 일찌감치 사치품 소비의 대국이 됐다는 점에서, 셋째는 중국이 세계 공금 여행의 대국이라는 점에서이다. 하지만 이는 단지 표면적인 현상일 뿐 중국의 도시와 촌 주민의 연평균 가능 수입은 겨우 11,759 위안 밖에 안 되고, 농촌 주민 일인당 순수입도 겨우 3,587 위안(2006년) 정도에 달할 뿐이다. 일인당 평균수입으로 봤을 때 중국은 여전히 가난한 나라일 뿐 아니라, 중국 주민의 수입구조는 피라미드 구조로서 부자는 적으면서 부유하고, 빈자는 많으면서 가난하다. 이런 현상은 억만장자가 얼마나 증가했는지 보다 더 관심을 가질 필요가 있다. 억만장자 숫자는 세계 두 번째라지만, 먼저 일반 서민들이 이에 기뻐하는지를 물어봐야 하며, 만약 서민들이 좋아한다면 자랑스러워 할 만한 가치가 있지만, 그렇지 못하다면 거론할 가치도 없는 것이다.

엔화의 달러화에 대한 환율, 가까운 시일 내에 '90선' 돌파 예상

일본이 마침 '5일 연휴'기간에 있어 엔화 주요 교역시장인- 도쿄 외환시장은 수요일(23일)부터 휴장에 들어간다. 시장의 관계자들은 달러화의 투매 형세가 여전히 지속되어 엔화의 달러화에 대한 환율이 계속 상승해 심지어 1달러 당 90엔 선까지도 돌파할 것으로 예측하고 있다.

시장 관계자들은 현재 달러화가 시장에서 투매되는 것은 각 나라마다 위기에 대응해 실행했던 느슨한 화폐정책이 달러 유동성의 심각한 과잉을 야기했기 때문이라고 분석하고 있다. 이는 엔화, 유로화와 오스트리아 달러의 절상 문제를 가져 올 뿐만 아니라, 과잉의 유동성은 또한 황금, 석유와 주식 시장으로 쇄도할 것이다.

이 때문에 달러화의 투매 형세가 도대체 얼마나 오래 지속될 것인지의 문제에 답하려면, 투자자들은 22일부터 열리는 미국 연방준비위원회의 금융정책회의와 24일에 미국 피츠버그에서 개최되는

G20 금융 수뇌회담에 주목해야 할 것이다.

이번 주 전반기에는 일본 측에서 달러화를 매입하거나 엔화의 가치절상을 억제할 가능성이 그다지 없다는 소식 때문에 달러화의 환율은 계속 압력을 받아 달러화에 대한 엔화는 1달러 당 89에서 92 사이를 오갈 것으로 예상된다.

05. 국제사무

남북한 이산가족 재(再)상봉

남한의 이산가족 방문단 100명은 26일 남북 군사분계선을 통과해 북한 금강산 지역에서 오랫동안 떨어졌던 가족들과 만났다. 이는 2007년 10월 이래 남북 이산가족의 재(再)상봉이 이뤄진 것이다.

쌍방이 예전에 의정(議定)했던 방안에 따르면, 남한 측 가족 단체는 본래 100명으로 구성하기로 되어 있었다. 한국연합통신은 이 날 96명의 이산가족들이 북한으로 갔고, 4명은 건강상의 문제로 가지 못했다고 보도했다. 이산가족들의 대다수는 연령이 70세를 넘었고, 그중에서도 30여 명은 몸이 극도로 쇠약해져 사람마다 가족 한 명씩은 동행해야 했다.

26일 오후 남북한 가족들은 작년 7월에 완공됐으나 아직까지 사용하지 못했던 면회소에서 상봉했다. 우선 두 시간을 면회한 뒤에 환영만찬이 있었다.

한국연합통신은 쌍방 방문단 가운데 근 60년 동안 만나지 못했던 형제를 보도했다. 형인 이규석 씨는 1950년 국군을 따라 전투하다 포로가 된 후로 줄곧 북한에 있었다. 아우인 이정호 씨는 형을 찾으려고 1952년에 자원입대해서 12년 동안을 복무했다. 한국군 측에서는 1960년 이규석 씨를 전사자 명단에 포함시켰다. 석 달 전 아우 일가는 형이 아직 살아있다는 사실을 알게 됐다.

"네가 정호냐?" "아이구! 형님, 정말 너무 보고 싶었어요!" 여든에 가까운 두 노인은 하염없이 흘러내리는 눈물을 금치 못했다.

쌍방 가족들이 면회를 준비하는 기간 동안 한국 대통령 이명박은 25일 미국 피츠버그 연설에서 북한 측이 핵 개발 계획을 포기할 때까지 북한에 계속 압력을 가해야 한다고 호소했다. 그는 G20 정상회담이 끝난 후 서구 방송 기자회견에서 "한 가지 긍정할 수 있는 것은 북한이 핵 개발 계획을 포기할 준비를 하지 않는다는 것이다"라면서, 국제사회가 "계속 긴밀하게 협조해 북한으로 하여금 모든 핵무기를 포기하는 것 말고는 다른 선택의 여지가 없다는 것을 알게 해야 한다"고 말했다.

"북한에게 사실상의 핵 보유국의 지위를 준다는 건 상상할 수 없습니다"라고 이명박 대통령은 언급했다.

이명박 대통령은 로이터통신 등 매스컴과의 기자회견에서 한국은 북한과의 대화에서 언제나 "한 걸음 나아가기 위해 두 걸음을 물러났는데도, 별다른 성과가 없었다"면서 쌍방은 '일회성의' 것과 '근본성의' 해결 방안에 도달할 필요가 있다고 밝혔다.

이란, 단거리 미사일 발사 성공

이란의 이슬람 혁명수비대는 27일 군사훈련에서 미사일 발사 시스템과 여러 발의 단거리 미사일 발사 시험에 성공했다. 이번 군사훈련은 마침 이란이 서방 국가와 본국의 두 번째 우라늄 농축공장에 관해 대(大)설전을 벌일 때 이뤄진 것이다.

이란의 뉴스방송국은 혁명수비대 공군사령관 살라미의 말을 인용해 혁명수비대는 이 날 동시에 여러 발의 미사일 발사가 가능한 미사일 발사시스템의 첫 시험이 원만한 성공을 거뒀다고 보도했다. 보도에서는 이 시스템이 발사한 여러 발의 미사일은 모두 가상 목표에 성공적으로 적중했다고 언급했다. 발사한 미사일은 이란이 자체 제작한 대륙간 미사일과 함대간 단거리 미사일을 포함한 것이다.

살라미는 이 날 시험의 목적은 이란이 근래 미사일 발사 기술에서 거둔 진보를 평가하기 위한 것이라고 밝혔다. 혁명수비대는 또한 28일에 이란이 자체 제작한 음속 3배 탄도 중거리 미사일을 시험 발사할 예정이다.

이란 이슬람 혁명수비대는 이 날 '신성한 선지자4'라는 코드명의 군사훈련을 개시했다. 살라미는 26일 이 번 군사훈련이 혁명수비대의 방어능력을 향상시키기 위한 것이라고 밝혔다.

이란 측에서는 두 번째 우라늄 농축공장이 서방 국가에 대한 첫 공격이라 밝혀 서방 국가에서는 즉각적으로 이란의 핵문제에 대해 계속 압력을 가했다.

이란은 이 달 21일 국제원자력기구에 보낸 서신에서 두 번째 우라늄 농축공장을 세우겠다고 통보해 미국, 영국, 프랑스 등 서방 국가의 이란 핵문제에 대한 새로운 비난을 불러 일으켰다.

미국과 이스라엘은 지금까지 이란의 핵문제를 무력으로 해결할 가능성도 배제하지 않고 있다.

06. 문화관광레저

아름다운 향촌 하이난을 체험해보세요.

"여긴 사진에 찍힌 것보다 더욱 아름답고, 다른 많은 풍경지보다 더 신나요, 정말 기대 이상이랍니다!" 10월 2일 광시(廣西)에서 자가용을 몰고 온 천(陳) 선생 가족은 아침 일찍부터 '하이난(海南)에서 가장 아름다운 향촌'으로 이름 난 하이커우(海口) 룽린촌(龍鱗村)에 도착했는데, 이렇게 작은 향촌에 일찌감치 명성을 듣고 찾아온 여행객들로 붐빌 줄은 전혀 예상치 못했다.

올해 국경절 황금휴가주에 하이커우에서는 주로 향촌 관광을 추천했는데, 생태(生態) 도보운동 레저관광, 농가(農家) 셀프관광, 어촌(漁村) 셀프관광 등 향촌 생태 유람에 주목을 끄는 여행노선들로 대량의 관광객들이 향촌에 오게끔 이끌었다.

"너무 인기 있어요, 하루에 맞이하는 여행객만 연인원 200명을 넘어서서 또 신기록을 세울 것 같습니다!" 탕지(唐吉) 씨는 삼먼포(三門坡)진(鎭) 룽마(龍馬)촌(村)의 위원회 지부(支部) 서기(書記)로서 룽린촌의 '관광 총책임자'이다. 그의 휴대폰은 아침 일찍부터 내내 울려왔는데, 그에게 문의 혹은 식당을 미리 예약하려는 여행객들로 끊임이 없었다. 저녁에는 또한 룽린촌의 농가에서 숙박을 선택한 10여 명의 관광객들이 있었다.

10월 2일 특별히 '하이커우 1일 관광'을 운영하는 하이커우 완중(萬衆) 여행사에서는 20여 명의 관광객들에게 하이커우 문명생태촌 체험을 마련했다. 10월 4일 20여 명의 하이커우 여행객들도 이 날의 향촌관광에 참여했다. 완중여행사 대표 궈쥐(郭炬) 씨는 갈수록 개성화되고 다원화된 여행을 숭상하는 시대에 갈수록 많은 도시 여행객들은 향촌의 생태, 문화 등에 흥미가 생겼고, 그림 같은 풍경의 문명생태촌은 자연으로 회귀하고 기분전환 하고픈 사람들에게도 좋은 곳이 됐다고 밝혔다.

양청후 여행사가 추천한 '체험 티켓'으로 레저의 재미를 더해보세요

샹청(像城) 양청후(陽澄湖) 여행사가 추천한 '체험 티켓'이 명성을 듣고 찾아온 많은 여행객들에게 재미를 더해주고 있다. 어제 오전에 특별히 상하이(上海)에서 양청후 롄화다오(蓮花島)의 "신선한 게를 맛보고, 호수 풍경을 감상하러" 찾아온 우(吳)씨 자매는 현지 게 양식농(養殖農)의 안내 아래 '게잡이'의 재미를 직접 체험했다.

16일에 개막된 2009년 쑤저우(蘇州) 샹청 양청후 관광축제에서 샹청 사람들은 양청후의 유구한 물의 문화, 고기잡이 문화, 미식(美食) 문화, 민속 문화를 유기적으로 결합하고, 아울러 양청후에서의 민물게 잡기, '향촌관광'에서의 시골집 요리 만들기, 농경박물관의 물방아 밟기 등 참여 프로그램까지 더해 '체험성' 레저관광에 총력을 기울여 추진하고 있다.

게잡이 철에 추진한 관광축제 활동에서 민물 게는 당연히 그 주인공이다. "신선한 게를 맛보고, 호수 풍경을 감상하는" 것은 양청후 관광의 가장 큰 상품 매력이지만, 관광객들이 양청후에서 직접 잡은 민물 게를 맛보는 것은 더더욱 관광객들의 구미를 당기고 있다.

어제 오전 10시 반경에 우씨 자매는 휴가를 타서 동료들과 함께 상하이에서 롄화다오까지 와서는 매해마다 게를 먹으러 오는 '주인'의 연화방(蓮花舫) 배에 올랐다. 시간이 점심 식사 때까지 아직 여유가 있는 것을 보고 우씨 자매는 곧 영양게를 묶고 있는 배 주인과 게를 잡으러 호수로 내려갔다. 물 속의 '지룽(地龍: 게를 잡는데 쓰이는 일종의 도구)'을 끌어올리면서 잡힌 게들이 뒤집혀 마리 마리마다 푸른 등, 흰 배, 금빛 털을 드러냈을 때 두 자매는 신나게 비교적 큰 게 두 마리를 잡고서 자신의 '전리품'을 세심히 감상했고, 호수 위에는 연이은 웃음소리에 잔잔한 물결이 일었다.

07. 스포츠

류샹, 복귀 후 우승 차지

류샹이 출전하기 전 여자 400미터 허들 경기에서 우승을 차지한 황샤오샤오(黃瀟瀟)는 감격에 겨워 이 저녁은 류샹의 것만이 아니라고 말했지만, 어제 저녁 전국운동회 육상경기장은 확실히 류샹 혼자만의 것이라는 사실이 입증됐다. 류샹은 남자 110미터 허들 경기에서 13초 34의 기록으로 가볍게 우승을 차지해 전국운동회 3관왕이라는 미증유의 업적을 달성했다. 거론할 만한 것으로 이는 류샹이 부상에서 회복한 뒤 복귀해 차지한 첫 번째 우승이고, 또한 518일에 달하는 우승 기근을 타파했다는 점이다.

어제 저녁 관중 입장률은 개장 이래 최대였는데, 전적으로 류샹을 보기 위해 온 것이었다. 몸에 1715번을 단 류샹이 모습을 갓 드러내자 출발점 부근의 관중들은 끊임없는 박수와 함성을 보냈고, "류샹 정말 대단해요"라는 플랭카드도 펼쳐졌다. 5번 트랙에 있던 그는 예전과 다름없이 장난스럽게 관중을 향해 익살스런 표정과 키스 세레모니를 보냈고, 허들 넘기를 테스트할 때 그는 무척 흥분되고, 걸음도 상당히 가벼워 보였다. 출발 신호용 피스톨이 울리자 경기장은 비명 소리와 함성으로 뒤덮였고, 류샹은 앞의 세 번째 허들을 넘은 후 이미 다른 선수들을 추월해 초인적인 허들 넘기의 능력을 통해 류샹은 선두에 올랐고, 막판 스퍼트 단계에 다소 속도를 늦췄음에도 여전히 13초 34로 제일 먼저 결승점을 주파했다. 해방군 선수 지웨이(紀偉)는 13초 42로 2등을 차지했고, '만년2등'의 별호가 있는 허베이(河北)선수 스동펑(史冬鵬)이 13초 63의 성적으로 아쉬운 3등을 차지했다.

작년 5월 24일 중국 육상 오픈 경기에서 우승한 이래 류샹은 더 이상 우승이란 직함을 달지 못했는데, 이 번 복귀 후 처음으로 우승을 차지한 그는 감동에 겨워 경기 후 러닝슈즈를 얼른 벗고서 우승 세레모니를 시작했다. 벌떼처럼 몰려든 기자들을 향해 류샹은 매우 천연덕스럽게 각종 표정을 지어보이며 경기장을 천천히 돌면서 관중들에게 감사를 표시했고, 의장 테이블 부근에 왔을 때 그는 러닝셔츠를 벗어 경기장 주변 관중에게 던져 환호를 불러일으켰다.

류샹의 인기는 여기서 그치지 않고 그의 경기가 끝난 40분 뒤 경기장내 정리가 이미 시작됐는데도 기껏해야 30명도 남아 있지 않았던 경기장에 여전히 류샹의 이름을 연호하는 관중들이 남아 있었다.

가넷은 또 날 수 있다

베이징 시간으로 10월 15일과 10월 19일에 보스턴 셀틱스는 홈 구장과 원정 구장에서 토론토 렙터스와 두 차례의 경기를 가졌다. 이 두 경기에서 보스턴 셀틱스가 모두 승리를 거두었다. 팀을 더욱 고무적이게 한 것은 가넷의 상태가 갈수록 좋아진다는 점이다.

홈 구장에서 론토 렙터스를 이겼던 경기 중에서 가넷은 두 차례나 공중 볼 받기를 선 보였다. 가넷의 이같은 활약을 본 벤치의 팀 동료들은 기립을 금치 못하고 그에게 환호를 보냈다. 피어스는 흥분에 겨워 "코트에서 그는 신나게 달리며, 농구 골대 위를 자주 오르락 내리락하는 걸 볼 수 있지요. 요즘 우리는 이 걸 보지 못했었지요."하고 말했다.

10월 19일 론토 렙터스와의 원정 경기 때 가넷은 자신의 뛰어난 경기력을 계속 유지하면서 27분 동안 21점을 따냈다.

이 번 승리 후에 나온 두 가지 데이터는 더욱 주목할 가치가 있다. 가넷은 경기의 첫 번째 쿼터와 세 번째 쿼터에서 각각 10분 17초와 11분 17초를 뛰었다. 가넷은 거의 이 두 쿼터를 다 채웠는데, 이는 페넌트레이스에서 가넷이 출전했던 시간과도 꼭 들어맞는다. 이것은 가넷이 이미 페넌트레이스의 시간에 들어섰음을 의미한다. "이렇게 긴 시간 동안을 버텨낼 수 있으리라고는 저도 예상치 못했습니다. 출전한 후 어떻게 경기를 해나갈까만 생각했었지요."하고 가넷은 밝혔다.

리버스 또한 가넷의 출전시간을 차츰 늘릴 생각을 하기 시작했다면서 "보기에도 참 괜찮은 것 같습니다. 그는 더 많은 출전시간을 뛸 준비를 이미 다 해놨지요."하고 밝혔다.

페넌트레이스는 일주일 뒤면 시작된다. 컨디션이 좋은 가넷은 새로운 시즌을 앞둔 보스턴 셀틱스 팀의 가장 좋은 조짐이다.

새로운 시즌의 훈련장과 평가전에서 가넷은 여전히 무척 신중한 활약을 보여주고 있다. 하지만 코트에서 감각을 찾은 뒤로 가넷은 점차 자신감 있게 심지어 훈련 중에도 공중 볼을 받아 덩크슛을 왕성하게 하고 있다. 가넷의 이같은 활약을 본 뒤로 보스턴 셀틱스 팀은 무척 고무적이다. 가넷 역시 흥분하며 "내 날개가 돌아왔다"고 선언했다.

08. 과학기술정보

겨울철엔 배추 많이 먹어야

입동 후 겨울 동안 저장하는 배추는 우리 일상생활에서 가장 흔히 볼 수 있는 채소로서 배추두부 요리는 많은 시민들의 밥상 위에 제일 많이 오르는 요리이다. 그런데 배추의 영양 가치는 어디에 있고, 어떻게 먹어야 더욱 영양이 좋을까?

배추의 맛은 상대적으로 달고, 당분함유량이 다른 요리에 비해 약간 높지만 맛이 단 식품에 비하면 하늘과 땅 차이이다. 배추는 혈당 상승능력은 약하면서 당분 흡수를 막는 성분이 함유되어 있어 당뇨병 환자들도 그것을 주된 요리로 할 수 있다. 배추에는 수분함유량이 높으면서도(약 95%) 칼로리는 낮아서 다이어트에 더없이 좋은 식품이다.

위궤양 환자는 배추를 많이 먹어야 좋은데 배추에는 칼슘이 풍부하게 함유되어 있어 익힌 배추즙 한 컵에 거의 우유 한 컵과 맞먹는 칼슘을 제공해줄 수 있는데다 배추즙의 칼슘인의 배합률이 우유보다 모유에 더 가까워 배추의 칼슘은 우유보다 더 쉽게 흡수되어 과일과 채소 중에 가장 좋은 칼슘 근원이다. 게다가 배추에는 아연이 많이 함유되어 있는데, 아연은 인체의 칼슘 흡수를 촉진시키고, 칼슘의 배출과 유실을 줄여줄 수 있다. 그러니 중의학에서는 배추가 '몸을 강인하게 한다'는 설이 있는 것이다.

배추는 가장 좋은 천연 아연보충제로서 모든 채소 가운데 아연 함유의 챔피언이며, 인체 발육에 필요한 중요 원소로 충분한 양의 아연을 섭취하면 여성의 피부를 부드럽게 해주며, 남성의 정력을 왕성하게 해준다. 게다가 배추는 일종의 화합물을 함유하고 있어 유방암과 유관한 호르몬을 분해하는데 도움을 주는데, 이러한 물질의 함량은 배추 무게의 약 1퍼센트를 차지한다. 중국 여성의 유방암 발병률이 서양의 여성보다 크게 낮은 것도 중국인이 배추를 먹는 것과 비교적 일정한 관계가 있다. 배추에는 또한 위궤양 점막을 보호할 수 있는 비타민 U가 함유되어 있어서 위궤양 병이 있는 사람은 배추를 자주 먹는 것이 도움이 된다.

차이나 모바일, 한국과 일본 회사와 제휴해 해외로 TD-SCDMA기술 확대

해외 매스컴의 금일 보도에 따르면, 차이나 모바일은 한국과 일본을 합작 파트너로 공동으로 TD-SCDMA네트워크를 테스트하고 있는데, 이는 중국이 자체적으로 연구개발한 3G 기술을 해외로 확대하려는 조치중 하나이다.

현재 차이나 모바일은 전세계에서 유일하게 TD-SCDMA기술을 사용하는 모바일 운영업체지만, 이 기업은 더욱 많은 모바일 운영업체들이 이 3G 기술을 테스트할 수 있기를 희망하고 있다. 차이나 모바일은 전세계적으로 가장 많은 고객을 가진 모바일 운영업체이다.

차이나 모바일의 왕젠쩌우(王建宙) 회장은 목요일 선쩐(深圳)에서 가진 기자회견에서 "우리는 이러한 테스트를 진행하는데 무척 많은 노력을 기울이며 독려하고 있다"고 밝혔다. 차이나 모바일은 설령 제조상들이 이미 보편적으로 기타 3G 기술을 지지하고 있더라도 네트워크 설비와 휴대폰 제조상들이 이 기술을 지지하게끔 추진하도록 벌써 조치를 취했다.

외국 기술의 의존성을 낮추기 위해 중국정부에서는 TD-SCDMA 등 자체적으로 연구개발한 3G 기술이 발전하도록 독려하고 있고, 연구개발비 보조와 업체 발전기금 제공을 통해 TD-SCDMA 기술이 발전과정에 있어 일부 장애들을 극복하도록 돕고 있다. 예를 들어 차이나 모바일 데이터 부서의 까오녠수(高念書) 총경리는 TD-SCDMA 휴대폰 연구개발을 추진하는 일환으로서의 특별 격려기금이 각 휴대폰 제조상들마다 11개 스타일의 새로운 스마트폰을 출시하도록 촉진했다고 밝혔다. 그는 이러한 스마트폰에는 모토로라 스냅퍼, 삼성 GT-i8180C, 엘지 GW880와 도팟8388 등이 포함되어 있다고 밝혔다. 이러한 휴대폰은 현재 테스트가 진행되고 있고, 연말 전에는 출시될 수 있을 것으로 예상하고 있다. 이러한 새 휴대폰 중에는 5개 스타일의 저가 TD-SCDMA 휴대폰도 포함되어 있다.

09. 화제의 인물

BBC방송 여성앵커 중국에서 재취업할 예정

영국방송회사(BBC)의 뉴스앵커 수잔 오스만(Susan Osman)이 베이징에서 조간 프로그램을 진행하게 됐는데, 나이가 들어감에 따라 영국에서는 이미 일자리를 찾기가 힘든 것이 원인이라 한다.

BBC뉴스 앵커 베테랑인 51세의 수잔은 방송국에서 이미 28년을 근무했는데, 일찍이 BBC에서 《서양의 관점》을 14년 동안 진행해왔고, 그 후 BBC 브리스토 방송국에서 8년을 있었으며, 지금은 프리랜서로서 BBC뉴스채널과 월드채널에서 앵커를 맡고 있다. 그 밖에 영국 독립방송국과 HTV방송국에서 뉴스앵커와 기자를 역임하며, 스카이 위성TV《금일의 유럽경제》프로그램을 진행했었다.

하지만 근년 들어 수잔은 자신의 연령이 사장의 눈에는 이미 넘을 수 없는 장애가 됐음을 알아챘다. 이 때문에 그녀는 해외로 일자리를 찾을 수밖에 없게 됐다. 수잔은 직위 배정에 있어 항상 홀시 받아 왔고, BBC 브리스토 방송국의 한 주관은 심지어 그녀한테 갱년기가 되지 않았냐고 묻기까지 했다고 밝혔다.

그녀는 "이것이 바로 영국방송계의 중년과 노년 여성앵커에 대한 태도입니다. 많은 여성 동료들은 마흔 살 즈음이면 대개 실업하게 되지요. 영국에서 노년 여성은 이 업종에서 아무런 지위도 없답니다."하고 말했다.

수잔은 또한 "풍자적인 것은 제가 갓 방송국에서 일할 때 그들이 저를 보고 너무 젊다고 해서 중시 받지 못할까봐 제일 걱정됐었지요. 그런데 많은 사람들이 의식하지 못하는 것은 여성 앵커의 나이가 많아질수록 더욱 중시를 못 받는다는 겁니다."하고 언급했다.

수잔은 옥스포트대학교를 졸업한 아들 매튜와 작년에 중국을 방문한 바 있는데, 아들이 그녀에게 중국에서 일자리를 찾으라고 격려한 것이다. 수잔은 자신이 이 결정을 내린 것은 영국의 중년 여성 앵커를 푸대접한 데 대한 강한 불만 때문이라고 밝혔다.

마침내 그녀는 중국 국제방송국과 1년 계약에 서명했고, 곧 베이징에 가서 아침 시간 프로그램을 진행할 예정이다.

수잔은 영국 여성은 40세가 넘은 뒤로 방송계에서 찬밥 신세가 되지만, 아시아의 일부 국가에서는 이 연령대의 여성은 왕왕 존경을 받는다고 밝혔다. 그녀는 "중국에서는 사람들이 경험을 존중합니다. 늙을수록 경험이 많다는 것을 대표하기 때문에 더욱 존경 받는 것이지요."라고 언급했다.

수잔은 중국에서 면접 볼 때의 경험을 떠올리면서 "저는 제 장래의 사장님이 사실 저보다 나이가 더 많은 사람을 찾고 싶어 하는 것 같았어요. 제가 영국에서 겪었던 일 때문에 원래는 제 나이를 말하길 원치 않았지요. 그런데 그는 성의 없이 대하기는커녕 오히려 기뻐해하며 제가 젊은 기자들을 훈련시키는 걸 도와줄 수 있기를 바랬답니다."하고 말했다.

지린성장, 농업부로 이임

한창푸(韓長賦)가 6년여 만에 농업부로 다시 돌아가 그에게 익숙했던 농업 업무에 계속 종사하게 됐다. 농업부 공식 사이트는 지도부 게시란에 원래 서열 1위였던 쑨정차이(孫政才)를 대신해 한창푸로 교체했으며, 그의 직위는 당 조직 서기라고 밝혔다. 나흘 전 지린성(吉林省)인민대표상무위원회는 한창푸의 성장(省長) 직무 사직서를 수리했다.

올해 55세의 한창푸는 오랜 기간 동안 농업과 농촌 업무에 종사해왔는데, 지난 80년대부터 90년대까지 중국공산주의청년단 중앙위원회에서 근무할 때 청년단 농업부 부부장, 부장을 역임한 바 있고, 그 뒤 중앙 재정경제 지도부 조직사무실에서 근무할 때에도 농업조(農業組) 부조장을 역임했다. 2001년 그 해 47세의 한창푸는 농업부 상무부부장이 됐고, 2년 뒤 국무원연구실 상무부주임으로 옮기면서 이곳에서 3년여 동안을 근무한 뒤 현지관료로 전근했다 이 달 2일 전까지 지린성장으로 재직해왔다.

한창푸는 '삼농(三農)'에 정통한데, 그의 인민대학교 본과 전공도 농업경제였으며, 그 역시 중국 고급 관료 가운데 갈수록 증가하고 있는 학자형 관료 중의 한 사람이다. 2003년에 '삼농' 전문저서《중국 현대화과정에서의 '삼농'문제》를 출판했는데, 이 400여 쪽의 책 중에서 한창푸는 언제라도 농민에게 적극성이 생기면 농업은 발전하고 농촌은 번영하며, 반대로 언제라도 농민의 적극성이 꺾이게 되면 농업은 위축되며 농촌도 쇠퇴하게 된다는 경험 교훈이 반복적으로 증명해주고 있다고 봤다. 여기서 좋은 정책이 하나 필요한 바, 많이 주고, 적게 거두며, 제한을 풀어 활력과 생기를 불어넣는 것은 나라 사정에 맞고, 경험이자, 명언으로서 '삼농'문제를 해결하는데 가장 효과적이라고 봤다.

10. 그 때 그 시절

루쉰의 결혼 후 생활

쉬광핑(許廣平)은 루쉰과 함께 상당히 오랜 시간 동안 비공개 연인인 신분을 감내해왔다. 쉬광핑이 임신했을 때야 그들은 정식으로 결혼했다.

결혼 후 생활도 무척 보잘 것 없었을 뿐더러 심지어 쉬광핑에 대한 루쉰의 사랑도 느끼지 못했다.

결혼 전에는 그래도 루쉰이 쉬광핑을 데리고 항저우(杭州)에 가서 휴가를 보내기도 했지만, 결혼 후에는 이런 날이 거의 없었다. 루쉰은 공원조차도 가지 않으려 했다. 루쉰은 공원이 대문으로 들어가서 좌측에 길이 하나 있고, 우측에도 길이 하나 있으며, 나무나 좀 있을 뿐이라고 말했다.

그 때 샤오훙(蕭紅)은 루쉰 집에 자주 놀러오는 손님으로, 프랑스 조계지에서 훙커우(虹口)까지 전차를 타고 거의 한 시간은 와야 하는 먼 거리임에도 항상 왔었고, 어떤 때에는 밤 12시까지 앉아 있어서 차도 끊겼다. 그런데도 루쉰은 샤오훙과 얘기 나누기를 즐겼고, 심지어 위층에 가서 솜 안감을 댄 상의를 걸치고 내려와서는 계속 얘기를 나누곤 했다.

무엇 때문인지 루쉰은 이런 시간을 쉬광핑에게 조금도 할애하지 않았다.

샤오훙 때문에 루쉰은 쉬광핑을 호되게 나무라며 말하기도 했는데, 스카프가 보기에 예쁜지 물어봤다가 그녀가 샤오훙을 밉게 치장했다고 나무라서 쉬광핑을 난처하게 하기도 했다.

샤오훙은 요리를 별로 만들 줄 몰랐지만 루쉰 집에서 마지못해 만든 부추 소를 넣은 떡을 루쉰은 젓가락을 들고 몇 개 더 먹으려 했다. 루쉰은 샤오훙한테 너무도 잘 대해줬다. 얼마 지나지 않은 옛날 쉬광핑이 아직 그한테 시집가기 전 그와 서신 왕래했을 때에도 그는 쉬광핑한테 잘 대해주지 않았던가. 세월이 흐르다보니 정말 격식 따질 게 없어진 것이었다. 아무래도 오른손과 왼손처럼 감각이 없어진 것이다.

요컨대 쉬광핑과 루쉰은 결혼한 뒤에 언제나 분망했다. 손님이 오면 모두 쉬광핑이 직접 요리를 만들었고 음식도 푸짐해 생선과 고기 모두 갖추어 적게는 네다섯 그릇에서 많게는 일고여덟 그릇은 됐다. 루쉰은 식성이 북방의 것을 좋아해 쉬광핑이 북방 요리사를 부르자고 건의했지만, 루쉰은 15 위안이나 하는 봉급이 너무 비싸다고 생각해 부르지 못했다. 그 뒤에도 여전히 쉬광핑이 요리를 만들었다. 루쉰이 병이 나서 위층에서 혼자 먹게 되자 쉬광핑은 매번 요리를 위층으로 나를 때면 아래층에서 세심하게 골랐는데, 여린 채소를 골라 잎만 있고 줄기는 없는 것으로 만들었고, 생선과 고기도 부드럽고 가시가 없게끔 조리했다. 루쉰이 응대하지 못한 손님들은 전부 쉬광핑이 대신 모셨다.

쉬광핑은 아이를 데리고 루쉰을 도와 원고를 필사해줬고, 스웨터를 짰다. 루쉰이 한밤중에 글을 쓸 때면, 그녀는 한 쪽에서 잠을 잤는데, 다음날 일찍 일어나 집안일을 해야 했기 때문이었다.

샤오훙은 "쉬선생님(쉬광핑)은 자신에게 소홀했어요. 매일같이 위 아래층을 오르내리며 입던 옷도 다 낡고, 또 너무 많이 빨아서 옷단추도 다 떨어지고 해진 것이었는데, 전부 몇 년전의 오래된 옷이었답니다.… 쉬선생님이 겨울에 신던 면 신발도 자신이 만든 것이었지요. 이삼월 아침저녁이고 추울 때에도 신고 있었지요.… 쉬선생님은 장을 볼 때도 항상 저렴한 가게로 가서 사거나 할인하는 곳에 가서 구입했었지요."하고 얘기했다.

샤오훙은 쉬광핑과 화원에서 사진을 찍다가 쉬광핑 옷의 단추가 떨어지자 샤오훙한테 자기 앞에 서서 찍으라고 했고, 그 절약한 돈으로 책과 그림을 인쇄했다.

쉬광핑은 자신에게 소홀했고, 루쉰 역시 쉬광핑에게 소홀했다. 루쉰은 마음을 가라앉히지 못할 때도 한밤중에 차가운 베란다 바닥에 누워 있기나 할 뿐 쉬광핑과 고민을 나눌 생각도 하지 않았다.

루쉰은 쉬광핑과 십 년을 같이 지냈는데, 창작량은 이전의 어떤 때보다 훨씬 많았다. 루쉰이 세상을 떠난 뒤 쉬광핑은 아이를 양육하는 것 외에도 루쉰의 본처 쭈안(朱安)과 루쉰 모친의 부분적인 경제문제까지 해결해줬다.

루쉰의 여자가 된다는 것은 정말이지 여간 힘든 일이 아니었던 것이다!

1980년 9월 22일 이란-이라크 전면 전쟁 발발

이란-이라크 전쟁, 이라크와 이란은 장기간에 걸쳐 영토 분쟁, 민족과 종파 간의 모순이 존재해왔다. 1975년 양국은 쌍방 간의 쟁점을 해결하기 위해 알제협정에 서명했는데, 이란은 이라크 쿠르드족의 반정부 역량을 지지하는 것을 중단하는데 동의했고, 이라크는 샤트알아랍 강 남단 102킬로미터 중심선을 양국 수역의 경계로 하는데 동의했다. 그런데 1979년 2월 호메이니가 이란을 집권한 뒤부터 양국 관계는 갈수록 악화되면서 경계선 충돌이 끊임없이 발생했다. 1980년 9월 17일, 이라크는 알제협정을 폐기하고, 샤트알아랍 강의 주권을 회수한다고 선포했다.

22일에 이라크가 이란에 출병하면서 양국 전쟁의 발발을 초래했다. 전쟁 초기에 이라크 군대는 이란의 약 2만 평방미터의 영토와 일부 도시마을을 점령했다. 1982년 4월, 이란은 대규모의 반격으로 대부분의 영토를 수복했다. 6월에 이라크 진영에서는 정전과 함께 군대를 경계선으로 철수하겠다고 선포했다. 7월 이후, 이란은 양국 경계선의 각기 다른 구역에서 여러 차례 국경을 넘어 공세를 개시했지만, 별다른 진전이 없었고 전쟁은 기본적으로 양국 경계선 일대에서 진행됨과 동시에 쌍방은 상대방 경계선의 도시마을에 계속 포격과 공습을 가했다. 1984년 초부터 쌍방은 공수(攻守)를 바꿔가면서 전쟁을 계속 확대시켰고, 페르시아 만 수역과 상방 평민 구역까지 확산되면서 '유조선 전쟁'과 '도시 공습전'까지 벌어졌다. 쌍방의 사상(死傷)이 막대함에도 전쟁의 전반적인 형세는 아직 큰 개선이 없었다. 1987년 7월 20일, 국제연합 안전보장이사회에서 제598호 결의안을 통과시키면서 양국의 즉각적인 정전과 지체 없이 모든 군대를 국제적으로 공인하는 경계선 내로 철수시킬 것과 전쟁포로를 조속히 송환할 것을 요구했고, 쌍방과 비서장이 협력해 모든 현안 문제들을 전면적이고, 공평하며, 당당하면서도 쌍방이 받아들일 수 있는 합의 방안에 도달할 것을 호소했다. 이 결의안은 일정 정도 강제성을 띤 것이었다. 1988년 8월 20일 이라크와 이란은 정식으로 정전했다. 하지만 전쟁 상태는 아직 끝나지 않았다. 통계에 따르면 양국의 손실액은 적어도 9,000억 달러(1991년 이란이 공표한 것에 따르면 직간접 손실액이 653,530억 리알로 약 9,340억 달러이다)에 달한다. 1990년 8월, 이라크는 알제협정을 받아들이겠다고 선포했고, 10월에 양국은 국교를 회복했다. 1991년 12월 UN비서장은 보고에서 이라크가 두 나라 전쟁의 포고자임을 확정했다.

01.

Ⅰ. 1. D 2. A 3. B 4. A 5. C

Ⅱ. 1. 美国和墨西哥。
  2. 处于爆发的高峰期。
  3. 100年。

02.

Ⅰ. 1. B 2. A 3. C 4. C 5. D 6. A

Ⅱ. 1. 8个。
  2. 发展中国家的发展。
  3. 2008年。

03.

Ⅰ. 1. C 2. A 3. B 4. D 5. C 6. B

Ⅱ. 1. 在竞争中创新，吸引顾客，多赚人气。
  2. 十多名。
  3. 变大了很多。

04.

Ⅰ. 1. A 2. B 3. C 4. C 5. A 6. D

Ⅱ. 1. 平均是86.856亿元。
  2. 老百姓的收入没有富豪的财富增长快，由于物价的上涨，一部分劳动者的实际收入反而降低了。
  3. 不仅带来日元、欧元和澳元升值问题，过剩的流动性也涌向了黄金、石油和股票市场。

05.

Ⅰ. 1. D. 2. C 3. A 4. B 5. B 6. A

Ⅱ. 1. 126名。
  2. 铀浓缩问题。
  3. 武力行动（或发动战争）。

06.

Ⅰ. 1. B 2. B 3. D 4. C 5. A

Ⅱ. 1. 乡村的生态、文化。
  2. 品蟹鲜、赏湖景。
  3. 阳澄湖旅游主打“体验牌”，让游客在旅游的同时能参与到抓蟹、烧菜等活动中。

07.

Ⅰ. 1. B 2. C 3. D 4. B 5. A 6. A

Ⅱ. 1. 栏间能力非常强。
  2. 跨栏背心。
  3. 10月27日。

08.

Ⅰ. 1. A 2. D 3. C 4. D 5. A

Ⅱ. 1. 因为大白菜含水量很高（约95%），而热量很低。
  2. 乳腺癌、溃疡病。
  3. 为了降低对外国技术的依赖。

09.

Ⅰ. 1. D 2. B 3. A 4. D 5. A 6. A

Ⅱ. 1. 1981年。
  2. 老板认为她年纪大，有经验，可以帮助训练年轻人。
  3. 调动农民的积极性。

10.

Ⅰ. 1. A 2. A 3. B 4. D 5. C

Ⅱ. 1. 左手握右手一般。
  2. 忘我地照顾家庭，鲁迅的创作量因此超过了以往任何时候。
  3. 因为这个决议有一定的强制性。

词汇总表

A

B

C

冲 chōng …… 第七课
冲刺 chōng cì …… 第七课
冲突 chōng tū …… 第十课
崇尚 chóng shàng …… 第六课
绸子 chóu zi …… 第十课
出兵 chū bīng …… 第十课
出场 chū chǎng …… 第七课
出港 chū gǎng …… 第三课
出乎意料 chū hū yì liào …… 第六课
出色 chū sè …… 第七课
出头 chū tóu …… 第九课
出席 chū xí …… 第二课
出行 chū xíng …… 第五课
出游 chū yóu …… 第三课
初期 chū qī …… 第十课
厨子 chú zi …… 第十课
处 chǔ …… 第七课
处于 chǔ yú …… 第四课
船工 chuán gōn g …… 第三课
船老大 chuán lǎo dà …… 第三课
船头 chuán tóu …… 第三课
创新 chuàng xīn …… 第三课
纯 chún …… 第八课
纯收入 chún shōu rù …… 第四课
辞 cí …… 第九课
辞呈 cí chéng …… 第九课
雌 cí …… 第八课
此后 cǐ hòu …… 第十课
此外 cǐ wài …… 第九课
于 cì yú …… 第一课
刺 cì …… 第十课
从未 cóng wèi …… 第五课
促进 cù jìn …… 第二课
促使 cù shǐ …… 第八课
存在 cún zài …… 第十课
挫伤 cuò shāng …… 第九课

D

搭 dā …… 第十课
打 dǎ …… 第十课
打扮 dǎ bàn …… 第十课
打趣 dǎ qù …… 第三课
打算 dǎ suàn …… 第七课
大幅 dà fú …… 第二课
大关 dà guān …… 第四课
大局 dà jú …… 第二课
大举 dà jǔ …… 第十课
大业 dà yè …… 第二课
代 dài …… 第十课
代号 dài hào …… 第五课
逮 dǎi …… 第六课
单 dān …… 第十课
担任 dān rèn …… 第九课
担忧 dān yōu …… 第三课
弹道 dàn dào …… 第五课
当 dāng …… 第九课
党组书记 dǎng zǔ shū jì …… 第九课
档 dàng …… 第九课
导弹 dǎo dàn …… 第五课
导致 dǎo zhì …… 第四课
灯火辉煌 dēng huǒ huī huáng …… 第二课
登 dēng …… 第六课
登记 dēng jì …… 第三课
等待 děng dài …… 第一课
地板 dì bǎn …… 第十课
地段 dì duàn …… 第十课
地方官 dì fāng guān …… 第九课
地位 dì wèi …… 第九课
地下 dì xià …… 第十课
点心 diǎn xīn …… 第三课
电车 diàn chē …… 第十课
电台 diàn tái …… 第九课
店名 diàn míng …… 第三课
店主 diàn zhǔ …… 第三课
凋敝 diāo bì …… 第九课
吊 diào …… 第六课
调任 diào rèn …… 第九课
顶篷 dǐng péng …… 第三课
定 dìng …… 第十课

公认 gōng rèn …… 第十课
公正 gōng zhèng …… 第十课
攻势 gōng shì …… 第十课
攻守 gōng shǒu …… 第十课
贡献 gòng xiàn …… 第二课
股 gǔ …… 第三课
股票 gǔ piào …… 第四课
关键 guān jiàn …… 第二课
关注 guān zhù …… 第二课
官网 guān wǎng …… 第九课
管理处 guǎn lǐ chù …… 第三课
管用 guǎn yòng …… 第九课
贯通 guàn tōng …… 第一课
广播 guǎng bō …… 第九课
归咎 guī jiù …… 第二课
鬼脸 guǐ liǎn …… 第七课
国情 guó qíng …… 第九课
国庆 guó qìng …… 第三课
过路 guò lù …… 第三课
过剩 guò shèng …… 第四课
过世 guò shì …… 第十课
过于 guò yú …… 第五课

H

海外 hǎi wài …… 第八课
含量 hán liàng …… 第八课
含水量 hán s huǐ liàng …… 第八课
含糖量 hán táng liàng …… 第八课
含有 hán yǒu …… 第八课
行业 háng yè …… 第九课
好玩 hǎo wán …… 第三课
合法 hé fǎ …… 第三课
合同 hé tóng …… 第九课
合子 hé zi …… 第十课
合作 hé zuò …… 第二课
何尝 hé cháng …… 第十课
和谐 hé xié …… 第二课
阖家 hé jiā …… 第三课
横跨 héng kuà …… 第一课
呼吸 hū xī …… 第二课
呼吁 hū yù …… 第五课
忽略 hū lüè …… 第十课
忽视 hū shì …… 第九课
湖滨 hú bīn …… 第三课
花布 huā bù …… 第三课
花格 huā gé …… 第三课
化合物 huà hé wù …… 第八课
怀孕 huái yùn …… 第十课
欢呼 huān hū …… 第七课
缓解 huǎn jiě …… 第一课
荒 huāng …… 第七课
辉映 huī yìng …… 第三课
回归 huí guī …… 第六课
回忆 huí yì …… 第九课
汇聚 huì jù …… 第二课
汇率 huì lǜ …… 第四课
会徽 huì huī …… 第二课
会面 huì miàn …… 第五课
会堂 huì táng …… 第二课
活 huó …… 第九课
火 huǒ …… 第六课
火爆 huǒ bào …… 第七课
伙伴 huǒ bàn …… 第八课
货币 huò bì …… 第四课
获得 huò dé …… 第七课

J

击 jī …… 第五课
饥饿 jī è …… 第二课
积极性 jī jí xìng …… 第九课
基金 jī jīn …… 第八课
激 jī …… 第五课
激动不已 jī dòng bù yǐ …… 第七课
激素 jī sù …… 第八课
即便 jí biàn …… 第八课
即将 jí jiāng …… 第九课
极 jí …… 第八课
集团 jí tuán …… 第二课
几乎 jī hū …… 第七课
挤 jǐ …… 第六课

给予 jǐyǔ……第五课
记 jì……第五课
纪录 jì lù……第六课
剂 jì……第八课
季前赛 jì qián sài……第七课
继续 jì xù……第七课
加快 jiā kuài……第二课
家庭 jiā ting……第三课
家务 jiā wù……第十课
家属 jiā shǔ……第五课
价值 jià zhí……第八课
假日 jià rì……第四课
尖叫 jiān jiào……第七课
坚持 jiān chí……第二课
间断 jiàn duàn……第七课
间接 jiàn jiē……第十课
兼 jiān……第六课
拣 jiǎn……第十课
减价 jiǎn jià……第十课
检测 jiǎn cè……第一课
建设 jiàn shè……第二课
健儿 jiàn ér……第二课
将 jiāng……第一课
奖金 jiǎng jīn……第三课
降低 jiàng dī……第八课
交往 jiāo wǎng……第二课
骄傲 jiāo ào……第四课
角落 jiǎo luò……第三课
教派 jiào pài……第十课
教训 jiào xùn……第九课
阶段 jiē duàn……第七课
接待 jiē dài……第六课
接力 jiē lì……第七课
接受 jiē shòu……第九课
节目 jié mù……第九课
节庆 jié qìng……第六课
结构 jié gòu……第四课
解决 jiě jué……第五课
届时 jiè shí……第二课
界 jiè……第九课
金融 jīn róng……第二课
金字塔 jīn zì tǎ……第四课
紧急 jǐn jí……第一课
紧密 jǐn mì……第五课
谨慎 jǐn shèn……第七课
尽快 jǐn kuài……第十课
近期 jìn qī……第四课
经历 jīng lì……第九课
经验 jīng yàn……第九课
经营 jīng yíng……第六课
茎 jīng……第十课
精通 jīng tōng……第九课
精液 jīng yè……第八课
警醒 jǐng xǐng……第四课
竞技 jìng jì……第七课
竞争 jìng zhēng……第三课
竟 jìng……第七课
纠纷 jiū fēn……第十课
久别 jiǔ bié……第五课
韭菜 jiǔ cài……第十课
旧式 jiù shì……第三课
就座 jiù zuò……第二课
居民 jū mín……第四课
举措 jǔ cuò……第八课
举例 jǔ lì……第八课
举行 jǔ xíng……第二课
聚集 jù jí……第四课
聚首 jù shǒu……第五课
军事 jūn shì……第五课
军演 jūn yǎn……第五课
均 jūn……第五课
均衡 jūn héng……第二课

K

开打 kāi dǎ……第七课
开局 kāi jú……第二课
开幕 kāi mù……第二课
开玩笑 kāi wán xiào……第三课
开业 kāi yè……第三课

慕名而来 mù míng ér lái …… 第六课

N

奶茶 nǎi chá …… 第三课
难吃 nán chī …… 第三课
难怪 nán guài …… 第八课
嫩 nèn …… 第十课
能源 néng yuán …… 第二课
年近 nián jìn …… 第五课
年均 nián jūn …… 第四课
年龄 nián ling …… 第九课
年轻人 nián qīng rén …… 第三课
黏膜 nián mó …… 第八课
牛 niú …… 第七课
纽扣 niǔ kòu …… 第十课
农耕 nóng gēng …… 第六课
农家 nóng jiā …… 第六课
农家菜 nóng jiā cài …… 第六课
农业部 nóng yè bù …… 第九课
浓缩 nóng suō …… 第五课

O

偶尔 ǒu ěr …… 第三课

P

排除 pái chú …… 第五课
排放 pái fàng …… 第八课
排名 pái míng …… 第四课
排行榜 pái háng bǎng …… 第四课
叛逆 pàn nì …… 第三课
旁听 páng tīng …… 第二课
抛售 pāo shòu …… 第四课
炮击 pào jī …… 第十课
跑道 pǎo dào …… 第七课
跑鞋 pǎo xié …… 第七课
陪 péi …… 第十课
陪同 péi tong …… 第五课
配比 pèi bǐ …… 第八课
篷子 péng zǐ …… 第三课
批 pī …… 第六课
偏 piān …… 第八课
频道 pín dào …… 第九课
品 pǐn …… 第六课
平凡 píng fán …… 第二课
平复 píng fù …… 第十课
平民 píng mín …… 第十课
平稳 píng wěn …… 第二课
评估 píng gū …… 第五课
凭借 píng jiè …… 第七课
普遍 pǔ biàn …… 第二课
普通 pǔ tōng …… 第四课

Q

齐全 qí quán …… 第十课
其 qí …… 第九课
歧视 qí shì …… 第九课
旗帜 qí zhì …… 第二课
起点 qǐ diǎn …… 第七课
签署 qiān shǔ …… 第九课
前进 qián jìn …… 第二课
前排 qián pái …… 第二课
前往 qián wǎng …… 第九课
遣返 qiǎn fǎn …… 第十课
强筋壮骨 qiáng jīn zhuàng gǔ …… 第八课
强烈 qiáng liè …… 第九课
强制 qiáng zhì …… 第十课
抢 qiǎng …… 第三课
抢眼 qiǎng yǎn …… 第三课
侨胞 qiáo bāo …… 第二课
亲身 qīn shēn …… 第六课
轻快 qīng kuài …… 第七课
轻松 qīng sōng …… 第七课
清场 qīng chǎng …… 第七课
清香 qīng xiāng …… 第三课
清新 qīng xīn …… 第三课
情侣 qíng lǚ …… 第十课
请 qǐng …… 第十课
趋于 qū yú …… 第一课
取名 qǔ míng …… 第三课
取胜 qǔ shèng …… 第三课
去处 qù chù …… 第六课
全长 quán cháng …… 第一课

R

S

下 xià …… 第十课
下厨 xià chú …… 第十课
下岗 xià gǎng …… 第三课
先前 xiān qián …… 第五课
先知 xiān zhī …… 第五课
鲜 xiān …… 第六课
鲜艳 xiān yàn …… 第二课
嫌 xián …… 第十课
显示 xiǎn shì …… 第九课
线路 xiàn lù …… 第六课
乡村 xiāng cūn …… 第六课
相当 xiāng dāng …… 第十课
相对 xiāng duì …… 第四课
响 xiǎng …… 第六课
项 xiàng …… 第七课
象征 xiàng zhēng …… 第二课
小组 xiǎo zǔ …… 第九课
效果 xiào guǒ …… 第三课
协调 xié tiáo …… 第二课
协商 xié shāng …… 第二课
协议 xié yì …… 第十课
携手 xié shǒu …… 第二课
写作 xiě zuò …… 第十课
蟹农 xiè nóng …… 第六课
心理 xīn lǐ …… 第三课
心思 xīn si …… 第三课
辛苦 xīn kǔ …… 第十课
欣赏 xīn shǎng …… 第三课
锌 xīn …… 第八课
新闻 xīn wén …… 第九课
新鲜 xīn xiān …… 第三课
新型 xīn xíng …… 第三课
兴奋 xīng fèn …… 第七课
兴趣 xìng qù …… 第六课
形势 xíng shì …… 第二课
型 xíng …… 第五课
休闲 xiū xián …… 第六课
虚拟 xū nǐ …… 第五课
虚弱 xū ruò …… 第五课
需求 xū qiú …… 第二课
宣布 xuān bù …… 第十课
悬而未决 xuán ér wèi jué …… 第十课
悬挂 xuán guà …… 第二课
选手 xuǎn shǒu …… 第七课
学者 xué zhě …… 第九课
血糖 xuè táng …… 第八课
寻常 xún cháng …… 第二课
训练 xùn liàn …… 第九课
训练营 xùn liàn yíng …… 第七课

Y

压力 yā lì …… 第二课
亚军 yà jūn …… 第七课
延迟 yán chí …… 第十课
严厉 yán lì …… 第十课
研发 yán fā …… 第八课
研究室 yán jiū shì …… 第九课
眼球 yǎn qiú …… 第三课
演习 yǎn xí …… 第五课
阳台 yáng tái …… 第十课
一般 yì bān …… 第十课
一次性 yí cì xìng …… 第五课
一大早 yī dà zǎo …… 第六课
一带 yí dài …… 第十课
一如既往 yī rú jì wǎng …… 第七课
衣裳 yī shang …… 第十课
依赖 yī lài …… 第八课
依然 yī rán …… 第十课
宜 yí …… 第八课
移动 yí dòng …… 第八课
遗憾 yí hàn …… 第七课
疑似 yí sì …… 第一课
以往 yǐ wǎng …… 第十课
议定 yì dìng …… 第五课
亦 yì …… 第九课
抑制 yì zhì …… 第四课
疫情 yì qíng …… 第一课
意识 yì shí …… 第九课
意味 yì wèi …… 第四课

因素 yīn sù ······ 第二课
引来 yǐn lái ······ 第三课
印 yìn ······ 第六课
印象 yìn xiàng ······ 第三课
应对 yìng duì ······ 第二课
应邀 yìng yāo ······ 第二课
影响力 yǐng xiǎng lì ······ 第七课
涌向 yǒng xiàng ······ 第四课
用户 yòng hù ······ 第八课
幽默 yōu mò ······ 第三课
悠久 yōu jiǔ ······ 第六课
油轮 yóu lún ······ 第十课
铀 yóu ······ 第五课
游客 yóu kè ······ 第三课
游人 yóu rén ······ 第六课
有机 yǒu jī ······ 第六课
予 yǔ ······ 第九课
渔 yú ······ 第六课
渔家 yú jiā ······ 第六课
逾越 yú yuè ······ 第九课
预订 yù dìng ······ 第六课
预计 yù jì ······ 第一课
愈 yù ······ 第七课
元素 yuán sù ······ 第八课
原本 yuán běn ······ 第三课
原配 yuán pèi ······ 第十课
援引 yuán yǐ ······ 第五课
愿 yuàn ······ 第十课
运营商 yùn yíng shāng ······ 第八课

Z

遭到 zāo dào ······ 第九课
遭受 zāo shòu ······ 第一课
遭遇 zāo yù ······ 第九课
早间 zǎo jiān ······ 第九课
责任 zé rèn ······ 第二课
贼 zéi ······ 第三课
增多 zēng duō ······ 第九课
增添 zēng tiān ······ 第六课
占领 zhàn lǐng ······ 第十课
战场 zhàn chǎng ······ 第十课
战俘 zhàn fú ······ 第十课
战利品 zhàn lì pǐn ······ 第六课
战胜 zhàn shèng ······ 第七课
战争 zhàn zhēng ······ 第十课
障碍 zhàng ài ······ 第八课
招展 zhāo zhǎn ······ 第二课
召开 zhào kāi ······ 第二课
照相 zhào xiàng ······ 第十课
遮挡 zhē dǎng ······ 第十课
阵 zhèn ······ 第七课
阵亡 zhèn wáng ······ 第五课
振奋 zhèn fèn ······ 第七课
争端 zhēng duān ······ 第十课
征兆 zhēng zhào ······ 第七课
正式 zhèng shì ······ 第十课
正中 zhèng zhōng ······ 第二课
证明 zhèng míng ······ 第九课
政策 zhèng cè ······ 第四课
支部 zhī bù ······ 第六课
支配 zhī pèi ······ 第四课
汁 zhī ······ 第八课
执行 zhí xíng ······ 第七课
执政 zhí zhèng ······ 第十课
直到 zhí dào ······ 第十课
直接 zhí jiē ······ 第十课
职位 zhí wèi ······ 第九课
职务 zhí wù ······ 第九课
指导 zhǐ dǎo ······ 第二课
指责 zhǐ zé ······ 第五课
至少 zhì shǎo ······ 第十课
制造商 zhì zào shāng ······ 第八课
致函 zhì hán ······ 第五课
致谢 zhì xiè ······ 第七课
智能 zhì néng ······ 第八课
中程 zhōng chéng ······ 第五课
中年 zhōng nián ······ 第九课
终点 zhōng diǎn ······ 第七课
重视 zhòng shì ······ 第九课

重灾区 zhòng zāi qū ······ 第一课
竹编 zhú biān ······ 第三课
竹叶 zhú yè ······ 第三课
主播 zhǔ bō ······ 第九课
主菜 zhǔ cài ······ 第八课
主场 zhǔ chǎng ······ 第七课
主持 zhǔ chí ······ 第九课
主管 zhǔ guǎn ······ 第九课
主角 zhǔ jué ······ 第六课
主权 zhǔ quán ······ 第十课
主题 zhǔ tí ······ 第二课
主推 zhǔ tuī ······ 第六课
主席台 zhǔ xí tái ······ 第二课
属于 shǔ yú ······ 第七课
住宿 zhù sù ······ 第六课
注册 zhù cè ······ 第三课
驻足 zhù zú ······ 第三课
祝贺 zhù hè ······ 第二课
爪 zhuǎ ······ 第六课
专程 zhuān chéng ······ 第六课
专家 zhuān jiā ······ 第一课
专门 zhuān mén ······ 第六课
专著 zhuān zhù ······ 第九课
转 zhuǎn ······ 第九课
装束 zhuāng shù ······ 第三课
状态 zhuàng tài ······ 第一课
追捧 zhuī pěng ······ 第三课
着力 zhuó lì ······ 第二课
仔细 zǐ xì ······ 第十课
咨询 zī xún ······ 第六课
资产 zī chǎn ······ 第四课
资深 zī shēn ······ 第九课
资源 zī yuán ······ 第二课
自驾 zì jià ······ 第六课
自身 zì shēn ······ 第二课
自由职业者 zì yóu zhí yè zhě ······ 第九课
自愿 zì yuàn ······ 第五课
自制 zì zhì ······ 第五课
自主 zì zhǔ ······ 第八课
自助 zì zhù ······ 第六课
综合 zōng hé ······ 第二课
总管 zǒng guǎn ······ 第六课
总数 zǒng shù ······ 第四课
总之 zǒng zhī ······ 第十课
走高 zǒu gāo ······ 第四课
足 zú ······ 第八课
阻断 zǔ duàn ······ 第八课
组合 zǔ hé ······ 第六课
最佳 zuì jiā ······ 第八课
尊敬 zūn jìng ······ 第九课
尊重 zūn zhòng ······ 第九课
作战 zuò zhàn ······ 第五课

专名总表

A

阿尔及尔协议 ā ěr jí ěr xié yì ······ 第十课
阿拉伯河 ā lā bó hé ······ 第十课

B

八国集团 bā guó jí tuán ······ 第二课
北海道 běi hǎi dào ······ 第二课
波斯湾 bō sī wān ······ 第十课
布里斯托尔 bù lǐ sī tuō ěr ······ 第九课
布宜诺斯艾利斯 bù yí nuò sī ài lì sī ······ 第一课

C

重庆 chóng qìng ······ 第三课

D

东北 dōng běi ······ 第三课
东京外汇市场 dōng jīng wài huì shì chǎng 第四课

E

二十国集团 èr shí guó jí tuán ······ 第四课

G

港澳台 gǎng ào tái ······ 第二课
肱二头肌 gōng èr tóu jī ······ 第三课
共青团中央 gòng qīng tuán zhōng yāng ·第九课
广东 guǎng dōng ······ 第四课
广西 guǎng xī ······ 第六课

리샹야오(李祥耀)

중국 쩌장대학교(浙江大學) 문학박사. 현 항저우사범대학교(杭州師範大學) 부교수.
2007년 국가사회과학기금 프로젝트 『원말명초 대변혁 시기 동남문단 구도와 문학방향 연구(元末明初大转变时期东南文坛格局与文学走向研究)』책임연구원, 『사회과학전선(社會科學戰線)』, 『문헌(文獻)』 등 중국 저명학술지에 논문 다수 게재.

구문규(具文奎)

숭실대학교 중어중문학과 졸업. 중국사회과학원(中國社會科學院) 문학박사. 우송대학교 중국학부 교수, 베이징외국어대학교 교환교수 역임. 현 신성대학교 관광중국어과 교수.
저서와 번역서로 『20세기 중국문학의 시대정신』, 『중국전각』, 『종합시사중국어』, 『중한학습사전』, 『루쉰 잡문예술의 세계』 외 다수.